A Remissão como Forma de Extinção das Obrigações

A Remissão como Forma de Extinção das Obrigações

2023

Pedro Callapez

ALMEDINA

A REMISSÃO COMO FORMA DE EXTINÇÃO DAS OBRIGAÇÕES

AUTOR
Pedro Callapez
EDITOR
EDIÇÕES ALMEDINA, S.A.
Avenida Emídio Navarro, 81, 3D
3000-151 Coimbra
Tel.: 239 851 904 · Fax: 239 851 901
www.almedina.net · editora@almedina.net
DESIGN DE CAPA
FBA.
CAPA
EDIÇÕES ALMEDINA, S.A.
PRÉ-IMPRESSÃO
EDIÇÕES ALMEDINA, S.A.

IMPRESSÃO E ACABAMENTO

Março, 2023

ISBN
978-989-40-1089-0

DEPÓSITO LEGAL
....

ALMEDINA | GRUPOALMEDINA

à memória do meu Avô
aos meus Pais

NOTA PRELIMINAR E AGRADECIMENTOS

O presente escrito corresponde, com ligeiras alterações, à dissertação de mestrado preparada para obtenção do grau de Mestre, no âmbito do mestrado científico em Direito e Ciência Jurídica – especialidade em Direito Civil –, na Faculdade de Direito da Universidade de Lisboa, a qual foi orientada pelo Professor Doutor António Menezes Cordeiro.

Pela conclusão desse percurso, expressamos o nosso profundo agradecimento:

- Ao Professor Doutor António Menezes Cordeiro, pela benevolente orientação da dissertação e pelo convite para integrar o grupo de Ciências Jurídicas da Faculdade de Direito da Universidade de Lisboa, na qualidade de assistente convidado, que muito nos honrou e foi um estímulo indispensável para a conclusão deste trabalho;
- Ao Professor Doutor Rui Pinto, de quem fui aluno e assistente, que acompanhou de perto o início da nossa jornada pela Faculdade de Direito, pela amável prontidão com que acedeu ao nosso pedido de revisão deste escrito e pelos valiosos contributos que nos ofereceu;
- Aos tantos que contribuíram, de distintas formas, para a conclusão deste(*s*) capítulo(*s*), pela imensa paciência;

Por fim, à (*Clássica!*) Faculdade de Direito, um eterno obrigado.

INDICAÇÕES DE LEITURA, CITAÇÕES E OUTRAS CONVENÇÕES

As monografias citam-se pelo Autor, título, edição, editora, local da publicação, ano de publicação e indicação das páginas para as quais se remete. Por suscetível de causar alterações na paginação, referem-se ainda, se for o caso, a concreta reimpressão consultada. Nas referências subsequentes, quando se justifique, o nome do Autor é abreviado para o nome pelo qual é conhecido, o título é abreviado e omitem-se as demais indicações, com exceção das páginas.

Os artigos citam-se pelo Autor, título, publicação periódica ou obra da qual fazem parte (neste último caso, referindo-se a editora), ano de publicação e indicação das páginas para as quais se remete. Nas referências subsequentes, quando se justifique, o nome do Autor é abreviado para o nome pelo qual é conhecido, o título é abreviado e omitem-se as demais indicações, com exceção das páginas.

Na bibliografia apresentada no final, os escritos citados ao longo do texto são indicados por ordem alfabética do último apelido do Autor, ou do primeiro Autor, no caso de obras coletivas. As obras consultadas e não citadas não são, naturalmente, incluídas.

As decisões judiciais dos Tribunais portugueses citam-se pelo Tribunal, data do Acórdão e nome do Relator. Todas as decisões citadas no texto, são indicadas também na bibliografia, sob o título "Índice Jurisprudencial", por ordem cronológica. A jurisprudência citada encontra-se disponível em http://www.dgsi.pt.

Salvo eventuais citações em que constem, não são utilizadas abreviaturas que não de uso corrente (*v.g.*, n.º, art., etc.).

Tendo o texto sido redigido ao abrigo do Acordo Ortográfico de 1990 respeita-se sempre –, como se impõe, – a grafia original do Autor.

As transcrições de obras ou decisões judiciais estrangeiras, quando feitas em língua portuguesa, as respetivas traduções são da responsabilidade do autor. Quando se justifique, as transcrições de línguas latinas surgem no original.

As referências legislativas sem indicação da respetiva fonte reportam ao Código Civil, aprovado pelo Decreto-Lei n.º 47344/66, de 25 de novembro, na redação em vigor à data, exceto se o contexto sugerir outra remissão.

O texto está atualizado com elementos, legislativos, doutrinários e jurisprudenciais, consultados até 31 de dezembro de 2020.

ÍNDICE

NOTA PRÉVIA

O Código Civil português, homenageando a tradicional arrumação germânica do Direito Civil, dedica à matéria das obrigações um dos seus cinco Livros: um total de mais de oitocentos e cinquenta artigos, correspondendo a cerca de um terço da extensão total do Código.

A matéria é inesgotável. Com efeito, sem embargo do crescente fenómeno de especialização de regimes jurídicos, o Direito das obrigações fornece regulação para praticamente todas as relações jurídicas de caráter patrimonial estabelecidas entre particulares, abrangendo matérias tão diversas como a transmissão de bens, a prestação de serviços ou a reparação de danos.

No contexto deste escrito, interessa-nos particularmente a extinção das obrigações. As obrigações, muito ao contrário de outras situações jurídicas que tendem para a perpetuidade, são tipicamente constituídas almejando desde logo a sua extinção. Esta afirmação, aparentemente paradoxal, é explicada pela circunstância de o interesse do credor ser realizado mediante a concretização da prestação. De facto, sendo a obrigação o vínculo jurídico pelo qual alguém deve conferir a outrem uma vantagem, conferida essa vantagem, a qual equivale à prestação, a obrigação esgota o seu propósito e, tendencialmente, extingue-se. Portanto, na normalidade das circunstâncias, a obrigação extingue-se como consequência do cumprimento, pontual e integral – "*O contrato deve ser pontualmente cumprido*" (cf. art. 406.º do Código Civil).

Contudo, pela natureza das coisas, nem sempre assim será. Nesta circunstância, o Direito das obrigações é chamado a intervir, regulando uma multiplicidade de fenómenos atinentes à vida "patológica" do vínculo obrigacional. Salientam-se a mora e o incumprimento, desvios claros à regra do *pacta sunt servanda*, expressa entre nós no artigo 406.º, anteriormente referido. Há uma irrecusável componente ética: a palavra dada deve ser cumprida, os compromissos respeitados, as promessas honradas... Todos estes valores têm uma reflexão jurídica. Que mais é o Direito senão a busca, através dos séculos, das soluções mais justas?

Entre a realização "perfeita" da obrigação e a sua frontal violação, há lugar a desvios. Por imposição da lei ou ao abrigo da autonomia privada, o esquema delineado pela obrigação não é estático, antes mutável. Centenas de fenómenos poderiam ser aqui reconduzidos. Desde simples moratórias, a transmissões –, pactuadas ou não, – da posição dos contraentes, a extinções pelo decurso do tempo.

Dentro de tais fenómenos "desviantes", encontramos um bloco de esquemas extintivos da obrigação por uma forma alternativa à inicialmente prevista. Destes trata o capítulo VIII do Livro II do Código Civil, sob a epigrafe "*causas de extinção das obrigações além do cumprimento*" (arts. 837.º a 873.º). São autonomizadas seis figuras: (*i*) a dação em cumprimento, (*ii*) a consignação em depósito, (*iii*) a compensação, (*iv*) a novação, (*v*) a remissão e (*vi*) a confusão. O funcionamento de cada uma delas é profundamente distinto. Liga-as o resultado: a extinção da obrigação, tendencialmente de forma satisfatória para o interesse do credor. Este aspeto, que como referimos é meramente tendencial, é especialmente importante para o objeto do nosso estudo, a remissão. Esta apresenta-se, justamente, como a exceção à regra. Efetivamente, na generalidade dos esquemas de extinção das obrigações "*para além do cumprimento*", embora importem um desvio ao esquema idealizado pelas partes, há uma componente "positiva" para o credor, seja esta representada por um *quid* diferente (dação em cumprimento), pela extinção de um débito seu (compensação) ou pela constituição de uma nova obrigação, em substituição da original (novação). Por oposição, na remissão – em termos que abaixo explicitaremos – há uma total ausência de contrapartida: a obrigação extingue-se sem que o credor obtenha qualquer vantagem. Este, pese embora com o necessário acordo do devedor, renuncia ao direito de crédito e a obrigação extingue-se sem que o interesse do credor seja realizado, nem sequer indireta ou potencialmente.

Sem embargo desta sua natureza, que verdadeiramente individualiza a remissão face às demais formas de extinção das obrigações, a figura nunca espoletou o interesse da doutrina nacional. De facto, fazendo parte da impressionante "coleção" de estudos da autoria de ADRIANO VAZ SERRA, tendo como mote a preparação do Anteprojeto do Código Civil de 1966, o escrito "Remissão, reconhecimento negativo de dívida e contrato extintivo da relação obrigacional bilateral", publicado em 1954 no Boletim do Ministério da Justiça, é, ainda hoje, a única monografia dedicada ao tema em Portugal. A figura vive, assim, timidamente acantonada em obras gerais de Direito das obrigações e anotações ao Código Civil, nunca com desenvolvimento assinalável ou sequer comparável com as demais formas de extinção das obrigações.

Na jurisprudência, o panorama não é mais animador. Na esmagadora maioria, as decisões jurisprudenciais que se confrontam com a remissão circunscrevem-se ao seu confronto com a quitação e/ou o reconhecimento negativo de dívida, a propósito das declarações liberatórias. É dado um relevo fundamental à interpretação da declaração negocial, apenas perfunctoriamente se referindo outros aspetos atinentes à figura. Pese embora nos pareça que a figura surja no tráfego com muitíssima frequência, a reduzida conflitualidade que a envolve afasta-a dos esquemas estruturados de aplicação do Direito. Também por esse motivo, foi privilegiado na análise o recurso a decisões jurisprudenciais.

O atual estado de desenvolvimento jurisprudencial e doutrinário é quanto bastaria para justificar o tema que nos propusemos analisar. Reconhecendo a modéstia do nosso contributo, procurámos, de alguma forma, alterar este *status quo.*

Capítulo I
Enquadramento

§ 1. A obrigação[1]

O Código Civil Português abre o Livro II, dedicado ao Direito das obrigações, com uma noção: a obrigação consiste no "*vínculo jurídico por virtude do qual uma pessoa fica adstrita para com outra à realização de uma prestação*"[2].

[1] A matéria é inesgotável. Não se pretende –, nem poderia, – avançar com noções ou abordagens inovadoras. Embarcar numa exposição das coordenadas gerais do Direito das obrigações, ainda que de forma breve, e que sempre se revelaria (muito) incompleta, excederia largamente quer a dimensão, quer o propósito, deste trabalho. No mais, semelhante abordagem revelar-se-ia também de reduzida utilidade: esses elementos estão presentes em inúmeros elementos bibliográficos disponíveis na literatura jurídica portuguesa, desde os manuais de uso corrente aos tratados mais desenvolvidos sobre a matéria. Salientam-se, para o efeito, os aprofundados estudos de António Menezes Cordeiro plasmados no *Tratado de Direito Civil*, os quais utilizaremos como bibliografia preferencial. Nessa medida, o propósito do presente capítulo é, tão só, o de estabilizar os conceitos essenciais que se revelarão úteis na exposição subsequente, nomeadamente quando analisarmos os efeitos da remissão (*infra*, Cap. II, §6.).

[2] De notar que Adriano Vaz Serra (1903-1989), presidente da comissão de reforma do Código Civil desde 1944 e responsável pelo Anteprojecto de Direito das obrigações, optou por não inserir no Código qualquer definição de obrigação. Referia, com propriedade, Vaz Serra, depois de notar a opção contrária assumida pelos Códigos alemão e grego, que "*Não parece, porém, que deva dar-se na lei uma noção de obrigação, não só porque não é, em regra, função das leis dar noções, mas formular normas, mas ainda porque qualquer noção não eliminaria as divergências que sobre o conceito de obrigação têm surgido*", cf. Adriano Vaz Serra, "Obrigações – Ideias preliminares gerais", *Boletim do Ministério da Justiça*, n.º 77, Lisboa, 1958, p. 5. Coerente com a visão do seu Autor, o Anteprojecto, em matéria de Direito das obrigações, abria com o conteúdo da obrigação, a prestação, referindo poder esta consistir numa ação ou numa abstenção, não tendo necessariamente de ter valor pecuniário, cf. Adriano Vaz Serra, "Direito das obrigações (com excepção dos contratos em, especial)/Anteprojecto", *Separata do Boletim do Ministério da Justiça*, Lisboa, 1960, p. 5. A opção de Vaz Serra, assumidamente influenciado pela discussão havida aquando da preparação do Código Civil italiano de 1942 em torno da inserção da definição de

O preceito –, eloquente, mas com pouco valor prescritivo, – permite antever o papel das obrigações: correspondem, no essencial, a um expediente técnico-jurídico tendente a imprimir uma ideia de juridicidade ("*vínculo jurídico*") a um determinado comportamento ("*realização de uma prestação*"), que deve ser levado a cabo por alguém (o devedor), em benefício de outrem (o credor), que tem o direito de lho exigir (o direito de crédito).

Estamos perante um vínculo jurídico, logo abstrato. Com efeito, as obrigações não existem *per se*, antes correspondem a uma criação jurídica destinada a ligar ("*obligare*") duas (ou mais) pessoas, de tal forma que uma deva proporcionar à outra uma vantagem. A abstração, hoje dado adquirido, não foi imediata, tendo antes partido da sujeição física do devedor ao poder do credor (*maxime*, à escravidão em caso de incumprimento), conhecendo uma progressiva desmaterialização até aos dias de hoje[3].

Como criação jurídica, as obrigações resultam e dependem de normas jurídicas que prevejam a sua constituição[4]. Aos factos, ou conjunto de factos,

obrigação, viria a ser revertida na 1.ª revisão ministerial (1961) pelo então Ministro da Justiça João de Matos Antunes Varela (1919-2005), daí resultando a noção hoje patente no artigo 397.º do Código Civil, cujas origens podem ser reconduzidas, entre nós, a Manuel Augusto Domingos de Andrade (1899-1958). Quanto à preparação do Código Civil de 1966, *vide* Adriano Vaz Serra, "A revisão geral do Código Civil / Alguns factos e comentários", *Boletim do Ministério da Justiça*, n.º 2, Lisboa, 1947, pp. 24-76. Referências à evolução do preceito podem ser confrontadas em António Menezes Cordeiro, *Tratado de Direito Civil*, V. VI, 2.ª ed., Almedina, Lisboa, 2012, pp. 23-28, acabando o Autor por concluir, a p. 28, "*A noção legal constante do artigo 397.º tem uma dupla raiz. Ela remonta à privatística nacional do século XIX e ela apoia-se na versão primitiva do § 241, do Código alemão. A generalidade das legislações evitar definir obrigação: como sucede em Direito, estão em causa fatores culturais e científicos que não se deixam encerrar em fórmulas definitórias.*". No que respeita às fontes romanas do conceito, *vide*, Eduardo Vera-Cruz Pinto, "O conceito romano de *obligatio* e a definição legal de obrigação no Código Civil Português", *Interpretatio Prudentium*, I, Lisboa, 2016, pp. 265-291, e, em particular, criticando a introdução da definição "*contrariando a ideia de Vaz Serra de que isso é matéria própria dos jurisprudentes, não dos legisladores*", *vide*, p. 268, nota (17). Salientamos ainda, a este respeito, o clássico estudo de Manuel Gomes da Silva, *Conceito e estrutura da obrigação*, Lisboa, 1943.

[3] Neste sentido, *v.g.*, António Menezes Cordeiro, *Tratado de Direito Civil*, V. VII, 3.ª reimp., Almedina, Lisboa, 2018, p. 21, A. Santos Justo, *Direito privado romano – II (direito das obrigações)*, 6ª. ed., Studia Iuridica 76, Coimbra Editora, Coimbra, 2018, p. 20 e João Antunes Varela, *Das obrigações em geral*, V. I, 10.ª ed., 14.ª reimp., Almedina, Lisboa, 2012, p. 158. Uma visão intermédia, que ainda apela ao "domínio" sobre uma pessoa, ainda que limitado a "atos isolados" desta, pode ser confrontada em Friedrich Carl Von Savigny, *Le droit des obligations (tomes 1 et 2)*, Presses universitaires juridiques, Université de Poitiers, Poitiers, 2012, pp. 1-21.

[4] António Menezes Cordeiro, *Tratado de Direito Civil*, V. VII, p. 21.

que determinam o surgimento de um vínculo obrigacional chamamos fontes das obrigações[5] as quais, na tradição romana, eram o contrato e o delito[6]. Sem prejuízo de, paulatinamente, os civilistas terem vindo a laborar sobre novas formas de constituição de obrigações, *"as duas iniciais mantiveram-se como os dois grandes pilares do Direito das obrigações"*[7] e, latamente, do próprio Direito civil. Em virtude de tais adições, o Código Civil elenca, hoje, como fontes autónomas de obrigações, (*i*) os contratos; (*ii*) os negócios jurídicos unilaterais; (*iii*) a gestão de negócios; (*iv*) o enriquecimento sem causa e; (*v*) a responsabilidade civil. Além destas, haverá ainda a considerar as obrigações ditas não autónomas, as quais, embora estruturalmente configurem obrigações em sentido técnico, se encontram subordinadas a vínculos de outra natureza, como as relações familiares (*v.g.*, a obrigação de alimentos) ou os direitos reais (*v.g.*, as relações de vizinhança)[8]. Sem prejuízo de funcionalmente associadas a um outro vínculo, do qual a sua própria existência depende, as obrigações

[5] Sobre a matéria das fontes das obrigações, *vide*, por todos, António Menezes Cordeiro, *Tratado de Direito Civil*, V. VII, pp. 21-60; A este respeito, também com interesse, a monografia de Adriano Vaz Serra, tendo como mote a preparação do Código Civil de 1966, Adriano Vaz Serra, "Fontes das obrigações. O contrato e o negócio jurídico unilateral como fontes de obrigações", *Boletim do Ministério da Justiça*, n.º 77, Lisboa, 1958, pp.127-217.

[6] António Menezes Cordeiro, *Tratado de Direito Civil*, V. VII, pp. 22-26. No mesmo sentido, Santos Justo refere *"Gaius diz-nos que "a principal divisão das obrigações compreende duas espécies, pois toda a obrigação nasce dum contrato ou dum delito."*, cf. Santos Justo, *Direito privado romano – II (direito das obrigações)*, p. 21. De notar, contudo, que, ao contrário do que acontece atualmente, em que a obrigação pode surgir de um (qualquer) contrato ou facto ilícito (às quais acrescentaríamos hoje as fontes "modernas"), *"o Direito Romano reservava o nome de obligationes a determinadas relações jurídicas taxativamente fixadas pelo ius civile: as que surgiam de determinados acordos, actos unilaterais ou actos ilícitos"*. Com o progressivo desenvolvimento da sociedade romana, foram surgindo outras situações, às quais se revelou necessário atribuir tutela jurídica. Esta viria, num primeiro momento, da jurisprudência, por intervenção do pretor. A diferente "origem" da juridicidade gerou assim uma dualidade de relações figurando, de um lado, as *obligationes* derivadas dos casos previstos pelo *ius civile* e as demais, protegidas apenas "processualmente" pelo pretor, através da atribuição de *actiones*. Com o afastamento do sistema rígido das fórmulas, desapareceria também a dualidade *"e, no direito justinianeu, só há obligationes"*, cf. Santos Justo, *Direito privado romano – II (direito das obrigações)*, pp. 13-18.

[7] António Menezes Cordeiro, *Tratado de Direito Civil*, V. VIII, 2.ª reimp., Almedina, Lisboa, 2016, p. 285. No mesmo sentido, João Antunes Varela, *Das obrigações em geral*, V. I, p. 17.

[8] Inocêncio Galvão Telles, *Direito das obrigações*, 7.ª ed., Coimbra Editora, Coimbra, 2014, pp. 12-13. No mesmo sentido, Vaz Serra, "Obrigações – Ideias preliminares gerais", pp. 84-85, Antunes Varela, *Das obrigações em geral*, V. I, pp. 69-72 e Mário Júlio de Almeida Costa, *Direito das obrigações*, 12.ª ed., 3.ª reimp., Almedina, Coimbra, 2014, pp. 105-109.

não autónomas caem no Direito das obrigações em tudo quanto tais núcleos especializados não regulem.

Mas ainda que limitemos a nossa análise às cinco fontes de obrigações autónomas elencadas, a heterogeneidade permanece. Sem embargo, circunstancialismos históricos e culturais ditaram a concentração destas fontes, em pretensa unidade, sob a égide do Direito das obrigações, por partilharem um resultado comum: a constituição de vínculos obrigacionais[9].

A própria responsabilidade civil aquiliana – nuclear – é demonstrativa desta realidade. Uma arrumação lógica da matéria centraria o fenómeno da imputação de danos, ancorado nos pressupostos da responsabilidade civil[10], na parte geral[11]. Mas este é tradicionalmente tratado no âmbito do Direito das

[9] No sentido do texto, aludindo à heterogeneidade de situações abrangidas pelo Direito das obrigações, *"cuja unificação não tem por base uma proximidade entre os factos jurídicos, mas antes uma semelhança de efeitos: a constituição de um vínculo obrigacional"*, *vide*, Luís Menezes Leitão, *Direito das obrigações*, V. I, 14.ª ed., Almedina, Coimbra, 2017, p. 186.

[10] A expressão *"pressupostos da responsabilidade civil"* traduz os elementos necessários para que se verifique a obrigação de indemnizar. A sua identificação é variável entre Autores, num fenómeno por vezes meramente terminológico, mas que pode acolher e manifestar uma posição de fundo, que extravasa inclusivamente os contornos do instituto. Assim, *v.g.*, Vaz Serra identifica (*i*) a ação, (*ii*) a antijuricidade, (*iii*) a culpa, (*iv*) o dano e (*v*) o nexo causal entre o ato e o dano. Pessoa Jorge, no seu *Ensaio sobre os pressupostos da responsabilidade civil*, vem limitar a apenas (*i*) ato ilícito e (*ii*) prejuízos reparáveis. Por sua vez Antunes Varela e Almeida Costa identificam (*i*) facto, (*ii*) ilicitude, (*iii*) imputação, (*iv*) dano e (*v*) nexo de causalidade. António Menezes Cordeiro opta por (*i*) dano e (*ii*) imputação. Luís Menezes Leitão defende, classicamente, (*i*) facto voluntário, (*ii*) ilicitude, (*iii*) culpa, (*iv*) dano e (*v*) nexo de causalidade, sendo este o modelo tradicionalmente adotado no ensino. Como refere António Menezes Cordeiro, as orientações dos vários Autores distinguem-se fundamentalmente entre descritivas e sintéticas. As orientações descritivas, mais tradicionais, encontram nos pressupostos da responsabilidade civil essencialmente cinco elementos, o facto (voluntário), a ilicitude, a culpa, o dano e o nexo de causalidade. Os defensores das orientações sintéticas, por contrários à artificialidade ou carácter estático destas orientações, tendem a agrupar determinados elementos em conceitos mais amplos, como, por exemplo, a *"imputação"*, defendida por António Menezes Cordeiro. Tendencialmente, diríamos que fórmulas mais compreensivas (correspondendo às descrições sintéticas, portanto) são mais adequadas a exprimir a realidade. Sem embargo, do ponto de vista do ensino universitário, parece-nos que a orientação analítica possa ser pedagogicamente mais vantajosa, como, aliás, parece conceder António Menezes Cordeiro, *Tratado de Direito Civil*, V. VIII, p. 433.

[11] Neste sentido, António Menezes Cordeiro, *Tratado de Direito Civil*, V. VI, p. 54. Em sentido contrário, defendendo a inclusão da responsabilidade civil no Direito das obrigações, *"pois, embora garantia dos direitos subjectivos em geral, é ela uma das fontes de obrigações"*, cf. Vaz Serra, "Obrigações – Ideias preliminares gerais", pp. 101-102. Este fenómeno tem reflexos no ensino

obrigações, porque a consequência da procedência do juízo de imputação é a obrigação do lesante indemnizar o lesado. Mais, o esquema da responsabilidade civil desenvolveu-se, historicamente, em torno da indemnização, a qual surge, paradigmaticamente, perante a ocorrência de um dano proveniente de um facto ilícito e culposo conhecendo um progressivo alargamento por forma a abranger situações em que o fundamento da imputação não é mais a ilicitude e a culpa, mas *"ponderações de equidade e de equilíbrio"*[12], fundamentando uma repercussão jurídica do risco.

Entre as obrigações que emanam da responsabilidade civil e as que resultam do negócio jurídico constata-se uma diferença genética evidente e fundamental: é que enquanto estas últimas são de constituição voluntária, retirando a sua juridicidade do mútuo acordo e do reconhecimento da capacidade de as pessoas validamente se vincularem[13], a obrigação de indemnizar surge para os seus intervenientes como uma imposição da ordem jurídica. Essa diferença é tão significativa que é frequente a afirmação, na linha de António Menezes Cordeiro, de que a responsabilidade civil *"orbitou"* para o Direito das obrigações por *"acaso"*[14].

Sem prejuízo destas considerações, ilustrativas da heterogeneidade que define a génese das obrigações, após a sua constituição, os vínculos jurídicos daí resultantes (*rectius*, as obrigações) assumem, em abstrato, uma estrutura comum e, em certo sentido, partilham uma mesma função.

universitário, como bem nota Manuel Carneiro da Frada, *Direito Civil, Responsabilidade Civil: O método do caso*, 1.ª reimp., Almedina, Porto, 2010, p. 15. Nesta sequência, criticando o leccionamento conjunto da responsabilidade civil aquiliana na disciplina de Direito das obrigações, pode ler-se a p. 18, *"Precisemos: certamente que a responsabilidade obrigacional (derivada do não cumprimento de obrigações) pode pertinentemente ser lecionada no Direito das Obrigações como uma das mais importantes formas de tutela desse vínculo, ligada a vicissitudes e "patologias" que atingem deveres de prestar. Trazer depois para a órbita desta disciplina a responsabilidade extra-obrigacional tem por si, apesar das diferenças entre as duas ordens de responsabilidade, a razão da ampla transponibilidade dos problemas e de quadros relevantes para a determinação das soluções. Mas a imputação de danos, tomada, como habitualmente na doutrina, per se, no conjunto das suas manifestações, essa é que ultrapassa em muito as fronteiras do Direito das Obrigações."*

[12] António Menezes Cordeiro, *Tratado de Direito Civil*, V. VIII, p. 287.

[13] Recorde-se o artigo 1134.º do *Code Civil* que, na versão original, ilustrativamente dispunha que "*Les conventions légalement formées tiennent lieu de loi à ceux qui les ont faites*". Corresponde hoje, após a reforma de 2016, com adaptações, ao artigo 1103.º.

[14] Carneiro da Frada, *O método do caso*, p. 15. Fala-se, a propósito, de "*absorção estrutural*", cf. António Menezes Cordeiro, *Tratado de Direito Civil*, V. VIII, p. 286.

Quanto à estrutura, é importante ter presente que a obrigação se apresenta como uma situação jurídica complexa, a qual é preenchida por diversas realidades, mais simples, que modelam o seu conteúdo[15]. Entre estes elementos, os mais marcantes são justamente aqueles aos quais a noção fornecida pelo artigo 397.º textualmente se refere: o dever de prestar e o direito de crédito, que representam, respetivamente, o lado passivo e o lado ativo do núcleo da obrigação. Está subjacente, como já adiantado, uma ideia de relação: o sentido técnico de obrigação, na sua expressão mais correta, abrange quer ao lado ativo quer ao lado passivo, e não apenas este último como o vocábulo poderia dar a entender[16]. Estas duas realidades são então, numa generalização, cobertas por um "manto" que lhes confere unidade – a obrigação. Com efeito, nem o direito à prestação, nem o dever de prestar, existem um sem o outro, apenas sendo equacionáveis "em relação". Esta ideia, aparentemente simples, é essencial: embora se possa dizer que a obrigação é composta por diversas outras situações jurídicas, ela não pode, por oposição, ser decomposta nos seus elementos sem perda de identidade. Em suma, a obrigação é uma situação jurídica compreensiva, e não analítica, a qual não se compadece com decomposições ou análises parcelares. O dever de prestar é o dever de prestar, o direito de crédito o direito de crédito, ambos são fundamentais, mas nenhum deles, individualmente, se revela idóneo para explicar por si só o fenómeno obrigacional.

Devemos, portanto, ir mais longe. A doutrina que resume a obrigação ao binómio dever de prestar / direito de crédito, apesar de clássica[17], é insuficiente[18]. Tal insuficiência ditou, a seu tempo, a necessidade de evoluir nos

[15] ANTÓNIO MENEZES CORDEIRO, *Tratado de Direito Civil*, V. VI, p. 32.

[16] Neste sentido, ANTUNES VARELA, *Das obrigações em geral*, V. I, p. 63, referindo, nota (1), que o mesmo se passa relativamente à servidão: "*A doutrina adopta, assim, como cognome da relação complexiva que pretende abranger, um termo que alude preferentemente, pelo seu sentido corrente e etimológico, a um só dos lados da relação. É fenómeno semelhante ao que ocorre com a designação corrente de um direito real limitado: a servidão. Também o termo servidão é usado pelos autores para abranger a situação jurídica, a que ele se refere, no seu conjunto, quando o sentido usual e tradicional da palavra olha de preferência para a posição do dono do prédio serviente, para um dos aspectos em que se desdobra a relação*".

[17] *V.g.*, VAZ SERRA, "Obrigações – Ideias preliminares gerais", p. 6, GALVÃO TELLES, *Direito das obrigações*, p. 35, MANUEL GOMES DA SILVA, *Conceito e estrutura da obrigação*, p. 5 e, mais recentemente, ALMEIDA COSTA, *Direito das obrigações*, p. 72.

[18] A este respeito, *vide*, com elementos, CARLOS ALBERTO DA MOTA PINTO, *Cessão da posição contratual*, (reimp), Almedina, Coimbra, 1982, pp. 317-323.

conceitos por forma a, nomeadamente, explicar determinadas perturbações, como a violação positiva do contrato[19]. Constatou-se assim que a obrigação não se esgota no crédito e no débito, mas antes comporta outras situações jurídicas, as quais, mercê das vicissitudes que venham a sofrer, podem desencadear fenómenos diversos, não reconduzíveis necessariamente ao incumprimento do dever de prestar principal. Falamos, a esse propósito, dos deveres secundários e dos deveres acessórios. No campo dos deveres secundários, podemos encontrar deveres secundários que se apresentam como meramente acessórios da prestação principal, os quais se destinam a abrir caminho ao cumprimento, como seja, *v.g.*, na compra e venda, o dever de conservar a coisa até à sua entrega ao comprador[20], e os deveres secundários com prestação autónoma. Os deveres acessórios, por sua vez, são inscritos na obrigação por imposição dos valores fundamentais do ordenamento. Podem ser agrupados, segundo António Menezes Cordeiro, em deveres de informação, proteção e lealdade[21]. Corresponde-lhes, no essencial, uma função de proteção da materialidade da obrigação, das partes e de terceiros que estejam especialmente próximos da obrigação, nas suas pessoas e nos seus patrimónios[22]. A finalidade não é, então, a realização da prestação, mas antes a preservação de interesses circundantes, para que o "fim do contrato" e o interesse aí ínsito se realize,

[19] Esta, por sua vez, reúne vários fenómenos de incumprimento em sentido amplo como a violação de deveres acessórios e o cumprimento imperfeito, cf. António Menezes Cordeiro, *Tratado de Direito Civil*, V. IX, 3.ª ed., 1.ª reimp., Almedina, Lisboa, 2019, p. 231.

[20] Almeida Costa, *Direito das obrigações*, p. 77.

[21] António Menezes Cordeiro, *Da boa fé no Direito Civil*, 5.ª reimp., Almedina, Coimbra, 2013, pp. 586-631 e *Tratado de Direito Civil*, V. VI, pp. 498-518.

[22] António Menezes Cordeiro, *Tratado de Direito Civil*, V. VI, p. 498. Diversamente, Mota Pinto, *Cessão da posição contratual*, p. 346, inclui esses elementos na "*relação contratual*". Pode ler-se, a p. 375 "*Os deveres laterais, conforme resulta da caracterização traçada, tiram a legitimidade da sua existência e do seu conteúdo da circunstância de serem meios necessários, segundo a boa fé ou expressa determinação legal, para garantir a satisfação de interesses correspondentes ao contrato. Criam-se, através deles, os pressupostos para uma integral e eficaz realização do fim contratual, não desprovida de real significado para as partes, quer servindo-o positivamente, quer impedindo a verificação de consequências laterais indesejáveis*". No mesmo sentido, utilizando o termo "*relação obrigacional complexa*", apontando como sinónimo, no caso dos contratos, "*relação contratual*", para cobrir os deveres acessórios, aí se lhes referindo como "*deveres laterais*", Almeida Costa, *Direito das obrigações*, p. 74 e Mota Pinto, *Cessão da posição contratual*, p. 346. Da nossa parte, utilizaremos relação obrigacional complexa para definir todas as situações jurídicas decorrentes de uma mesma fonte, em termos explicitados no texto.

sem perturbações desnecessárias[23]. Por esse motivo, a sua configuração é variável, em face do caso concreto. Assim se explica que, entre duas obrigações com idênticas prestações, se possa revelar, em relação a uma delas com maior intensidade determinado dever acessório, nomeadamente pelas particularidades dos envolvidos[24]. Além disso, pode suceder que a exata configuração dos deveres acessórios venha a evoluir, durante a vida da obrigação. Portanto, além de não determináveis *a priori* ou em abstrato, os deveres acessórios não são imutáveis. Uma importante manifestação destes é o número 2 do artigo 762.º do Código Civil, o qual impõe às partes que, na execução dos contratos, procedam de boa fé. Como refere ANTÓNIO MENEZES CORDEIRO, na sua aparente simplicidade, esta disposição dá guarida a "*uma fórmula complexa de actuação, derivada de dois polos diferentes, no início: da complexidade intra-obrigacional e da violação positiva do contrato*"[25].

Com estes elementos presentes, podemos, na senda de ANTÓNIO MENEZES CORDEIRO, identificar na obrigação "*um núcleo e um halo, subdividido em halo central e halo periférico*"[26]. O tradicional binómio débito e crédito pertence ao núcleo, parte fundamental da obrigação[27]. Estes, embora não descrevam completamente o fenómeno obrigacional, são determinantes para compreender a realidade em causa e servem, tipicamente, como ponto de referência[28]. O halo central é composto pelos deveres secundários, os quais desempenham um papel instrumental para o pontual cumprimento do dever de prestar principal e a integral satisfação do interesse do credor. Na periferia, os deveres acessórios,

[23] Assim, *v.g.*, ALMEIDA COSTA, *Direito das obrigações*, pp. 77-80 e ANTUNES VARELA, *Das obrigações em geral*, V. I, p. 125.

[24] Neste sentido, MOTA PINTO, *Cessão da posição contratual*, p. 315: "*Daí que contratos, originado créditos e débitos perfeitamente iguais, possam gerar relações contratuais diversas: basta pensar numa venda de um objecto por um certo preço a um leigo na sua utilização e na venda do mesmo objecto pelo mesmo preço a um conhecedor, com o surgimento, no primeiro caso, de deveres de esclarecimento e informação*".

[25] ANTÓNIO MENEZES CORDEIRO, *Da boa fé no Direito Civil*, p. 586.

[26] ANTÓNIO MENEZES CORDEIRO, *Tratado de Direito Civil*, V. VI, p. 328.

[27] A "*alma*" da obrigação, nas palavras de ALMEIDA COSTA, *Direito das obrigações*, p. 76. Também aludindo à ideia de "*núcleo central da obrigação*", ANTUNES VARELA, *Das obrigações em geral*, V. I, p. 109.

[28] Veja-se, a título de exemplo, o artigo 1022.º do Código Civil que, sob a epígrafe "noção", acaba por referir-se às prestações principais a cargo de cada uma das partes: "*Locação é o contrato pelo qual uma das partes se obriga a proporcionar à outra o gozo temporário de uma coisa, mediante retribuição*".

os quais podem assumir fisionomia diversa, visando, na generalidade dos casos, a proteção dos envolvidos. A consideração destas figuras "*praeter*-núcleo" é essencial para ultrapassar os constrangimentos apontados, *v.g.*, por MANUEL GOMES DA SILVA, quando refere ser, na generalidade dos casos, a prestação "*algo indeterminada em vários dos seus aspectos*", não se concretizando os atos que o devedor deve praticar para "bem" cumprir ou a intensidade dos esforços que lhe é exigível levar a cabo[29].

A "*complexidade intra-obrigacional*" não pode, hoje, ser negada[30]. Em torno de uma aparente simplicidade linguística[31], a obrigação unifica um conjunto de situações jurídicas ativas e passivas, prestações principais, secundárias e deveres acessórios. Mais: o conceito de obrigação apenas pode ser adequadamente apreendido através da ideia de "*unidade sistemática*", por oposição a "*um somatório desarticulado de direitos e deveres*"[32].

Além da complexidade intrínseca inerente a cada obrigação individualmente considerada, podemos ir mais longe, extravasando a análise para a relação obrigacional complexa (ou em sentido amplo), que poderíamos definir como englobando o conjunto de vínculos, incluindo, enquanto tal, obrigações,

[29] MANUEL GOMES DA SILVA, *O dever de prestar e o dever de indemnizar*, V. I, Lisboa, 1944, p. 7.

[30] A expressão é de ANTÓNIO MENEZES CORDEIRO, *Da boa fé no Direito Civil*, p. 586. Aí pode ler-se "*A complexidade intra-obrigacional traduz a ideia de que o vínculo obrigacional abriga, no seu seio, não um simples dever de prestar, simétrico a uma pretensão creditícia, mas antes vários elementos jurídicos dotados de autonomia bastante para, de um conteúdo unitário, fazerem uma realidade composta*". Esta ideia está também patente em MENEZES LEITÃO, *Direito das obrigações*, p. 123.

[31] A polissemia do termo "obrigação", mesmo circunscrita à linguagem jurídica, é problemática. Sobre o tema, tradicionalmente referido nos manuais de Direito das obrigações, *vide*, *v.g.*, ANTÓNIO MENEZES CORDEIRO, *Tratado de Direito Civil*, V. VI, pp. 29-31, ANTUNES VARELA, *Das obrigações em geral*, V. I, pp. 51-64, MENEZES LEITÃO, *Direito das obrigações*, pp. 13-15 e ALMEIDA COSTA, *Direito das obrigações*, p. 65, referindo este último Autor "*que o termo obrigação é frequentemente usado com o alcance genérico de elemento passivo de qualquer relação jurídica*". A propósito da sua utilização imprecisa, mesmo em textos legais, recorde-se que o Código Comercial, no seu artigo 2.º, sob a epígrafe "Actos de comércio" refere "*Serão considerados actos de comércio todos aqueles que se acharem especialmente regulados neste Código, e, além deles, todos os contratos e obrigações dos comerciantes, que não forem de natureza exclusivamente civil, se o contrário do próprio acto não resultar*". Ora, manifestamente, a obrigação não é um ato, "de comércio" ou não. Neste sentido, ANTÓNIO MENEZES CORDEIRO, *Direito Comercial*, 4.ª ed., Almedina, Lisboa, 2019, p. 209.

[32] ANTUNES VARELA, *Das obrigações em geral*, V. I, p. 18.

decorrentes de uma mesma fonte[33], paradigmaticamente um contrato[34]. Também aqui reside uma ideia de unidade, de "*sistema*", por oposição à mera "*soma de elementos autónomos*"[35]. Através do conceito de relação obrigacional complexa é possível vislumbrar de forma mais abrangente a posição relativa das partes, uma vez que encerra o subsistema em que interagirão entre si. Aliás, como bem refere CARLOS MOTA PINTO, sem recurso à ideia de relação obrigacional complexa, nem é possível compreender um conjunto significativo de fenómenos jurídicos, como a cessão da posição contratual[36]. De resto, esta pode surgir antes de qualquer obrigação, delineando antecipadamente a regulação aplicável, como é o caso da obrigação subordinada a condição suspensiva ou termo inicial, situação na qual a relação obrigacional surge em momento anterior à obrigação a qual pode inclusivamente nunca chegar a materializar-se (*v.g.*, quando a condição a que se encontrava subordinada não se verifique).

Quanto à função, a obrigação tende, no seu todo, à satisfação do interesse do credor. Não sendo esta a sede para refletir sobre o sentido jurídico de interesse, diríamos apenas o interesse do credor corresponde à obtenção do benefício visado pela obrigação, o qual se identifica com a prestação, *i.e.*,

[33] ALMEIDA COSTA, *Direito das obrigações*, p. 73. No mesmo sentido, VAZ SERRA, "Obrigações – Ideias preliminares gerais", pp. 6-8. Neste último Autor, podem ainda ser confrontadas as diferenças entre a obrigação e a relação obrigacional, com apoio em VON TUHR. A esse propósito se refere nomeadamente que, apenas excecionalmente a relação de obrigação dá "*lugar apenas a um crédito (v.g. empréstimo sem juro, reparação de dano por acto ilícito), pois, em regra, produz vários créditos (v.g., relação emergente de contratos bilaterais)*".

[34] ANTUNES VARELA, *Das obrigações em geral*, V. I, pp. 64-65. Note-se que, por vezes, a lei utiliza "contrato" como sinónimo de relação obrigacional em sentido amplo, *v.g.* o artigo 431.º do Código Civil, cf. MOTA PINTO, *Cessão da posição contratual*, p. 333

[35] MOTA PINTO, *Cessão da posição contratual*, p. 286 e ss., podendo ler-se, a p. 287, "*Não é a mesma, sob o ponto de vista funcional, a situação duma esfera jurídica em que existe um crédito de x e um débito de y, assumidos correspectivamente, e a duma esfera onde tais créditos e débitos existem, promanando de dois actos diversos, por ex. doações, possa embora, contabilisticamente, o resultado ser o mesmo. Isto por o fim do contrato não ser uma mera contiguidade do interesse em receber uma prestação e da necessidade de efectivar uma outra, mas algo de qualitativamente distinto*". Conclui o autor, a p. 301, "*A relação contratual é algo de diferente dos diversos vínculos singulares ou mesmo do seu conjunto, considerado como mera contiguidade ou soma. A sua autonomia traduz—se em ser uma formação ou quadro, com uma estrutura diversa do crédito ou do débito, que, precisamente, consiste num sistema, uno e coeso, de elementos singulares, reunidos numa conexão interna, resultando do seu carácter instrumental em relação ao fim do contrato*".

[36] MOTA PINTO, *Cessão da posição contratual*, p. 387 e ss.

o comportamento devido que é objeto do direito de crédito[37]. Relativamente às suas características, já se entendeu que a prestação tinha necessariamente de ter um conteúdo económico[38]. Argumentava-se, nesse sentido, que, sendo a consequência do incumprimento a execução do património do devedor, a prestação teria de ter necessariamente um valor pecuniário[39]. Esta doutrina, que era acolhida no artigo 671.º do Código de SEABRA, viria a ser afastada pelo novo Código Civil, referindo hoje o artigo 398.º que a prestação não carece de ter valor pecuniário, embora deva corresponder a um interesse do credor, digno de proteção legal[40].

Finda esta nota introdutória sobre os seus conceitos essenciais, é antecipável o motivo pelo qual Direito das obrigações tem uma extraordinária relevância. É através de vínculos obrigacionais que se desenvolvem a vasta maioria das relações entre pessoas. Numa sociedade cada vez mais complexa e mais interdependente, o fundamental fenómeno da cooperação entre os Homens repousa sobre o Direito das obrigações, o qual regula um conjunto inabarcável de fenómenos sociais, desde a transmissão de bens, à prestação de serviços, à reparação de danos. O seu objeto é, portanto, profundamente heterogéneo. A – pretensa – unidade advém da obrigação. Isto é, faltando a "*semelhança funcional ou material entre as relações da vida que regula*"[41], o Direito das obrigações estendeu a sua influência em função da consequência associada a certos eventos, *i.e.*, a constituição de vínculos obrigacionais. Além do mais, elementos da parte geral do Direito

[37] MENEZES LEITÃO, *Direito das obrigações*, V. I, p. 69.

[38] Sobre o tema, *vide*, em síntese, MENEZES LEITÃO, *Direito das obrigações*, V. I, pp. 93-96.

[39] MANUEL GOMES DA SILVA, *O dever de prestar e o dever de indemnizar*, p. 213, referindo a unanimidade da explicação que os diversos Autores dão para esta exigência: "*a prestação deve ter valor pecuniário, porque, sendo constituída por um acto do devedor, que não pode ser realizado forçadamente, seria impossível a execução forçada da obrigação se o objecto dela não fôsse redutível a certa quantia em dinheiro, que se pudesse extrair coactivamente do património do devedor*". A posição do Autor é, porém, diversa da generalidade da doutrina como pode ser confrontado nas páginas seguintes.

[40] "*É o interesse do credor, numa palavra, que justifica a obrigação*", cf. ALMEIDA COSTA, *Direito das obrigações*, p. 109. No sentido de que a prestação não poderá corresponder a "*simples capricho ou fantasia, e que se apresente como determinante de vinculação jurídica e não apenas de compromisso moral ou de cortesia ou de acto de favor*", GALVÃO TELLES, *Direito das obrigações*, p. 43, acompanhado por ANTUNES VARELA, *Das obrigações em geral*, V. I, p. 108 e ALMEIDA COSTA, *Direito das obrigações*, p. 713. Em sentido contrário, referindo que "*interesse digno de proteção legal significa, simplesmente, suscetibilidade de proteção jurídica*", cf, ANTÓNIO MENEZES CORDEIRO, *Tratado de Direito Civil*, V. VI, p. 349.

[41] MENEZES LEITÃO, *Direito das obrigações*, p. 16.

das obrigações são transponíveis para toda a ordem jurídica – neste sentido, as obrigações desempenham, também, um papel jurídico-científico. Fruto dessa transversalidade, o Direito das obrigações é apto a aportar soluções para (quase) todos os casos da vida, ainda que, em concreto, se imponha o recurso a disciplinas (mais) especializadas[42].

Coerentemente, o Código Civil português, tributário da classificação germânica do Direito civil[43], dedica-lhe um dos seus cinco Livros, num total de mais de oitocentos e cinquenta artigos, cerca de um terço da extensão total do Código. No mais, é interessante notar que a matéria das obrigações evoluiu de modo a se sobrepor aos próprios Direitos reais. Recorde-se, a este propósito que na primeira grande codificação europeia, o Código Napoleão, as obrigações vinham tratadas como uma forma de aquisição da propriedade, sistemática que se encontrava também, entre nós, no Código de SEABRA, numa clara relação de subalternidade, que se pode mesmo dizer estar hoje invertida. Com efeito, atualmente, a "riqueza" existe e circula essencialmente com base em obrigações: desde as mais simples relações de prestação de serviços aos valores mobiliários mais complexos. A propriedade, direito real por excelência, deixou de ser encarado como expoente máximo de valor e, como bem nota ANTUNES VARELA, "*são os direitos reais que cada vez mais se subordinam aos direitos de crédito, servindo de garantia ao seu cumprimento*"[44].

[42] ANTÓNIO MENEZES CORDEIRO, *Tratado de Direito Civil*, V. VI, pp. 51-56.

[43] ANTÓNIO MENEZES CORDEIRO, *Tratado de Direito Civil*, V. VI, pp. 49-50, referindo a sua atribuição a GUSTAV HUGO (1764-1844), ARNOLD HEISE (1788-1851) e CARL VON SAVIGNY (1779-1861) e clarificando a divisão do Direito civil em três "*blocos jurídico-culturais*": um de Direito Romano atual, que engloba o Direito das obrigações e os Direitos reais; um de Direito comum medieval que abarga o Direito da família e o Direito das sucessões e; por fim, um bloco jusracionalista, correspondente à parte geral.

[44] ANTUNES VARELA, *Das obrigações em geral*, V. I, p. 21, nota (1).

§ 2. A extinção das obrigações – Perspetiva geral

Na secção anterior verificámos que, em sentido técnico, a obrigação consiste – sumariamente – num vínculo jurídico pelo qual alguém se encontra adstrito a realizar determinado comportamento em benefício de outrem. A relevância dos esquemas tendentes à sua extinção apresenta-se como um corolário lógico desta natureza[45].

Tendencialmente, e com naturalidade, a obrigação extingue-se pelo cumprimento, pontual e integral[46]. Na verdade, a obrigação é, em certo sentido, uma "*prefiguração*" do cumprimento[47]. Pense-se no caso paradigmático do

[45] A este propósito, Brandão Proença refere-se expressivamente à "*natureza efémera da posição creditória*", cf. José Brandão Proença. *Lições de cumprimento e não cumprimento das obrigações*, 2.ª ed., UCE, Porto, 2017, p. 27

[46] Cunha de Sá refere-se mesmo ao cumprimento como "*facto extintivo por excelência*", cf. Fernando Augusto Cunha de Sá, "Modos de Extinção das obrigações", *Estudos em Homenagem ao Professor Inocêncio Galvão Telles*, V. I – Direito Privado e Vária, (org. António Menezes Cordeiro) Almedina, Coimbra, 2002, p. 172.Neste sentido, também Brandão Proença. *Lições de cumprimento e não cumprimento das obrigações*, 2.ª ed., UCE, Porto, 2017, p. 26 referindo "*As obrigações extinguem-se primacialmente pelo seu cumprimento, ou seja, pela realização voluntária, plena, diligencie e de acordo com a boa-fé da obrigação a que se vinculou o devedor*". A este propósito, é expressivo que no Código Civil se tenha antecipado a regulamentação do cumprimento, enquanto no Anteprojecto, Vaz Serra seguia a orientação, sistematicamente mais acertada, de o remeter para o título das causas de extinção das obrigações. Referindo que a orientação sistemática adotada no Código procura "*assinalar o papel específico do cumprimento, como modo de satisfação normal do interesse do credor*", *vide* Antunes Varela, *Das obrigações em geral*, V. I, p. 19 nota (2).

[47] Neste sentido, António Menezes Cordeiro, *Tratado de Direito Civil*, V. IX, p. 36, referindo "*Tanto basta para entender que a dicotomia obrigação/cumprimento é essencialmente linguística. A obrigação é apresentada como a prefiguração do cumprimento, enquanto este mais não é do que a sedimentação*

negócio jurídico: ao "construir" a obrigação, os contraentes dedicam grande parte do seu tempo e dos seus esforços à definição da prestação principal e os moldes da sua realização, definindo, em suma, o cumprimento. Tal sucede porque, do prisma do credor, é o cumprimento que encerra o seu interesse na obrigação, pelo que vai procurar definir a prestação principal da forma que mais se aproxima do resultado idealizado; o devedor, por sua vez, tem todas as vantagens em saber a quê, e a quanto, está obrigado – a definição da prestação encerra a medida do seu compromisso e estabelece a forma pela qual obterá a almejada liberação.

Dependendo, porém, do tipo de relação estabelecida, o cumprimento pode assumir contornos variáveis e finalidades distintas. Com efeito, nas obrigações mais simples (*v.g.*, as decorrentes de um contrato de compra e venda) o cumprimento representa a total realização do fim prosseguido. Noutros casos, porém, ele apresenta-se como algo mais complexo, que pode representar esforços contínuos (*v.g.*, o depósito) e, ainda, no caso das obrigações duradoras, "*ele dá corpo à própria obrigação, verificando-se em contínuo*"[48].

O que vai dito leva à constatação de que, nas obrigações de constituição voluntária mais simples, a génese da obrigação é definitivamente marcada pela definição do esquema tendente à sua extinção. Esta afirmação, embora aparentemente paradoxal, impõe-se quando levamos em linha de conta que no domínio das obrigações, ao contrário do que se verifica, por exemplo, com a generalidade das situações jurídicas pertencentes aos Direitos reais ou ao Direito da família, nas quais o interesse do beneficiário reside na própria titularidade da situação jurídica e na sua manutenção, o interesse do credor é satisfeito com o cumprimento, o qual implica, tendencialmente, a extinção

da obrigação. Ou, noutro ângulo: o cumprimento é o presente do indicativo do que a obrigação diga in futurum. Passando ao Direito: as regras relativas à obrigação são, na realidade, atinentes ao cumprimento, enquanto as adstritas ao cumprimento talham a própria obrigação."

[48] No sentido do texto, António Menezes Cordeiro, *Tratado de Direito Civil*, V. IX, p. 68. A este sentido aderem também, *v.g.*, Antunes Varela, *Das obrigações em geral*, V. I, p. 19, nota (1) e Brandão Proença. *Lições de cumprimento* p. 26. Diversamente, Fernando Augusto Cunha de Sá, *Direito ao cumprimento e direito a cumprir*, Separata da Revista de Direito e de Estudos Sociais, Ano XX, n.º 2-3-4, Coimbra, 1973, pp. 150-151, identifica, no caso das obrigações duradoras, vários "*vínculos menores em que a obrigação de carácter permanente se resolve*" e "*o próprio vínculo global*", concluindo que "*aqueles extinguem-se com o cumprimento, à medida que se vão vencendo, este só se extingue quando é satisfeito por inteiro o interesse do credor. Em última análise, poderá dizer-se que há várias obrigações e que cada uma delas se extingue com o cumprimento.*"

do direito de crédito e a liberação do devedor[49]. Tal aspeto, como se disse, é tendencial, uma vez que certas relações obrigacionais ambicionam igualmente a continuidade, como o arrendamento, ou mesmo uma idílica perpetuidade, como o contrato de sociedade.

O cumprimento apresenta-se, portanto, como a forma "normal" de extinção da obrigação[50]. Mas ao lado deste, surgem esquemas alternativos para lograr a eficácia extintiva e liberatória do cumprimento por uma forma diversa da inicialmente prescrita. A estes designaremos, na linha de ANTÓNIO MENEZES CORDEIRO, sucedâneos do cumprimento. De acordo com o Código Civil, tais esquemas extintivos são hoje (*i*) a dação em cumprimento, (*ii*) a consignação em depósito, (*iii*) a compensação, (*iv*) a novação, (*v*) a remissão e (*vi*) a confusão.

Estes dois blocos, cumprimento e os seus sucedâneos, são formas de extinção das obrigações diretas e, na sua maioria, satisfatórias do interesse do credor[51]. Através do seu funcionamento, a obrigação cumpre o seu propósito. Mas, paralelamente, haverá que considerar que existem muitas "*causas indirectas de extinção das obrigações*" que não iremos aqui abordar. Entre elas inserem-se, nomeadamente, questões relacionadas com a ineficácia do contrato (como a sua nulidade ou anulação) e a sua supressão (como a resolução, revogação ou denúncia). Estas circunstâncias reconduzíveis ora à ineficácia, ora à supressão da fonte, funcionam num plano distinto do da obrigação.

I. Em particular, os sucedâneos do cumprimento

De entre os fenómenos extintivos das obrigações, individualizámos um bloco correspondente aos denominados sucedâneos do cumprimento.

[49] ALMEIDA COSTA, *Direito das obrigações*, p. 991.

[50] Tal não invalida, porém, que a mera expectativa da realização da prestação não tenha um "valor real" - desde logo, são conhecidos os negócios cujo objeto consiste em carteiras de crédito "malparado". Sem embargo, como bem refere ANTÓNIO MENEZES CORDEIRO, ainda nesse caso, "*tudo opera com vista a uma materialização que surgirá, apenas, no momento do cumprimento*", cf. ANTÓNIO MENEZES CORDEIRO, *Tratado de Direito Civil*, V. IX, p. 67.

[51] Há a considerar que, como veremos, a remissão não importa a satisfação do interesse do credor e a confusão, a nosso ver, atendendo ao seu específico funcionamento, nem sequer é, em rigor, enquadrável nesses termos.

Estes foram surgindo paulatinamente "*de acordo com esquemas formativos próprios e autónomos*"[52], introduzindo formas de lograr a eficácia extintiva e liberatória do cumprimento de maneira alternativa à inicialmente prescrita. Tratam-se, portanto, de expedientes destinados a "substituir" o comportamento devido, replicando os seus efeitos. Neste âmbito, o Código Civil apresenta seis "*formas de extinção das obrigações além do cumprimento*", (*i*) a dação em cumprimento, (*ii*) a consignação em depósito, (*iii*) a compensação, (*iv*) a novação, (*v*) a remissão e (*vi*) a confusão. A matéria surge regulada nos artigos 837.º a 873.º. A consideração, ainda que elementar, da noção de cada um deles permitirá demonstrar que, apesar de aglutinadas, as diferenças entre cada uma das figuras são, afinal, profundamente marcadas[53].

A dação em cumprimento[54] (cf. arts. 837.º a 840.º) estabelece que o devedor pode exonerar-se realizando uma prestação diversa da devida. Para o efeito, o credor terá necessariamente de consentir na alteração ao esquema previsto, o qual estava especialmente vocacionado para determinar a liberação (cf. art. 762.º, n.º 1). Paralelamente, temos a dação *pro solvendo*, a qual não extingue imediatamente a obrigação, antes consiste na entrega de uma prestação para que o credor realize o respetivo valor e assim, "mais facilmente", logre a satisfação do seu crédito[55]. A extinção da obrigação sobrevirá, se e na medida em que o credor realize o valor da prestação dada *pro solvendo*.

[52] ANTÓNIO MENEZES CORDEIRO, *Tratado de Direito Civil*, V. IX, p. 897.

[53] A este propósito, transcrevemos o excerto de BRANDÃO PROENÇA. *Lições de cumprimento e não cumprimento das obrigações*, 2.ª ed., UCE, Porto, 2017, p. 32: "*Diga-se, também, que a extinção pode ser acompanhada da insatisfação (remissão total), da duvidosa satisfação (novação e confusão), da satisfação sucedânea (dação em cumprimento e dação em função do cumprimento), direta (consignação em depósito) ou indireta (compensação) do interesse do credor e que, sob o ponto de vista temporal, essa extinção pode ser imediata (como na dação em cumprimento ou na remissão) ou diferida (caso da dação em função do cumprimento e da consignação em depósito)*".

[54] Sobre a figura, *vide*, em especial, HUGO RAMOS ALVES, *Dação em cumprimento*, 1.ª reimp., Almedina, Coimbra, 2021. Mais sumariamente, ANTÓNIO MENEZES CORDEIRO, *Tratado de Direito Civil*, V. IX, pp. 987-1012.

[55] Na jurisprudência, ilustrando as diferenças entre a dação em cumprimento e a dação em função do cumprimento, *vide*, o Acórdão do Supremo Tribunal de Justiça, datado de 05.02.2004 (Relator: SALVADOR DA COSTA): "*A diferença essencial entre a dação em cumprimento e a dação em função do cumprimento consubstancia-se essencialmente na circunstância de, nesta última, o devedor pretender facilitar ao credor a realização do seu direito de crédito, realizando uma prestação diversa da devida, tendente a esse fim, e, na primeira, o devedor pretender extinguir imediatamente a sua obrigação por via de prestação diversa da devida*".

A figura da consignação em depósito[56] (cf. arts. 841.º a 846.º) destina-se a superar situações de indeterminação da pessoa do credor ou, no geral, de falta de cooperação deste no cumprimento. Efetivamente, a obrigação pressupõe, ainda que com intensidade variável, a cooperação do credor. Quando falhe a cooperação, e por forma a obstar que o devedor se mantenha vinculado indefinidamente a uma obrigação, por um circunstancialismo que não lhe é imputável, o Direito permite que este realize a prestação a um terceiro, extinguindo a obrigação. A consignação em depósito pressupõe, tipicamente, a intervenção do tribunal, estando regulado um processo judicial especial para o efeito (cf. art. 916.º a 924.º do Código do Processo Civil)[57].

Numa situação em que duas pessoas se apresentem, reciprocamente, como credor e devedor, qualquer uma delas pode invocar a compensação[58] (cf. arts. 847.º a 856.º) para se liberar da sua obrigação. Para o efeito, exige-se que as dívidas em presença preencham determinados requisitos. Será ainda necessária uma declaração à contraparte, invocando a compensação, a qual não opera de forma automática, numa inversão face ao Código anterior.

Verifica-se uma novação[59] (cf. arts. 857.º a 862.) quando credor e devedor constituam uma nova obrigação, em substituição da primitiva, que se extingue. Esta pode ser objetiva ou subjetiva, consoante a alteração introduzida pela nova obrigação face à anterior se verifique ao nível do vínculo ou dos envolvidos. Essencial: o *animus novandi*, conforme resulta expressamente do artigo 859.º.

A remissão[60] (cf. arts. 863.º a 867.º), vulgarmente designada por perdão de dívida, consiste no acordo entre credor e devedor, destinado à extinção do débito: o dever de prestar extingue-se, com as inerentes consequências.

[56] António Menezes Cordeiro, *Tratado de Direito Civil*, V. IX, pp. 1013-1026.

[57] Sobre este, *vide*, Diogo Castanheira Pereira, "Consignação em depósito", *Processos Especiais* (coord. Rui Pinto / Ana Alves Leal), V. I, AAFDL, Lisboa, 2020, pp. 141-158.

[58] António Menezes Cordeiro, *Tratado de Direito Civil*, V. IX, pp. 1027-1110.

[59] António Menezes Cordeiro, *Tratado de Direito Civil*, V. IX, pp. 1111-1119

[60] António Menezes Cordeiro, *Tratado de Direito Civil*, V. IX, pp. 1130-1137

A confusão[61] (cf. arts. 868.º a 873.º) ocorre quando numa mesma esfera jurídica se reúnam as qualidades de credor e devedor de uma mesma obrigação. Nesta situação, pela natureza das coisas, ambas as situações jurídicas se "anulam", extinguindo-se.

Apresentadas as noções básicas de cada um dos modos de extinção das obrigações "*para além do cumprimento*" regulados no Código Civil, entendemos não ser possível proceder a uma classificação lógica da matéria. Com efeito, um primeiro critério de arrumação poderia procurar distinguir entre expedientes que pressupõem a satisfação do interesse do credor e aqueles em que há uma frustração do fim da obrigação[62].

Embora intuitivo, tal critério padece de dificuldades de operacionalização. Efetivamente, sem reservas, apenas a dação em cumprimento e a compensação se apresentam como satisfatórias do interesse do credor e apenas a remissão implica a sua total frustração. Relativamente às demais, a confusão, pressupondo a reunião numa única pessoa das qualidades de credor e devedor, impede que verdadeiramente se fale de satisfação do interesse de credor, desde logo porque, em rigor, nem – exclusivamente – de credor se pode falar. Esta apresenta-se como uma consequência lógica derivada da impossibilidade de alguém ser devedor ou credor de si próprio: o seu funcionamento é, neste sentido, neutro. Por outro lado, a consignação em depósito também não se apresenta *strictu sensu*, como uma forma de extinção das obrigações para além do cumprimento. Em rigor, esta é uma forma de cumprimento, quando este não se revela possível nos termos prescritos[63]. Embora, em menor grau, o mesmo se diga relativa como a dação em cumprimento e a dação em função do cumprimento, as quais aliás são referenciadas pelo BGB enquanto modalidades do cumprimento. Acresce que, na medida em que representa a total frustração do fim da obrigação, a qual se extingue sem que o credor veja,

[61] António Menezes Cordeiro, *Tratado de Direito Civil*, V. IX, pp. 1138-1143.

[62] Em sentido próximo, Hugo Ramos Alves vem demonstrar a falência de um critério em torno da realização da prestação, cf. Hugo Ramos Alves, *Dação em cumprimento*, p. 355.

[63] No mesmo sentido, Cunha de Sá, *Direito ao cumprimento e direito a cumprir*, p. 169, identificando a consignação em depósito com cumprimento em sentido amplo, recusando o argumento contrário de se encontrar regulada no Código como "modo de extinção das obrigações além do cumprimento" porquanto "*é de ordem meramente formal*": efetivamente outras causas há de extinção das obrigações além do cumprimento que nesse capítulo não se encontram reguladas, como a impossibilidade.

nem sequer indiretamente, satisfeito o seu interesse, a remissão não se pode considerar um sucedâneo do cumprimento.

A este propósito, veja-se também como a generalidade dos critérios tipicamente avançados em tentativas de arrumação falham, quando tentados em concreto. Em função dos intervenientes, embora a generalidade dos sucedâneos do cumprimento implique a intervenção de credor e do devedor, o mesmo não se verifica em relação à consignação em depósito e à confusão cujo funcionamento é, neste sentido, autónomo. Nesta senda, refira-se que também a compensação não pressupõe o acordo do credor para que o devedor se exonere, preenchidos que estejam os seus requisitos. Já a confusão, pela sua específica estrutura, impede que se fale verdadeiramente em contratualidade ou unilateralidade, o seu funcionamento é automático e impõe-se, pela natureza das coisas[64].

Tais considerações são demonstrativas da heterogeneidade da matéria e da impossibilidade de avançar critérios ou, no geral, considerações transversais a cada um dos institutos. É certo que estes surgem agregados enquanto sucedâneos do cumprimento, numa pretensa unidade. Mas tal agregação não é, aqui, indiciadora de uma unidade valorativa, dificultando (*ergo*, impossibilitando) uma teorização de ordem geral[65].

[64] De resto, a confusão nem é consagrada no BGB como figura autónoma, embora a doutrina a ela se lhe refira, cf. António Menezes Cordeiro, *Tratado de Direito Civil*, V. IX, pp. 1138-1139, o mesmo acontecendo com a novação, cf. Hugo Ramos Alves, *Dação em cumprimento*, p. 169.

[65] Reconhecendo as dificuldades, acabando por concluir que "*Tendo em consideração esta heterogeneidade, somos do entendimento de que a categoria "causas de extinção da obrigação para além do cumprimento" – a par de "sucedâneos do cumprimento" ou, até, "modo satisfatórios e modos não satisfatórios de extinção das obrigações" – limita-se, no essencial, a agrupar um conjunto de institutos que, por força de cominação legal, têm por efeito determinar a extinção da obrigação*", Hugo Ramos Alves, *Dação em cumprimento*, p. 357.

Capítulo II
A remissão enquanto forma de extinção das obrigações

§ 3. Noção e enquadramento geral

A remissão surge regulada, no Código Civil português, no Livro II – Direito das obrigações, título I – Das obrigações em geral, capítulo VIII – Causas de extinção das obrigações além do cumprimento, em apenas cinco artigos (863.º a 867.º). A lei principia em termos aparentemente permissivos: *"o credor pode remitir a dívida por contrato com o devedor"*[66]. Tal como surge, ainda inalterado, o número 1 do artigo 863.º do Código Civil, acima transcrito, é tributário da tese da natureza contratual da remissão, tendo inspiração direta no § 397. do *Bürgerliches Gesetzbuch* (BGB). Este modelo, também presente no artigo 1350.º do *Code Civil* e, em língua portuguesa, no Código Civil brasileiro (art. 385.º), contrasta com o regime vigente em Itália onde a remissão configura, segundo a orientação maioritária, um negócio jurídico unilateral, ainda que condicionado[67].

[66] Cumpre recordar a terminologia: remissão é o contrato pelo qual se remite a dívida, ou o seu efeito – verbo remitir –, o perdão. Remição é um pagamento realizado no âmbito de uma obrigação com prestações sucessivas – verbo remir. Se o credor remite a obrigação, perdoa a dívida ao devedor. Já se o devedor redime a dívida, cumpre (*v.g.*, art. 1243.º do Código Civil). Na terminologia inglesa, *"remit"* traduz remitir (e não remir), ou seja, perdoar, enquanto *"remittance"* corresponde ao português remir, pagar, cf. *Black's Law Dictionary*, (coord. Bryan A. Garner), 7.ª ed., West Group, St. Paul, Minnesota, 1999, p. 1297. Entre nós, *vide* António Menezes Cordeiro, *Tratado de Direito Civil*, V. IX, p. 1130, nota (4150) e Almeida Costa, *Direito das obrigações*, p. 1114, nota (1). Na jurisprudência, entre outros, *vide* o Acórdão do Tribunal da Relação de Lisboa, datado de 06.12.2005 (Relator: Fátima Galante): *"A expressão remissão, remittere, com o sentido de acção e efeito de remitir, assume o significado de perdoar, renunciar, desistir e absolver."*

[67] Neste sentido, Francesco Rossi, *La remissione del debito*, Giuffrè Francis Lefebvre, Milão, 2018, pp. 7-8, Ernesto Tilocca, *La remissione del debito*, Padova, CEDAM, 1955, p. 21 e

A simplicidade do enunciado dificilmente permite antever as particularidades que envolvem a remissão[68]. Permite, porém, de forma muito direta, alcançar a sua especialidade: o titular abdica de uma vantagem que o Direito lhe conferia, o crédito. Na remissão, credor e devedor extinguem a dívida sem qualquer contrapartida, assistimos a uma total "frustração" do direito de crédito[69]. O credor não vê, nem sequer indiretamente, realizado o seu interesse.

Em virtude desta dimensão, referia acertadamente VAZ SERRA que "*a remissão, como causa extintiva das obrigações, consiste na renúncia a direitos de crédito*"[70]. Esta afirmação carece, contudo, de uma prevenção: não ignoramos –, tal como não ignorava VAZ SERRA[71], – as críticas a que a equiparação entre as duas lo-

PIETRO PERLINGIERI, "Dei modi di estinzione delle obbligazioni diversi dall'adempimento", *Commentario al Codice Civile* (org. ANTONIO SCIALOJA / GIUSEPPE BRANCA), Libro Quarto – Delle Obbligazioni, 1975, p. 189. Maiores desenvolvimentos sobre os pontos fundamentais da discussão em Itália podem ser confrontados *infra* Cap. II, § 4., II, ii., com referências.

[68] Reconhecendo as dificuldades apresentadas pela figura da remissão, e a sua utilidade para a análise de diversos aspetos relacionados com "*la teoria del negozio*", *vide*, FRANCESCO ROSSI, *La remissione del debito*, pp. 5-14 e PIETRO PERLINGIERI, "Dei modi di estinzione delle obbligazioni diversi dall'adempimento", p. 168. No mesmo sentido, salientado que da análise da figura resultam implicações para conceitos fundamentais do Direito Civil, cf. PASQUALE STANZIONE, "Remissione del debito", *Digesto delle Discipline Privatistiche – Sezione Civile*, V. XVI, 4.ª ed., UTET, Turim, 1987, p. 578.

[69] Aludindo à não realização (em sentido amplo) da obrigação, *vide*, ANTUNES VARELA, *Das obrigações em geral*, V. II, 7.ª ed., 13.ª reimp., Almedina, Lisboa, 2020, pp. 242-243 e, na jurisprudência, por todos, o Acórdão do Supremo Tribunal de Justiça, datado de 25.11.2009 (Relator: SOUSA GRANDÃO).

[70] ADRIANO VAZ SERRA, "Remissão, reconhecimento negativo de dívida e contrato extintivo da relação obrigacional bilateral", *Boletim do Ministério da Justiça*, n.º 43, 1954, p. 5. No mesmo sentido, FERNANDO PESSOA JORGE, *Lições de Direito das Obrigações*, Edição da Associação Académica, 1975-1976, p. 687. Também na jurisprudência alguns arrestos fazem uso da equiparação entre as duas locuções. Assim, *v.g.*, o Acórdão do Supremo Tribunal de Justiça, datado de 01.07.2004 (Relator: SALVADOR DA COSTA).

[71] No seu estudo, VAZ SERRA refere com propriedade as críticas que oportunamente foram formuladas por GUILHERME MOREIRA, na vigência do Código de SEABRA, cf. VAZ SERRA, "Remissão, reconhecimento negativo de dívida e contrato extintivo da relação obrigacional bilateral", p. 5. Tratava-se, porém, de significativamente mais do que uma crítica à utilização da locução "renúncia"; antes revelava uma "confusão" de fundo entre obrigações e direitos reais, em virtude de ambas serem as figuras serem tratadas num único artigo, cf. GUILHERME ALVES MOREIRA, *Instituições do Direito Civil Português*, Volume II – Das obrigações, 2.ª ed., Coimbra Editora, Coimbra, 1925, p. 283.

cuções se pode prestar[72]. De facto, como os Autores que a rejeitam têm, com razão, vindo a salientar, a renúncia é, por definição, um negócio jurídico unilateral e a sua consagração legal surge tipicamente por referência a direitos reais menores, garantias e direitos potestativos, não sendo de admitir uma "pura" renúncia a direitos de crédito, no âmbito dos quais se deve falar exclusivamente em remissão. Sem prejuízo da evidente procedência destas observações, as quais são, de resto, coerentes com os dados normativos, na nossa opinião, a utilização do termo renúncia para descrever o funcionamento da remissão, é, em si mesmo, inócuo. Naturalmente, deve ter-se presente que, em virtude do seu objeto específico, a remissão apresenta derivações face à renúncia, mas, em si mesma, a expressão é ilustrativa e descreve cabalmente os valores em presença. Não implicando, portanto, a nosso ver, uma confusão entre uma e outra figura, é possível reconduzir a remissão a uma espécie dentro do género renúncia[73] e, nesse sentido, aludindo a uma ideia de especialidade dentro

[72] Afastando as locuções, *vide*, também, ANTUNES VARELA, *Das obrigações em geral*, V. II, p. 244 e PIRES DE LIMA / ANTUNES VARELA, *Código Civil Anotado*, V. II, 4.ª ed., reimp., Coimbra Editora, Coimbra, 2011, p. 150. Na jurisprudência, pode ser confrontado o Acórdão do Tribunal da Relação de Coimbra, datado de 02.03.2006 (Relator: FERNANDES DA SILVA), no qual se refere: "*A renúncia e a remissão de dívida são negócios distintos: a renúncia, enquanto negócio jurídico unilateral, não é reconhecida, em termos gerais e no domínio das obrigações, como causa de extinção de créditos. No âmbito das relações creditórias deve falar-se, com maior rigor técnico-jurídico, em remitir uma dívida*".

[73] Esta associação é, aliás, frequente entre os Autores italianos. Contudo, em virtude de a remissão configurar, no ordenamento jurídico italiano, segundo a orientação maioritária, um negócio jurídico unilateral, o paralelismo é bastante mais acentuado. Em ordenamentos jurídicos como o nosso, em que a remissão se apresente como um contrato, a remissão surge mais afastada do "género" renúncia, embora nos pareça que a capacidade ilustrativa que acarreta mantenha utilidade na apresentação conceptual da figura, com as precisões que se mostrem necessárias. Neste sentido, entendendo que distinguir entre remissão e renúncia ao direito de crédito é mesmo contraditório, *vide*, ERNESTO TILOCCA, "Remissione del debito", *Novissimo Digesto Italiano*, (coord. ANTONIO AZARA e ERNESTO EULA), 3.ª ed., Uninoe tipografico-editrice torinese, 1957, pp. 392 e ss, referindo ainda, de forma contundente, a p. 401 que "*o termo remissão de débito e renúncia ao direito de crédito são termos perfeitamente sinónimos*". Neste sentido também NATHALIE PICOD, *La remise de dette en droit privé*, Dalloz, Paris, 2013, p. 43, refere que ambas as expressões refletem a manifestação de vontade do titular de um direito de o remover do seu património. Entre nós, ANTUNES VARELA, *Das obrigações em geral*, V. II, p. 244 apresenta a remissão como "*a renúncia do credor ao direito de exigir a prestação, feita com a aquiescência da contraparte*". Em sentido contrário, afastando a remissão da renúncia, "*quer por razões funcionais quer – normalmente – por razões estruturais*", *vide*, PIETRO PERLINGIERI, "Dei modi di estinzione delle obbligazioni diversi dall'adempimento", p. 188. Notamos,

de uma identidade valorativa, apresentar a remissão como "*o único esquema renunciativo em matéria de direitos de crédito*"[74].

Destarte, parece-nos que o recurso à renúncia se mostra útil, pois permite acentuar a fundamental particularidade da remissão face à generalidade das causas de extinção das obrigações, em particular o paradigmático cumprimento. O cumprimento representa a realização do fim da obrigação. Identificando-se com o esquema previsto, é o modo mais natural de extinção. Por outro lado, as formas de extinção das obrigações "para além do cumprimento", como vimos, consistem em esquemas alternativos, mas que, na sua generalidade, pressupõem ainda, de algum modo, a satisfação do interesse do credor. Isto é, ainda que não da forma inicialmente prevista, o credor vê realizado o seu direito: verifica-se, apesar de tudo, uma identidade funcional. De forma diametralmente oposta, na remissão "*o direito de crédito não chega a funcionar; o interesse do credor a que a obrigação se encontra adstrita não chega a ser satisfeito, nem sequer indirecta ou potencialmente*"[75].

Constata-se a relativa peculiaridade do credor que, voluntariamente, e sem contrapartida, abdica de uma vantagem que lhe era juridicamente reconhecida. O número 2 do artigo 863.º oferece, em abstrato, o esclarecimento possível, apontando dois caminhos. Na primeira hipótese considerada pelo legislador, o credor é movido por "espirito de liberalidade", ou seja, abdica da prestação para conferir um benefício ao devedor, removendo esse elemento passivo da sua esfera jurídica. Segundo PIRES DE LIMA e ANTUNES VARELA, a "*liberalidade implica, em regra, a ideia de generosidade ou espontaneidade, oposta à de necessidade ou de dever*", sendo o espírito de liberalidade "*um elemento subjectivo, sempre dependente do estado psicológico*"[76] de quem a realiza. Em virtude desta

contudo, que este Autor, ao arrepio da doutrina dominante, considera a remissão um contrato, pelo que se mostra justificada a referência às "razões estruturais".

[74] ERNESTO TILOCCA, *La remissione del debito*, p. 14. Notando que a afirmação está "*profundamente radicada na literatura*", cf. FRANCESCO ROSSI, *La remissione del debito*, p. 13. No mesmo sentido, PASQUALE STANZIONE / GIOVANNI SCIANCALEPORE, *Remissione e rinunzia*, Giuffrè Editore, Milão, 2003, p. 116.

[75] ANTUNES VARELA, *Das obrigações em geral*, V. II, p. 243.

[76] PIRES DE LIMA / ANTUNES VARELA, *Código Civil Anotado*, V. II, pp. 239-240. ANTÓNIO MENEZES CORDEIRO acompanha, no essencial, estas conclusões. Refere "*A gratuidade é a qualidade de algo obtido sem esforço ou sem contrapartida. Por si, não implica qualquer relação nem, tão-pouco, uma intenção de beneficiar. [...] O espírito de liberalidade, equivalente ao animus donandi, traduz a vontade do autor da entrega de beneficiar o donatário. Sem ele, a transmissão "gratuita" pode advir de acaso (uma*

dimensão, potencial, a figura da remissão é também vulgarmente conhecida simplesmente por perdão da dívida. Mas as remissões realizadas com espírito de liberalidade, embora predominantes, não esgotam o universo de possíveis causas, pois o credor pode ser movido por interesses puramente egoístas, como sucederia, *v.g.*, caso tivesse conhecimento do estado de pré-insolvência do devedor, pretendendo simplesmente evitar os custos associados a uma ação judicial da qual não obteria qualquer vantagem[77]. Nestes casos, em que não há intenção de beneficiar o devedor, a remissão será abdicativa. As particularidades relativas ao *animus* do credor, serão, como veremos[78], relevantes para aferir da eventual aplicabilidade do regime da doação, nos termos do número 2 do artigo 863.º. Fica, de todo o modo, a nosso ver, evidente que em qualquer uma das hipóteses consideradas a remissão é necessariamente um negócio gratuito, uma vez que não se compadece com contrapartidas. Como veremos no § 5., a afirmação não é, contudo, pacífica.

Naturalmente, é sempre possível para o credor abster-se de exigir o cumprimento da obrigação ao devedor[79]. Porém, a mera inércia do credor não confere ao devedor qualquer segurança jurídica, uma vez que este ficará sempre sujeito a que o cumprimento lhe venha a ser exigido, até que se verifique a prescrição do direito de crédito[80]. Ou seja, o devedor fica, até à prescrição,

aposta) ou de evolução das circunstâncias (um contrato ruinoso)", cf. António Menezes Cordeiro, *Tratado de Direito Civil*, V. XI, Almedina, Lisboa, 2019, p. 424.

[77] Francisco Pereira Coelho, *A renúncia abdicativa no Direito Civil (algumas notas tendentes à definição do seu regime)*, Studia Iuridica 8, Coimbra Editora, Coimbra, 1995, p. 23.

[78] *Infra*, Cap. V, § 11.

[79] Direito de exigir o cumprimento que, no dizer de Manuel Gomes da Silva é o conteúdo da obrigação. Pode ler-se "*A obrigação é, por conseguinte, uma relação jurídica que na sua forma essencial, se caracteriza por ter como objecto o direito atribuído ao credor, de exigir de pessoas determinadas ou determináveis uma prestação*". Manuel Gomes da Silva, *Conceito e estrutura da obrigação*, p. 265.

[80] A prescrição consiste assim num efeito jurídico provocado pelo tempo, o qual tende à estabilização das relações jurídicas, e que consiste no "enfraquecimento" do direito de crédito, o qual se vê "despido" do tendencial poder de exigir a prestação, e confere ao devedor o poder potestativo de recusar o cumprimento, como refere Pedro Pais de Vasconcelos / Pedro Leitão Pais de Vasconcelos, *Teoria Geral do Direito Civil*, 9.ª ed., Almedina, Lisboa, 2019, p. 386. Cabe notar, contudo, que, em rigor, a prescrição não é verdadeiramente uma causa de extinção das obrigações, mas sim uma causa de extinção das obrigações civis, uma vez que, nos termos do artigo 304.º do Código Civil, está em causa a possibilidade de recusa do cumprimento e não a sua extinção, *ipso iure*. De resto, mantém-se a regra de não repetição do indevido (cf. art. 304.º, nº 2), já constante do anterior Código, aproximando-a da obrigação

natural (neste sentido, ALMEIDA COSTA, *Direito das obrigações*, p. 178 e ANTUNES VARELA, *Das obrigações em geral*, V. I, p. 725. No mesmo sentido, embora referindo "*não ser líquido*", CUNHA DE SÁ, *Direito ao cumprimento e direito a cumprir*, p. 186. Em sentido contrario, PEDRO PAIS DE VASCONCELOS / PEDRO LEITÃO PAIS DE VASCONCELOS, *Teoria Geral do Direito Civil*, p. 387). Portanto, se após o decurso do prazo de prescrição o devedor vier a cumprir, e ainda que desconheça que poderia beneficiar da prescrição, o cumprimento é válido e eficaz. O regime da prescrição é de ordem pública e, ao contrário da caducidade, não permite o seu afastamento por vontade das partes (art. 300.º do Código Civil, por oposição ao art. 330.º). Aliás, a própria renúncia ao direito de invocar a prescrição apenas é válida após o decurso do respetivo prazo, ou seja, a partir do momento em que ela poderia ser invocada (v.g., Acórdão do Supremo Tribunal de Justiça, datado de 12.03.1996 (Relator: NORONHA DO NASCIMENTO). Não é, contudo, ao contrário da caducidade, de conhecimento oficioso. Na prescrição comum, o cumprimento é relativamente indiferente. Efetivamente, numa circunstância em que o credor venha a exigir, após o decurso do prazo prescricional, o cumprimento de uma obrigação já cumprida, o devedor pode alternativamente (embora tendencialmente o faça de forma cumulativa) alegar e provar o cumprimento, enquanto facto extintivo do direito, ou, simplesmente, a prescrição. Com efeito, quer a obrigação tenha sido cumprida, quer não, tendo decorrido o prazo de prescrição, e não se verificando qualquer causa que o suspenda ou interrompa, a ação de condenação será improcedente. Diferentemente se passam as coisas no domínio das presunções presuntivas, reguladas no Código relativamente a determinados créditos (arts. 316.º e 317.º do Código Civil). Como resulta claro do artigo 312.º do Código Civil, à prescrição presuntiva não é irrelevante o facto do cumprimento. Com efeito, enquanto na prescrição extintiva comum, a possibilidade de recusar cumprir existe "em qualquer caso" (i.e., o devedor que não haja cumprido está tão protegido quando o devedor que o tenha feito e o consiga demonstrar), a prescrição presuntiva estabelece apenas a favor do devedor uma presunção de cumprimento, a qual pode ser ilidida, embora a lei seja (eventualmente excessivamente) restritiva quando à prova admitida para ilisão da presunção. Nomeadamente, nos termos do artigo 313.º do Código Civil, a presunção de cumprimento apenas pode ser contrariada por confissão, do devedor originário ou daquele a quem a dívida haja sido transmitida, a qual pode ser judicial ou extrajudicial e expressa ou tácita, nomeadamente, relativamente a esta última, quando o devedor se recuse a prestar depoimento de parte. Quanto aos seus efeitos, a prescrição presuntiva não confere ao devedor o poder de recusar a prestação ou de se opor ao exercício do direito, apenas invertendo o ónus da prova quanto ao facto do cumprimento. Em rigor, as prescrições presuntivas não são causas extintivas (nem modificativas) das obrigações, consistindo apenas em disposições de caráter probatório pelo que em caso algum serão confundíveis com a figura da remissão, que nos ocupa. Já a prescrição comum, extintiva, distingue-se da remissão fundamentalmente porque não existe exteriorização de vontade, mas apenas o decurso do tempo, ao qual a lei atribui efeitos jurídicos. A remissão é um negócio jurídico que provoca um efeito jurídico, funda-se na vontade das partes tendentes à produção de efeitos de Direito. A prescrição é um efeito jurídico associado a um facto jurídico exterior (e independente) das partes (e fora da disponibilidade da sua vontade): o tempo.

numa situação de dependência do credor[81]. Ora, a segurança jurídica do devedor, designadamente, quanto à exigência extemporânea do cumprimento[82], é um valor em si mesmo e deve, nessa medida, ser tutelado pelo Direito. De resto, o credor deve pautar a sua conduta pelas exigências da boa fé e colaborar com o devedor para que este cumpra – pontual e integralmente – a obrigação, *i.e.*, o credor deve facilitar o cumprimento e, consequentemente, a extinção da obrigação. Quando recuse a *"colaboração devida"* [83], o Direito sanciona o credor, não permitindo que a vinculação se mantenha *ad eternum*[84]. Por esse motivo, e para obviar a tais inconvenientes, são conhecidas, nomeadamente, as consequências associadas à mora do credor e, bem assim, os mecanismos destinados a ultrapassá-la como seja a possibilidade de consignar a prestação em depósito (cf. art. 841.º) ou a possibilidade de fixar ao credor um prazo para possibilitar o cumprimento, no caso de prestações inconsignáveis, por aplicação analógica do artigo 808.º do Código Civil[85]. O recurso a estes expedientes pressupõe, obviamente, que o devedor se empenhe ativamente em cumprir e seja o credor a obstar à superveniência da liberação. Quando também o devedor seja inerte, o Direito confere-lhe ainda assim algum grau de proteção, através do instituto da prescrição. Com efeito, a prescrição, à semelhança da caducidade e do não

[81] Na verdade, neste último caso, será indiferente que a não exigência do cumprimento decorra de uma qualquer manifestação de "boa vontade" ou de mero esquecimento. Com efeito, na prescrição. a extinção do crédito ocorre de forma totalmente independente da vontade do credor, ao contrário da remissão, que nos ocupa, e na qual a vontade das partes (credor e devedor, atendendo à natureza contratual da figura) é a causa do efeito extintivo.

[82] Que fica agravada quando existam garantias, designadamente reais. Pense-se na circunstância de o devedor permanecer vinculado a uma obrigação sobre a qual incide uma hipoteca.

[83] António Menezes Cordeiro, *Tratado de Direito Civil*, V. VI, pp. 364-366. No sentido de o grau de *"cooperação entre os sujeitos da relação creditória"* ser variável consoante o vínculo em causa, *vide*, Antunes Varela, *Das obrigações em geral*, V. I, p. 22, nota (3) e, aludindo à determinação desse grau com recurso à boa fé, Almeida Costa, *Direito das obrigações*, p. 996.

[84] Sem embargo, parece-nos excessivo deslindar na obrigação um "direito a cumprir" por banda do devedor. Vaz Serra propunha, aliás, no articulado da parte geral de Direito das obrigações, um interessante artigo 3.º no qual se dispunha *"O credor não é obrigado a receber a prestação ou a cooperar de outro modo, se preciso, para que ela se faça, salvo se da lei ou do negócio jurídico resultar coisa diferente"*, cf. Vaz Serra, "Obrigações – Ideias preliminares gerais", p. 122. Embora o Autor viesse a admitir, com alguma liberdade, a interpretação do negócio jurídico no sentido de extrair esse dever, cf. Vaz Serra, "Obrigações – Ideias preliminares gerais", pp. 80-81.

[85] António Menezes Cordeiro, *Da boa fé no Direito Civil*, pp. 593-594.

uso (cf. art. 298.º do Código Civil), constituem manifestações da "repercussão" do tempo sobre as relações jurídicas. Aplicável a todos os direitos, e não exclusivamente aos de crédito, embora para eles esteja especificamente pensada, a prescrição extintiva, como era apelidada no Código anterior[86], tem efeitos aparentemente simples: nos termos do artigo 304.º do Código Civil, o decurso do prazo de prescrição permite que uma das partes da relação jurídica se oponha ao exercício, pela contraparte, de um direito[87]. As preocupações subjacentes são, naturalmente, de segurança jurídica e tutela da posição do devedor: a lei não pretende vinculações *ad perpetuam*[88].

[86] Efetivamente, o Código de SEABRA referia-se a duas modalidades de prescrição, uma extintiva, dita negativa, e outra aquisitiva, dita positiva. A abrir a secção relativa à "prescripção em geral", rezava o artigo 505.º que *"Pelo facto da posse adquirem-se cousas e direitos, assim como se extinguem obrigações pelo facto de não ser exigido o seu cumprimento"*, avançando o seu § único com definições: *"A acquisição de cousas ou direitos pela posse diz-se prescripção positiva; a desoneração de obrigações pela não exigência do seu cumprimento diz-se prescripção negativa"*. O Código Civil de 1966 acabou com esta dualidade, reservando o termo prescrição para prescrição extintiva; a positiva ficou reconduzida à usucapião, regulada nos artigos 1287.º a 1301 do Código Civil. Alargou ainda o âmbito de aplicação da prescrição extintiva, antes reservada às obrigações, a todos os direitos. De facto, é demonstrativa da limitação que o Código de Seabra fazia quando, no artigo 535.º se referia *"Aquelle, que se achar constituído para com outrem na obrigação de prestar, ou fazer alguma cousa, póde livrar-se dessa obrigação, se não tiver sido exigida por espaço de vinte annos, e o devedor se achar em boa fé, quando findar o tempo da prescripção : ou por trinta anos, sem distincção de boa ou má fé, salvo nos casos em que a lei estabelecer prescripções especiaes"*.

[87] CUNHA GONÇALVES associa a esta situação – de não exigência do cumprimento da obrigação – a figura do "perdão tácito", como referido em VAZ SERRA, "Remissão, reconhecimento negativo de dívida e contrato extintivo da relação obrigacional bilateral", *Boletim do Ministério da Justiça*, n.º 43, 1954, p. 39. VAZ SERRA contesta esta posição com um paralelismo interessante. Com efeito, CUNHA GONÇALVES recorria ao perdão tácito como forma de justificar a sua posição segundo a qual o perdão expresso não deveria ser tido como uma doação. Neste sentido, o perdão expresso não poderia ser uma doação da mesma forma que não o seria o perdão tácito, isto é, o deixar decorrer o prazo de prescrição. A este propósito, VAZ SERRA refere, espirituosamente, que *"Se devesse concluir-se da circunstância de o facto de voluntariamente se não exigir a prestação até se dar a prescrição não ser uma doação, que não é também doação a remissão, deveria igualmente concluir-se que não é doação a transferência gratuita de um prédio por contrato entre A e B só porque A podia, estando o prédio na posse de B, esperar que se desse a usucapião em favor deste."*, cf. VAZ SERRA, "Remissão, reconhecimento negativo de dívida e contrato extintivo da relação obrigacional bilateral", pp. 39-40.

[88] Como acertadamente se refere no Acórdão do Tribunal da Relação do Porto, datado de 11.04.2019 (Relator: ANA LUCINDA CABRAL): *"A ordem jurídica fixa prazos que considera adequados, dentro dos quais o titular do direito deve exercê-lo, sob pena de ficar impedido de fazê-lo ou até mesmo de*

Sem prejuízo destes expedientes, é evidente que muitas obrigações acabam por nunca ser cumpridas, em virtude da inércia, de parte a parte, desembocando no que poderíamos associar – informalmente – ao "reconhecimento tácito" da extinção da obrigação ou, pelo menos, da "paralisação" dos efeitos do incumprimento[89]. É da natureza das coisas que assim seja. Sem prejuízo do papel que possa caber à boa fé[90] no processo de "juridificação" deste tipo de situações de facto, com especial relevo para a figura da *supressio ex bona fide*[91] e do *venire contra factum proprium*[92], caso as partes queiram atribuir à liberação do devedor efeitos jurídicos imediatos, a via a seguir será a da remissão, prevista e regulada nos artigos 863.º a 867.º do Código Civil.

De contornos aparentemente mais simples que os demais "*sucedâneos do cumprimento*", a remissão levanta, como veremos, problemas complexos de conceptualização. Não obstante, a doutrina pátria não tem demonstrado particular interesse pelo tema. Quer essa circunstância seja associável à aparente simplicidade da figura, quer seja um resultado do reduzido número de litígios com ela relacionados na nossa jurisprudência, a verdade é que, fazendo parte da impressionante "coleção" de estudos da autoria de Adriano Vaz Serra, tendo como mote a preparação do Anteprojeto do Código Civil de 1966, o

perdê-lo definitivamente, por exigência da segurança do tráfico jurídico, da certeza nas relações jurídicas e da paz social."

[89] Neste sentido, Nathalie Picod, *La remise de dette en droit privé*, p. 23. Ernesto Tilocca vai mais longe referindo ainda que o "*não exercício*" ("*non eserciziu*") do direito de crédito tem uma "*inegável analogia com a remissão*", no sentido em que ambas redundam na perda do direito de crédito e ambas provêm de factos voluntários, cf. Ernesto Tilocca, *La remissione del debito*, pp. 16-17. A nosso ver, não é assim, uma vez que no não exercício, a vontade do credor não é relevante: este perde o direito independentemente da sua vontade, por efeito da lei (ainda que essa vontade exista e haja uma decisão consciente de não exercer o direito). Já na remissão, a intervenção do credor releva não só para o facto (a emissão da declaração de vontade), mas também para a produção do efeito jurídico.

[90] A respeito da boa fé, é incontornável a monografia de António Menezes Cordeiro, *Da boa fé no Direito Civil*.

[91] António Menezes Cordeiro, *Da boa fé no Direito Civil*, pp. 797-836. Neste particular, *vide*, também, com interesse, o Acórdão do Tribunal da Relação do Porto, datado de 12.09.2019 (Relator: Amaral Ferreira), no qual se confronta a figura da *supressio ex bona fide* com a remissão.

[92] António Menezes Cordeiro, *Da boa fé no Direito Civil*, pp. 742-770. A propósito, *vide* também Francisco Pereira Coelho referindo as tentativas alemãs de "*reconduzir a proibição do venire contra factum proprium a um verdadeiro negócio jurídico, mais precisamente a uma renúncia tácita*", cf. Pereira Coelho, *A renúncia abdicativa no Direito Civil* p. 71 e nota (172).

escrito "Remissão, reconhecimento negativo de dívida e contrato extintivo da relação obrigacional bilateral", publicado no Boletim do Ministério da Justiça, em 1954, é, até hoje, a única monografia dedicada ao tema[93].

[93] De resto, também em França apenas conseguimos identificar, recentemente, a monografia de NATHALIE PICOD, *La remise de dette en droit privé*. Inversamente, segundo nos dá conta FRANCESCO ROSSI, em Itália a remissão destaca-se das demais formas de extinção das obrigações além do cumprimento pelo interesse que a doutrina demonstrou no seu estudo, embora admitindo que o número de estudos dedicados especificamente ao tema tenha vindo a diminuir. O Autor refere ainda que, tal como em Portugal, a expressão da figura na jurisprudência é reduzida, prendendo-se, habitualmente, com (meros) aspetos probatórios, cf. FRANCESCO ROSSI, *La remissione del debito*, pp. 5-7 e nota (1), com vastas referências.

§ 4. Nótula histórico-comparativa

I. Das origens romanas

A remissão tem como antecedentes históricos mais diretos no Direito Romano a *acceptilatio* e o *pactum de non petendo*[94].

A *acceptilatio* consistia num específico ritual[95], substitutivo do cumprimento, mediante o qual, através da enunciação de fórmulas rigidamente definidas, as partes procediam à extinção da obrigação. De notar que esta forma de vinculação, ou troca de declarações de vontade, através de uma específica pergunta e resposta era muito comum no Direito Romano, estando

[94] Fréderic Lorin, *Faculté de droit. Thèse: De la remise de la dette (Éd. 1875)*, Hachette Livre BNF, Paris, 2016, p. 5 e Raymond de Barrau, *Acceptation et du pacte de non petendo, en droit romain. remise de la dette, droit français (Éd. 1875)*, Hachette Livre BNF, Paris, 2017, p. 5. Entre nós, *vide*, Vaz Serra, "Remissão, reconhecimento negativo de dívida e contrato extintivo da relação obrigacional bilateral", p. 57.

[95] A solenidade imposta neste tipo de atuações é também patente na *"solutio per aes et libram"*, frequentemente chamado "cumprimento ficcionado", que consistia na entrega, na presença de cinco testemunhas, de metal (bronze) não cunhado como forma de solver a obrigação, cf. Mariagrazia Bianchini, "Remissione del debito (storia)", *Enciclopedia del Diritto*, V. XXXIX, (coord. Francesco Santoro-passarelli), Giuffrè editore, Milão, pp. 758-760, sendo referido, também, entre nós, por Santos Justo, *Direito privado romano – II (direito das obrigações)*, pp. 191-192.

inclusivamente presente na *stipulatio*, forma típica de vinculação[96] e a "*antítese directa da acceptilatio*"[97].

Na origem, a *acceptilatio* apresentava-se como uma forma específica de extinção das obrigações cuja fonte era a *stipulatio* e ocorria após o real cumprimento, apenas se tornando abstrata, podendo, portanto, ser usada como forma de obter a liberação sem cumprimento num momento posterior, transformando-se assim numa "*imaginária solutio*"[98]. Cumpridos estes trâmites, a obrigação extinguir-se-ia, conjuntamente com todos os seus acessórios, designadamente, as garantias a ela associadas[99]. Como veremos, a configuração que os romanos impuseram à figura da *acceptilatio*, a qual considerariam a única forma de remissão[100], influenciaria definitivamente o instituto até à remissão moderna, em particular no que respeita à sua natureza contratual[101], que marca os dois grandes códigos civis da Europa continental – o francês e o alemão. Acompanhando as conclusões de SANTOS JUSTO a respeito da *stipulatio*, mas transponíveis para a *acceptilatio*, a figura caracteriza-se pela solenidade (ritual solene, contando com a invocação de divindades), formalidade (através de uma fórmula jurídica própria que as partes deviam respeitar,

[96] SANTOS JUSTO, "*Direito privado romano – II (direito das obrigações)*", p. 87, nota (11). A *stipulatio* consistia na promessa verbal de uma obrigação e era formalizada através de uma pergunta, colocada pelo credor ao devedor, ao qual este último responderia afirmativamente e utilizando obrigatoriamente o mesmo verbo utilizado na pergunta. Segundo o mesmo Autor, só com o surgimento de uma *constitutio* do Imperador Leão, em 472 desapareceria o rigor e formalismo dos *verba*, reconhecendo-se validade à *stipulatio* independentemente das palavras empregues, cf. SANTOS JUSTO, *Direito privado romano – II (direito das obrigações)*, pp. 86 e ss.

[97] NATHALIE PICOD, *La remise de dette en droit privé*, p. 9, citando JHERING. Neste sentido, salientando que "*as fórmulas utilizadas para a constituição de obrigações eram replicadas mimeticamente para efeitos de liberação do devedor*", HUGO RAMOS ALVES, *Dação em cumprimento*, p. 52.

[98] SANTOS JUSTO, *Direito privado romano – II (direito das obrigações)*, p. 191. A figura seria assim originalmente um cumprimento efetivo evoluindo posteriormente para um cumprimento ficcionado ("*imaginária solutio*"), cf. NATHALIE PICOD, *La remise de dette en droit privé*, p. 9. Mais desenvolvidamente, FRANCESCO ROSSI, *La remissione del debito*, p. 46 refere inclusivamente a evolução do cumprimento efetivo, para uma entrega simbólica, até à total abstração. Neste sentido, também CARLO TOESCA DI CASTELLAZZO, "Rimessione del debito", p. 696.

[99] MARIAGRAZIA BIANCHINI, "Remissione del debito (storia)", *Enciclopedia del Diritto*, V. XX-XIX, (coord. FRANCESCO SANTORO-PASSARELLI), Giuffrè Editore, Milão, p. 761 e NATHALIE PICOD, *La remise de dette en droit privé*, Dalloz, Paris, 2013, pp. 60.

[100] CARLO TOESCA DI CASTELLAZZO, "Rimessione del debito", pp. 696-697

[101] NATHALIE PICOD, *La remise de dette en droit privé*, pp. 11

encontrando-se a pergunta e resposta definidas), oralidade e unidade entre pergunta e resposta[102].

Já o *pactum de non petendo* traduzia-se, como própria designação sugere, na convenção segundo a qual o credor se comprometia a não exigir o crédito, por um determinado período de tempo, ou mesmo definitivamente – *"uma promessa de não reclamar o crédito"*[103]. O *pactum* originaria, então, a favor do devedor, uma *exceptio*[104] *(exceptio pacti conventi)*, a acionar em juízo, caso o cumprimento viesse a ser reclamado[105]. Destarte, a obrigação não se extinguia, apenas se tornava inexigível[106]. No que qualificaríamos hoje como uma manifestação do princípio da boa fé, na sua vertente de proteção da confiança, em certos casos em que a *acceptilatio* fosse declarada nula, o pretor poderia, ainda assim, atribuir-lhe os efeitos do *pactum de non petendo*[107].

Sintetizemos. A *acceptilatio* consistiria na convenção solene pela qual o credor renuncia ao cumprimento da prestação, o *pactum* não dependeria de forma solene, bastando-se com o mero consenso[108]. A *acceptilatio* era uma forma de extinção das obrigações reconhecida pelo Direito civil, retirando dai a sua eficácia, o *pactum* teve origem jurisprudencial[109]. Enquanto a *acceptilatio* extinguiria a obrigação, o *pactum* apenas conferiria ao devedor uma forma de

102 Santos Justo, *Direito privado romano – II (direito das obrigações)*, pp. 88-89. No mesmo sentido, Nathalie Picod, *La remise de dette en droit privé*, pp. 181-182

103 Nathalie Picod, *La remise de dette en droit privé*, p. 10.

104 Carlo Toesca di Castellazzo, "Rimessione del debito", p. 697.

105 Carlo Toesca di Castellazzo, "Rimessione del debito", p. 697, referindo que inicialmente, a convenção ou promessa do credor de não reclamar o cumprimento não produzia quaisquer efeitos, tendo a proteção a esta convenção originado, diretamente, do pretor. Sobre a figura *vide*, também, entre nós, Santos Justo, *Direito privado romano – II (direito das obrigações)*, p. 203 e António Menezes Cordeiro, *Tratado de Direito Civil*, V. IX, p. 1131.

106 Fréderic Lorin, *De la remise de la dette* p. 19. e Raymond de Barrau, *Acceptation et du pacte de non petendo, en droit romain. remise de la dette, droit français*, p. 22

107 Neste sentido, Fréderic Lorin, *De la remise de la dette*, pp. 5-19, referindo que a rigidez do Direito civil romano levou à intervenção equitativa do pretor, com a atribuição do *pactum* que, como referido, não extinguia *ipso iure* a obrigação, antes funcionando *per exceptionem*. Assim, como o *pactum* tanto poderia ser expresso como tácito, este poderia retirar-se de factos que com toda a probabilidade revelariam a intenção de não reclamar a dívida, como seria o caso de ter-se celebrado uma *acceptilatio*, ainda que nula.

108 Fréderic Lorin, *De la remise de la dette*, p. 31.

109 Fréderic Lorin, *De la remise de la dette*, p. 31, Raymond de Barrau, *Acceptation et du pacte de non petendo, en droit romain. remise de la dette, droit français*, p. 5 e Nathalie Picod, *La remise de dette en droit privé*, pp. 9-10.

defesa processual, uma exceção, "neutralizando" a exigibilidade da obrigação. A *acceptilatio* não se compadeceria com o regime da condição, enquanto o *pactum* a admitiria[110]. A *acceptilatio* seria oponível *erga omnes*[111]. Inversamente, o *"pactum"*, como exceção pessoal, apenas poderia ser invocado entre partes[112].

No essencial, as diferenças apontadas exprimem, então, a diferenciação entre formas de extinção das obrigações *ipso iure* e *ope exceptiones* a que alude SANTOS JUSTO[113]. Segundo o Autor, enquanto as formas de extinção *ipso iure* abrangem as circunstâncias às quais o próprio *ius civile* atribui efeito extintivo da relação obrigacional, as segundas (*ope exceptiones*), compreendem factos aos quais não é atribuído pelo *ius civile* um efeito extintivo da relação obrigacional, mas permitem a sua invocação pelo devedor, em juízo, como forma de defesa da *actio* do credor[114].

II. As codificações

i. A fórmula contratual: O Código Napoleão e o BGB

O Código Civil francês consagra a remissão nos artigos 1350.º a 1350-2.º: aí se define a remissão como *"o contrato pelo qual o credor libera o devedor da sua*

[110] PIERRE-PHILIPPE-ALBERT TOUBIN, *Thèse: La Remise de la dette (Éd. 1869)*, Hachette Livre BNF, Paris, 2018, p. 9, referindo mesmo que a estrutura da *"acceptilation"* repugna a inserção de termos ou condições. No mesmo sentido, FRÉDERIC LORIN, *De la remise de la dette*, pp. 33-34 e p. 19, referindo que a aposição de termos e condições seria vista como causa de nulidade, embora pudesse levar à formação de um *pactum*. No mesmo sentido, NATHALIE PICOD, *La remise de dette en droit privé*, p. 9, limitando, contudo, a condições (e termos) expressos.

[111] NATHALIE PICOD, *La remise de dette en droit privé*, p. 10.

[112] FRÉDERIC LORIN, *De la remise de la dette*, pp. 33-34 e NATHALIE PICOD, *La remise de dette en droit privé*, pp. 9-10. SANTOS JUSTO refere, contudo, que no Direito justinianeu *"a sua eficácia podia ser limitada ao devedor (pactum de non petendo in personam) ou estender-se ao herdeiro, ao fiador e ao co-devedor solidário (pactum de non petendo in rem)"*, cf. SANTOS JUSTO, *Direito privado romano – II (direito das obrigações)*, p. 203.

[113] SANTOS JUSTO, *Direito privado romano – II (direito das obrigações)*, p. 183

[114] SANTOS JUSTO, *Direito privado romano – II (direito das obrigações)*, pp. 183-184, com indicação das figuras compreendidas em cada uma das categorias.

obrigação."[115]. A noção é de origem recente, tendo surgido apenas em 2016, com a reforma do Direito das obrigações[116]. Antes, a matéria vinha regulada nos artigos 1282.º a 1288.º do *Code*, principiando o legislador francês, sem avançar com qualquer definição, por dispor que a entrega do título da obrigação ao devedor fazia presumir a liberação[117]. Curiosamente, com a reforma, esta disposição foi remetida para a secção relativa ao cumprimento (art. 1342-9.º do *Code*), numa opção, sistematicamente mais acertada, idêntica à que foi seguida no Código Vaz Serra (art. 786.º, n.º 2).

De facto, na versão original do Código Napoleão, a secção dedicada à remissão referia-se na verdade a duas figuras distintas, a "*remise du titre*" e a "*décharge conventionnelle*", associando-lhes os mesmos efeitos: a "*remise de la dette*"[118]. Enquanto a primeira figura corresponde a uma presunção, um expediente de natureza probatória que retira de um determinado facto conhecido (a devolução do título) a verificação de um facto desconhecido (a presumível vontade de liberar o devedor), a segunda é um verdadeiro contrato entre credor e devedor, tendente à extinção da obrigação[119].

Assim, tal como entre nós, o legislador francês configurou a remissão como um contrato, pelo que a extinção da obrigação apenas tem lugar aquando da aceitação do devedor, sendo invocada, em abono desta opção, a especifica

[115] No original, "*La remise de dette est le contrat par lequel le créancier libère le débiteur de son obligation*".

[116] Desta forma, já não se afigura verdadeira a (eloquente) afirmação de Nathalie Picod, *La remise de dette en droit privé*, p. 2 segundo a qual "*Cependant, lorsque l'on étudie la place actuelle de la remisse de detter, il est surprenant de constater qu'elle est partout présente, mais définie nulle part par notre droit*". Sobre a reforma francesa do Direito das obrigações, *vide*, António Menezes Cordeiro "A reforma francesa do Direito das obrigações: 2016", *Revista de Direito Civil*, Ano 2, n.º 1, 2017, pp. 9-29.

[117] Segundo o revogado artigo 1282.º, a abrir a secção 3, dedicada à remissão, "*La remise volontaire du titre original sous signature privée, par le créancier au débiteur, fait preuve de la libération*".

[118] Ainda que esta expressão não cubra a totalidade das hipóteses de remissão, nomeadamente aquelas que operam no quadro de processos de insolvência ou revitalização, Nathalie Picod, *La remise de dette en droit privé*, p. 3.

[119] Nathalie Picod, *La remise de dette en droit privé*, pp. 180-182. Referindo a influência de Pothier na consagração da solução contratual, Francesco Rossi, *La remissione del debito*, pp. 48. No mesmo sentido, Pereira Coelho, *A renúncia abdicativa no direito civil*, p. 22, nota (34). A análise de Vaz Serra sobre a remissão no Direito Francês pode ser confrontada em Vaz Serra, "Remissão, reconhecimento negativo de dívida e contrato extintivo da relação obrigacional bilateral", p. 12-14

natureza da obrigação, por oposição aos direitos reais, enquanto específico vínculo entre duas partes, não pode extinguir-se por efeito da vontade unilateral de uma delas[120]. Tal como entre nós, as disposições relativas à remissão constantes do Código Civil francês visam essencialmente esclarecer o funcionamento da figura quando estejam em causa obrigações plurais e os seus efeitos nas garantias da obrigação. Relativamente à forma, a doutrina maioritária vai no sentido de que a remissão não se sujeita às regras formais das doações porquanto, a entender-se que lhe poderia ser aproximada, seria indiretamente. Pode, então, ser feita consensualmente, sendo igualmente válida quando tácita[121].

Quase um século volvido de vigência do Código Napoleão, entraria em vigor, a 1 de janeiro de 1900, o segundo grande Código Civil europeu, o *Bürgerliches Gesetzbuch* (BGB). Ao contrário do *Code*, o BGB assume claramente desde a versão original a natureza contratual da remissão, no único artigo dedicado ao tema. Segundo o § 397 do BGB, *"A obrigação extingue-se se o credor perdoar ao devedor a dívida por contrato"*. A solução alemã terá sido especialmente determinada pela consideração do princípio "*beneficia non obtruduntur*", que determina que os benefícios não devem ser impostos[122]. Tal como no ordenamento jurídico francês, a doutrina alemã tem vindo a entender poder a remissão ser feita independentemente de forma especial, admitindo-se a declaração tácita[123]. Tendencialmente, a remissão é qualificada como um negócio abstrato[124].

[120] Nathalie Picod, *La remise de dette en droit privé*, pp. 278 e ss.

[121] Nathalie Picod, *La remise de dette en droit privé*, p. 181. Esta já era a doutrina dominante aquando dos preparatórios do Código Civil português, como nos dá conta Vaz Serra, "Remissão, reconhecimento negativo de dívida e contrato extintivo da relação obrigacional bilateral", p. 13.

[122] Justificando a opção pela contratualidade seguida pelo BGB tendo por base o princípio "*beneficia non obtruduntur*", Justus Wilhelm Hedemann, *Derecho de Obligaciones* (trad. Jaime Santos Briz), V. III, Editorial Revista de Derecho Privado, Madrid, 1958, p. 200, referindo, contudo, a exceção do cumprimento por terceiro (§ 267. do BGB), em que o devedor é "forçado" a tolerar o benefício.

[123] Defendendo a liberdade de forma da remissão e do reconhecimento negativo de dívida (§ 397. do BGB), por oposição ao reconhecimento positivo de dívida (§ 781. do BGB), Hedemann, *Derecho de Obligaciones*, pp. 200-201, bem como Dieter Medicus, *Tratado de las relaciones obligacionales*, V. I (trad. Ángel Martínez Sarrión), Bosch, Casa Editorial, Barcelona, p. 135.

O § 397, II do BGB equipara o reconhecimento negativo de dívida à remissão o que terá levado a que os Autores germânicos que se pronunciam sobre a remissão o façam em conjunto com o reconhecimento negativo. Sem embargo, as diferenças entre o § 397 I e § 397 II são evidentes, como reconhece DIETER MEDICUS[125]: o reconhecimento negativo de dívida pressupõe, naturalmente, que a dívida não existe e, não existindo, não pode ser "extinta". Por isso, ao contrário da remissão, esta declaração não é constitutiva (em sentido abrangente) mas apenas declarativa[126]. Pode, contudo, suceder que "*sob a aparência do contrato de reconhecimento negativo, se esconde um contrato de remissão*"[127]. Efetivamente, caso o reconhecimento negativo de dívida, tenha sido feito na convicção de que a dívida não existia e tivesse apenas por intuito esclarecer a situação, o devedor "*enriquece sem causa*", devendo "*reconstituir o crédito*"[128].

ii. A solução unilateral: O Codice Civile

Paralelamente ao modelo contratual, predominante, existe um modelo alternativo – o italiano. Segundo o artigo 1236.º do *Codice Civile*[129], "*A declaração do*

Posições neste sentido podem também ser confrontadas em VAZ SERRA, "Remissão, reconhecimento negativo de dívida e contrato extintivo da relação obrigacional bilateral", p. 15

124 VAZ SERRA, "Remissão, reconhecimento negativo de dívida e contrato extintivo da relação obrigacional bilateral", p. 15 e HEDEMANN, *Derecho de Obligaciones*, p. 201; Sobre a causa, DIETER MEDICUS, *Tratado de las relaciones obligacionales*, V. I, p. 136: "*La condonación (e igualmente el reconocimiento negativo, transformador de una situación jurídica) como dispositivo, requieren, por norma, de un fundamento justificativo; es decir, de un acuerdo causal. Con ello se trata frecuetemente de una donación (para llevar a cabo simultáneamente la condonación, es innecesaria la forma del § 518)*".

125 Assim, DIETER MEDICUS, *Tratado de las relaciones obligacionales*, V. I, pp. 135-136, referindo que apenas a remissão é dotada de eficácia constitutiva (§ 397 I), tendo o reconhecimento negativo de dívida (§ 397 II) uma eficácia meramente declarativa.

126 DIETER MEDICUS, *Tratado de las relaciones obligacionales*, V. I pp. 315-316.

127 VAZ SERRA, "Remissão, reconhecimento negativo de dívida e contrato extintivo da relação obrigacional bilateral", p. 16. A exposição é retomada a pp. 80-82.

128 VAZ SERRA, "Remissão, reconhecimento negativo de dívida e contrato extintivo da relação obrigacional bilateral", pp. 16-17.

129 Criticando a utilização, pelo legislador, do termo "*remissione*", por oposição a "*condono del debito*", *vide*, VALERIO CAMPOGRANDE, "Condono del debito", Il Digesto Italiano, V. VIII, Unione Tip.-Editrice Torinese, Torino, 1896, p. 664, apoiando-se na "*pureza da língua italiana*" e no "*respeito pela tradição jurídica*".

credor pela qual remite a dívida extingue a obrigação quando comunicada ao devedor, salvo se este declarar, em prazo razoável, que dela não pretende aproveitar-se".

Com apoio na letra da lei, a orientação claramente maioritária vai no sentido de que a remissão deve qualificar-se como um negócio jurídico unilateral, pese embora, mais recentemente, terem surgido alguns Autores mais favoráveis a uma tese contratual, embora com falta de apoio por parte da jurisprudência, a qual é unânime a este respeito[130]. A questão da natureza unilateral ou bilateral da remissão já era, aliás, tema muito debatido na vigência do anterior Código Civil italiano[131], sendo as posições em confronto, substancialmente as mesmas: de um lado, aqueles que consideravam a remissão um negócio unilateral, na esteira da renúncia[132]; de outro, aqueles que defendiam não poder abdicar-se da aceitação do devedor, uma vez que se tratava de modificar a sua esfera jurídica[133]. Atento a esta circunstância, na passagem para o novo Código, em 1942, o legislador introduziu o artigo 1236.º, o qual "*não contendo uma definição, oferece uma descrição do fenómeno remissório*"[134]. Da análise do artigo parecem decorrer três elementos essenciais: *(i)* num primeiro momento, afirma-se que a declaração do credor extingue a obrigação; *(ii)* depois, confirma-se a natureza recetícia da declaração, referindo que esta produz efeitos "quando

[130] "*Ad avviso della dottrina nettamente dominante e della giurisprudenza unanime, la disciplina vigente modella la remissione secondo gli schemi di un negozio unilaterale*", cf. PASQUALE STANZIONE / GIOVANNI SCIANCALEPORE, *Remissione e rinunzia*, p. 132. No mesmo sentido, FRANCESCO ROSSI, *La remissione del debito*, pp. 7-9 É curiosa, contudo, a nota deixada por PASQUALE STANZIONE relativamente às aparentes "certezas" da jurisprudência. Segundo o Autor: "*Al contrario, la giurisprudenza non sembra farsi coinvolgere da simili problemi e, arrestata la ricerca a qualche conclusione – a sua volta non dotata di certezza –, ripete stancamente una posizione che si sofferma sulla natura di atto unilaterale recettizio della remissione stessa*", cf. PASQUALE STANZIONE / GIOVANNI SCIANCALEPORE, *Remissione e rinunzia*, p. 115. A este respeito, *vide*, também com interesse, FRANCESCO ROSSI, *La remissione del debito*, pp. 7-9.

[131] FRANCESCO ROSSI, *La remissione del debito*, p. 14, com elementos. Alguns dados podem também ser confrontados em PASQUALE STANZIONE / GIOVANNI SCIANCALEPORE, *Remissione e rinunzia*, p. 157 e VALERIO CAMPOGRANDE, "Condono del debito", p. 664.

[132] No sentido da unilateralidade e "eficácia autónoma", RENATO MICCIO, *I Diritti di credito*, V. I, Unione Tipografico-Editrice Torinese, Turim, 1971, p. 459

[133] Referindo as posições em confronto, sendo ambos tributários da tese unilateral, cf. FRANCESCO ROSSI, *La remissione del debito*, pp. 14-18 e ERNESTO TILOCCA, *La remissione del debito*, p. 17.

[134] PAQUALE STANZIONE, "Remissione del débito", p. 579.

comunicada ao devedor" e, por fim; *(iii)* dá relevo ao interesse do devedor a não se ver exonerado por via da remissão, permitindo-lhe recusá-la[135].

É neste último aspeto – a possibilidade de o devedor destruir os efeitos da remissão – que radica a essencial diferença entre a remissão e a renúncia: a remissão, ao contrário da renúncia, não dispensa integralmente a consideração da posição do devedor[136]. Em função deste último elemento, *i.e.*, a circunstância de o devedor poder recusar os efeitos da remissão, tem-se afirmado que em Itália a natureza da remissão será "*uma figura intermédia entre a unilateralidade pura e a bilateralidade plena*"[137] ou como tendo natureza "*unilateral condicionada*"[138]. Contra a orientação maioritária se pronuncia Pietro Perlingieri, referindo mesmo que a possibilidade de recusa levou, no entender do autor a um "constrangimento" generalizado na doutrina que defende a unilateralidade ("*l'imbarazzo della dottrina*") que se viu forçada, para não admitir a bilateralidade, a criar categorias *ad hoc*, como a unilateralidade condicionada ou unilateralidade impura[139].

Da nossa parte, parece-nos ser de concordar com a orientação maioritária, uma vez que o artigo 1236.º do Código Civil italiano fixa o momento da produção dos efeitos da remissão na comunicação do credor ao devedor, não tendo tal comunicação o mero efeito de tornar a proposta irrevogável[140]. Para esta conclusão, além do elemento literal, haverá a considerar o elemento teleológico. E neste âmbito, segundo Ernesto Tilocca, na construção da remissão o legislador ponderou o interesse do credor e o "*duplo interesse alternativo do devedor*", construindo a figura numa "*harmoniosa hierarquia*". Assim, o legislador italiano terá considerado que, em primeiro lugar, há que atender ao interesse do credor em extinguir imediatamente a sua obrigação e, *prima facie*, ao

135 Pasquale Stanzione / Giovanni Sciancalepore, *Remissione e rinunzia*, p. 125; e Pasquale Stanzione, "Remissione del debito", p. 579

136 Pasquale Stanzione / Giovanni Sciancalepore, *Remissione e rinunzia*, p. 156

137 Paquale Stanzione, "Remissione del débito", pp. 582 e ss.

138 Ernesto Tilocca, *La remissione del debito*, p. 20 e ss.. Referindo ter contribuído para a tese unilateral a aceitação da promessa pública como fonte de obrigações, Francesco Rossi, *La remissione del debito*, p. 18.

139 Pietro Perlingieri, "Dei modi di estinzione delle obbligazioni diversi dall'adempimento", pp. 203 e ss., referindo que a circunstância de a remissão ter um particular modo de formação não afasta a sua natureza contratual.

140 Ernesto Tilocca, *La remissione del debito*, p. 24.

interesse do devedor em ver extinta a obrigação sem o cumprimento. Porém, não desconsiderou totalmente a possibilidade de o devedor ter interesse em cumprir (o referido interesse alternativo) e, portanto, conferiu-lhe a possibilidade de "destruir" os efeitos da remissão[141]. Acresce que, atendendo a que na maioria das vezes será do interesse do devedor que a obrigação efetivamente se extinga, só através da eficácia imediata da remissão aquando da comunicação, ainda que condicionada à ausência de recusa, se protege o devedor da eventualidade da morte ou incapacidade do credor. Assim, ERNESTO TILOCCA acaba por concluir que "*o esquema unilateral condicionado é obviamente o único congruente e eficiente para a exata realização dos interesses tutelados no artigo 1236*"[142].

A possibilidade de recusa caracterizar-se-á, portanto, como um direito potestativo do devedor, ficando o credor subordinado a uma sujeição: ver extintos os efeitos da remissão por si pretendida e desencadeada[143]. O regime concede, portanto, ao devedor esse direito potestativo, mas impõe-lhe que o faça num prazo "razoável" para ao fazer, sob pena de vir a caducar[144]. Caso a resposta

[141] ERNESTO TILOCCA, *La remissione del debito*, p. 23

[142] "*Inoltre, il debitore è meno intensamente interessato alla remissione che il creditore, giacché essa incide sulla sfera del creditore direttamente ed immediatamente, mentre su quella del debitore solo di riflesso e successivamente, per quanto con un distacco cronologico impercettibile*" cf. ERNESTO TILOCCA, *La remissione del debito*, p. 28. Em sentido contrário, criticando diretamente esta mesma afirmação, PIETRO PERLINGIERI, "Dei modi di estinzione delle obbligazioni diversi dall'adempimento", p. 197. Entre nós, também PEREIRA COELHO, *A renúncia abdicativa no Direito Civil*, pp. 114-115 e nota (305) refere não se compreender a referência de ERNESTO TILOCCA ao "*interesse subordinado do devedor*", em face do interesse prevalecente do credor, uma vez que, na opinião deste Autor, o interesse do devedor se situa num plano até mais elevado do que o do credor. A nosso ver, parece-nos que a resposta à questão formulada por PERLINGIERI é evidente: a circunstância da inércia jogar a favor do credor é demonstrativa da relação hierárquica que entre os interesses a lei estabelece. No sentido da unilateralidade, referindo a maior prevalência do interesse do credor, *vide*, ROBERTO DE RUGGIERO, *Instituzioni di Diritto Civile*, V. II, 4.ª ed., Giuseppe Principiato, Roma, 1926, p. 214.

[143] Neste sentido, ERNESTO TILOCCA, *La remissione del debito*, pp. 95-96 e FRANCESCO ROSSI, *La remissione del debito*, p. 16. Em sentido contrário, atribuindo ao comportamento do devedor um sentido constitutivo da figura, mas notando, contudo, que a jurisprudência tem sido unânime em não conferir eficácia "positiva" à aceitação do devedor, apenas tendo o efeito de tornar a remissão irrevogável, *vide*, com referências e decisões jurisprudenciais, PIETRO PERLINGIERI, "Dei modi di estinzione delle obbligazioni diversi dall'adempimento", pp. 193.

[144] ERNESTO TILOCCA, *La remissione del debito*, pp. 87-88, referindo, inclusivamente, a p. 98, que existem posições segundo as quais o devedor apenas pode recusar a liberação decorrente da remissão se tiver um interesse legitimo em cumprir, Nesse sentido, também RENATO MICCIO, *I Diritti di credito*, V. I, p. 458, referindo que o artigo 1236 deve ser interpretado no

do devedor acabe por ser no sentido da concordância com a remissão, não será, do ponto de vista jurídico, de qualificar como uma verdadeira aceitação, uma vez que o negócio já se encontra perfeitamente concluído[145]. Em sentido contrário, PIETRO PERLINGIERI, tributário da orientação contratual, realça a "não oposição" do devedor como um elemento constitutivo do negócio[146].

Mesmo dentro da corrente que defende a estrutura unilateral, as opiniões divergem face àquele que será o "efeito típico" da remissão[147]. Neste particular, é curiosa a posição de ERNESTO TILOCCA segundo o qual o único efeito da remissão é a extinção do direito de crédito, sendo a liberação do devedor um efeito legal, secundário[148]. Ao invés, outros Autores entendem que o efeito só

sentido de admitir a renúncia, "*não em sentido absoluto, mas apenas quando a obrigação remitida possa, pela sua conexão com outro elemento do negócio subjacente, não ser conveniente para o remissário*".

145 "*L'opposizione del debitore non si inserisce fra i momenti della formazione e del funzionamento della remissione, sí da svolgere la limitata funzione di impedire a questa la spiegazione dei propri effeti tipici. Essa trova, invece, la remissione già efficiente ed operante, sicché il suo ufficio è quello, indubbimente rilevante, di eliminare le conseguenze da quest ultima provocate. Il che si ricava esplicitamente dall'articolo 1236, in cui il verificarsi dell'estinzione dell'obbligazione non è rinviato alla decorrenza del «termine congruo», ma coincide con il perfezionamento della comunicazione, in cui il rifiuto del debitore è considerato, non come evento che ostacola il prodursi dell'efficacia remissoria, ma come evento che conduce alla neutralizzazione di questa.*", cf. ERNESTO TILOCCA, *La remissione del debito*, p. 82. No mesmo sentido, referindo que aceitação apenas tem como efeito tornar a remissão irrevogável, *vide* Cass. 6.5.155, n. 1272, Cass. 18.10.1976, n. 3559 e Cass 22.3.1967, n. 657, citados em PASQUALE STANZIONE / GIOVANNI SCIANCALEPORE, *Remissione e rinunzia*, p. 116 e 118. No sentido da admissibilidade do devedor responder, apondo modos, condições ou termos iniciais, apoiando-se numa argumento de maioria de razão, uma vez que lhe é conferida a possibilidade de recusa, cf. PIETRO PERLINGIERI, "Dei modi di estinzione delle obbligazioni diversi dall'adempimento", p. 192.

146 PIETRO PERLINGIERI, "Dei modi di estinzione delle obbligazioni diversi dall'adempimento", pp. 191-199. Para este Autor, o correr do "prazo razoável" sem que ocorra a recusa do devedor ou a sua expressa aceitação são elementos constitutivos da remissão. Critica, assim, ERNESTO TILOCCA quando este refere tratar-se de uma mera condição de eficácia, aludindo a que tal entendimento resulta na equiparação da remissão à renúncia. Considerando que "*medio tempore*" a obrigação, ainda que não extinta, se torna inexigível, PIETRO PERLINGIERI, "Dei modi di estinzione delle obbligazioni diversi dall'adempimento", pp. 199-200 e FRANCESCO ROSSI, *La remissione del debito*, p. 33. Relativamente à bitola que deve ser utilizada para determinar o "prazo razoável", *vide*, ERNESTO TILOCCA, *La remissione del debito*, pp. 88-89.

147 FRANCESCO ROSSI, *La remissione del debito*, p. 27, com críticas nas páginas seguintes, acabando por concluir, como nos parece acertado, que a remissão não pode ser considerada como mera demissão do credor do seu direito de crédito, antes implicando a extinção de toda a obrigação.

148 Pode ler-se, em sintese, em ERNESTO TILOCCA, *La remissione del debito*, p. 52. "*Pertanto, il ciclo degli effetti veri e propri della remissione si esaurisce e si chiude con la separazione del diritto dalla*

pode ser a extinção da obrigação, com incidência simultânea nas situações jurídicas ativas e passivas, *maxime*, direito de crédito e respetivo débito[149].

No que respeita à forma, esta segue o regime geral, isto é, exceto quando a lei exija diferentemente, os negócios jurídicos gozam de liberdade de forma[150], podendo inclusivamente ser realizada tacitamente. De resto, é opinião quase unânime que mesmo quando se aproxime da doação, sendo-lhe aplicável o respetivo regime jurídico "substantivo" não são aplicáveis as disposições relativas à forma[151].

Sem prejuízo do maior interesse que reveste o tema da natureza jurídica da remissão, é devida uma nota à presunção incluída no Código italiano, a qual constava também, como vimos, da versão original do Código Napoleão: de acordo com o artigo 1237.º, a restituição voluntária do título da obrigação

sfera del remittente: dopo di che, si estingue sí il diritto, ma per opera della legge e in un momento logicamente successivo, per quanto con un distacco cronologicamente impercettibile. L'estinzione, insomma, intanto si verifica in quanto l'ordinamento giuridico vigente non tollera diritti di credito senza creditori".

149 Sobre o confronto entre as duas posições, isto é, aquelas que identificam na remissão a (mera) demissão do credor ("*distacco del diritto dal patrimonio del creditore*") e as que entendem que é inadmissível deixar de atender à unicidade da obrigação, associando à remissão o efeito extintivo do direito de credito e da dívida (enquanto no primeiro o segundo é uma consequência *ex lege* do primeiro), cf. PASQUALE STANZIONE / GIOVANNI SCIANCALEPORE, *Remissione e rinunzia*, p. 138 e ss. Criticando o posicionamento, nomeadamente, de ERNESTO TILOCCA, segundo o qual a função "típica" da remissão consiste apenas no "destaque" do direito de crédito, sendo a liberação do devedor uma consequência *ex lege*, PIETRO PERLINGIERI, "Dei modi di estinzione delle obbligazioni diversi dall'adempimento", pp. 175-186. Pode ler-se, a p. 181,: *"Il legislatore, consapevole di tale unitarietà effettuale, rigollega alla dichiarazione remissoria la funzione estintiva dell'obbligazione, permettendo al creditore non solo (e non tanto) di dismettere il diritto, ma (anche) d'interferire nel patrimonio del debitore estinguendogli il debito e liberandolo, sempre che il debitore non si opponga. La previsione legislativa del rifiuto del debitore è un eloquente riconoscimento dell'unitarietà del divisato fenomeno estintivo."* E, mais à frente (pp. 184-185): *"La funzione del negozio remissorio si può considerare piú ampia della funzione rinunziativa: essa investe, non tanto la dismissione della titolarità di una situazione giuridica soggestiva, quanto, e soprattutto, l'estinzione del rapporto obbligatorio. La remissione, per sua natura, tende necessariamento tanto all'estinzione della situazione giuridica soggestiva, di cui è titolare il remittente, quanto all'estinzione della situazione giuridica soggestiva, di cui è titolare il remissario. Sia l'uno che l'altro effeto, sono essenziali e tipici della remissione. Il soggetto che rimette non si limita a rinunziare al proprio diritto di credito, cioè a dismetterlo, ad allontanarlo per sempre da lui, ma, con la sua attività negoziale, pretende di estinguere il rapporto obbligatorio: sia la situazione creditoria, sia l'altrui (e corrispondente) situazione debitoria".*

150 CARLO TOESCA DI CASTELLAZZO, "Rimessione del debito", p. 699

151 CARLO TOESCA DI CASTELLAZZO, "Rimessione del debito", pp. 699-700 e VALERIO CAMPOGRANDE, "Condono del debito", p. 664.

"faz prova da liberação", incluindo em relação a codevedores. Desta disposição surgiu, contudo, a questão de saber a que liberação se refere o legislador. Com efeito, a expressão "*liberazione*" é genérica, podendo envolver tanto a remissão como o pagamento. Resta saber qual é o facto presumido, sendo que duas opções se apresentam: ou se presume o cumprimento, ou, atendendo ao elemento sistemático, se presume a liberação por via da remissão[152]. O Autor acaba por concluir: o artigo está mal inserido sistematicamente, devendo constar da parte geral da extinção das obrigações. Nos termos gerais, faz presumir a liberação, caso haja interesse em demonstrar que essa liberação ocorreu por uma causa específica, cumpre demonstrá-la.

iii. A experiência portuguesa: o Código Seabra e os trabalhos preparatórios

O Código de SEABRA (1867), a matéria da remissão era tratada de forma pouco ordenada. O Código consagrava a sua possibilidade no artigo 815.º, inserido num título designado "Do perdão e renúncia", no qual podia ler-se "*É lícito a qualquer renunciar o seu direito, ou remittir e perdoar as prestações que lhe são devidas, excepto nos casos em que a lei o prohibir*"[153]. Nos artigos seguintes – 816.º e 817.º –, dedicados à posição do fiador da obrigação extinta, o legislador utilizava, apenas, a expressão "*perdão*"[154]. Relativamente à sua natureza, mesmo no silêncio da lei, se entendia que estaríamos perante um contrato[155], o qual não

[152] CARLO TOESCA DI CASTELLAZZO, "Rimessione del debito", p. 699

[153] NATHALIE PICOD refere-se ao regime jurídico português como "*um dos poucos a ter tentado, mas sem convencer, definir de antemão as duas figuras*", remissão e renúncia, cf. NATHALIE PICOD, *La remise de dette en droit privé*, p. 20. Notamos a (infeliz) ausência de referência à revogação do Código de onde constava o perceito.

[154] Dizia-se então que o "*perdão concedido ao devedor principal aproveita ao fiador; mas o concedido a este não aproveita áquele*" (cf. art. 816.º do Código Civil de 1867) e que "*Havendo mais de um fiador, e sendo todos solidários, não aproveita aos outros o perdão, que fôr concedido só a algum d'elles na parte respectiva á sua responsabilidade*" (cf. art. 817.º do Código Civil de 1867).

[155] FERNANDO PESSOA JORGE, *Lições de Direito das Obrigações*, Edição da Associação Académica, Lisboa, 1975-1976, p. 687. Em sentido contrário, refere-se no Acórdão do Supremo Tribunal de Justiça, de 31.03.2004 (Relator: SOUSA GRANDÃO) que "*É certo que com o Cód. Civil de 1967 a remissão de dívidas deixou de ser um negócio jurídico unilateral e passou a ser tratada como um contrato consensual (art. 863.º), não bastando, portanto, uma simples declaração unilateral de renúncia a créditos,*

estava sujeito a forma especial[156], situação se viria a alterar com a entrada em vigor do Decreto n.º 19.126, que acrescentou ao artigo 815.º um paragrafo nesse sentido, o qual terá sido motivado pela defesa dos titulares de direitos de preferência "*contra os quais se usaria do expediente de provar com testemunhas falsas que renunciaram ao seu direito*"[157].

Estes preceitos foram vistos, pela doutrina da época, com alguma perplexidade, suscitando dúvidas, quer quanto à sua aplicação, quer quanto à sua correção metodológica[158]. Guilherme Moreira, em particular, sujeitou o articulado do Visconde de Seabra a fundadas críticas nesta matéria. Afirmava desde logo existir, no âmbito do Código, uma indefinição conceptual entre o perdão e a renúncia, proveniente da confusão entre direitos reais e direitos de crédito[159]. Referia, então, a propósito do artigo 815.º do Código Civil de 1867, "*A confusão, já tantas vezes notada, que no nosso código se faz entre direitos reais e obrigações, manifesta-se neste artigo, em que parece que se consideram como tendo a mesma natureza jurídica o perdão e a renúncia*"[160]. A propósito da primeira das figuras, Guilherme Moreira entendia que "*o perdão é a remissão duma prestação devida. Esta remissão, como o evidencia a própria palavra perdão, tem a sua causa no espírito de liberalidade do credor, e o seu efeito directo e mediato consiste, quando a obrigação não consista na entrega de uma cousa certa e determinada de que*

para que a eventual dívida se considere remetida, sendo indispensável à sua validade, o consentimento do devedor."

[156] Vaz Serra, "Remissão, reconhecimento negativo de dívida e contrato extintivo da relação obrigacional bilateral", p. 8. Referindo a liberdade de forma da remissão e, bem assim, a suscetibilidade de ser provada por testemunhas, salvo disposição em contrário da lei, Pessoa Jorge, *Lições de Direito das Obrigações*, p. 688.

[157] Vaz Serra, "Remissão, reconhecimento negativo de dívida e contrato extintivo da relação obrigacional bilateral", p. 49

[158] Vaz Serra, "Remissão, reconhecimento negativo de dívida e contrato extintivo da relação obrigacional bilateral", p. 5. Críticas que, aliás, poderiam também ter sido dirigidas ao Código italiano cf. Ernesto Tilocca, *La remissione del debito*, p. 3, embora este Autor acabe por concluir que "*a expressão «remissão de débito» será, do ponto de vista legislativo, equivalente à expressão «renúncia ao direito de crédito»*".

[159] Guilherme Alves Moreira, *Instituições do Direito Civil Português*, Volume II – Das obrigações, 2.ª ed., Coimbra Editora, Coimbra, 1925, p. 283. Confusão que, aliás, se verificava também no que respeita aos contratos e às obrigações, conforme refere Antunes Varela, *Das obrigações em geral*, V. I, pp. 42-43.

[160] Guilherme Alves Moreira, *Instituições do Direito Civil Português*, Volume II – Das obrigações, 2.ª ed., Coimbra Editora, Coimbra, 1925, p. 283.

o credor seja proprietário, em libertar o património do devedor dum elemento negativo correspondente ao valor pecuniário da prestação e na alienação por parte do credor desse valor"[161]. Para o Autor, distinguir o objeto da prestação era fundamental porquanto, "*consistindo a prestação numa cousa certa e determinada de que o credor seja proprietário, pelo perdão não se libertará apenas o devedor do cumprimento da obrigação; transferir-se há para êle a propriedade da cousa devida. Neste caso, o perdão será uma doação propriamente dita e só poderá efectuar-se por meio de contrato*"[162]. Contudo, também neste último caso, GUILHERME MOREIRA acaba por concluir "*Quando a obrigação não tenha por objecto uma cousa certa e determinada, representando apenas a alienação de bens do credor no valor pecuniário correspondente ao montante da dívida, pelo perdão não se operará efectivamente a transferência de direitos reais, o efeito do perdão será meramente liberatório. No fundo há, porém, a doação dum crédito, visto que o património do devedor, pela relação que há entre o seu activo e passivo, tem um aumento correspondente ao dêsse crédito. Daqui resulta que, salva a questão da forma (...), o perdão deve considerar-se como sendo uma doação*"[163].

VAZ SERRA, aquando da preparação do Código Civil, teve presente as críticas que haviam sido dirigidas ao Código anterior e abandonou a dualidade perdão e renúncia. Ao "perdão", sugeriu que se substituísse por "remissão", dada a constatação de que o mesmo poderia ser ditado não por apenas pelo espírito de liberalidade e intuito de favorecimento do devedor, mas também com um fundamento meramente abdicativo[164]. Por oposição à renúncia, que pode referir-se a quaisquer direitos, entendia VAZ SERRA ser a remissão específica dos direitos de crédito, em razão da sua especial "*fisionomia*"[165], pelo que, por esse motivo "*é conveniente dar-lhe um nome especial também. E o consagrado é o de remissão*"[166]. Este Autor distinguia ainda, as duas possíveis motivações do credor, às quais estava associada uma fundamental diferença de regime. Nesse sentido, principia a fundamentação da sua opção pela constatação de que a

161 GUILHERME ALVES MOREIRA, *Instituições do Direito Civil Português*, Volume II, p. 283.

162 GUILHERME ALVES MOREIRA, *Instituições do Direito Civil Português*, Volume II, p. 283.

163 GUILHERME ALVES MOREIRA, *Instituições do Direito Civil Português*, Volume II, p. 283.

164 VAZ SERRA, "Remissão, reconhecimento negativo de dívida e contrato extintivo da relação obrigacional bilateral", pp. 22-23

165 VAZ SERRA, "Remissão, reconhecimento negativo de dívida e contrato extintivo da relação obrigacional bilateral", p. 23

166 VAZ SERRA, "Remissão, reconhecimento negativo de dívida e contrato extintivo da relação obrigacional bilateral", p. 23

renúncia ao direito de crédito tanto pode ser feita em favor do devedor como *"não para favorecer o devedor, mas somente porque deseja privar-se do crédito"*[167]. Esta distinção, sugerida por Vaz Serra, entre as duas modalidades de remissão, viria a ser acolhida no novo Código, como resulta hoje do número 2 do artigo 863.º.

No que respeita à natureza jurídica da figura, a solução proposta por Vaz Serra para a remissão era mista, podendo ser realizada por contrato ou por meio de declaração unilateral do credor, nos casos em que esta fosse gratuita. Refere-se, assim, que seria de admitir *"uma renúncia ditada pelo desejo de liberar o devedor e uma renúncia independente desta intenção; donde a possível distinção entre uma renúncia contratual, que seria a primeira, e uma renúncia unilateral, que seria a segunda"*[168]. É que, efetivamente, nos casos de remissão onerosa, como o devedor ficaria vinculado a uma contraprestação, deveria consentir expressamente nessa vinculação, não valendo o silêncio[169]. Viria a propor o seguinte preceito:

> *"O credor pode remitir a dívida, não só por contrato com o devedor, mas também, se a remissão for gratuita, mediante declaração comunicada a este. Feita esta comunicação, a obrigação extingue-se, a não ser que o devedor, declare ao credor, no prazo razoável, que não deseja a remissão".*

Tratava-se, assim, de uma solução que acolhia as ponderações subjacentes ao regime vigente em França e na Alemanha e ao regime vigente em Itália. Nesses termos, sugere então que se encontre prevista uma forma de renúncia contratual, nos casos em que a remissão seja onerosa e uma renúncia unilateral, nos casos em que seja gratuita. Contudo, nem nas situações em que o negócio seja puramente gratuito se afiguraria razoável, para o Autor, desconsiderar a vontade do devedor porquanto *"ele pode não querer libertar-se por esse*

[167] Vaz Serra, "Remissão, reconhecimento negativo de dívida e contrato extintivo da relação obrigacional bilateral", pp. 42-43.

[168] Vaz Serra, "Remissão, reconhecimento negativo de dívida e contrato extintivo da relação obrigacional bilateral", p. 23. Efetivamente, Vaz Serra considerava não ser a melhor solução a pura solução contratual, como pode ler-se a pp. 23-25 e nota (24), com apoio em Heck e Enneccerus-Lehmann, referindo, aquele, não existirem interesses contraditórios para a limitação da autonomia privada e proteção da confiança que seriam beneficiados pela unilateralidade do negócio.

[169] Vaz Serra, "Remissão, reconhecimento negativo de dívida e contrato extintivo da relação obrigacional bilateral", p. 34

meio"[170]. Assim, para os casos de renúncia gratuita, Vaz Serra proporia um modelo idêntico ao vigente em Itália, nos termos da qual o credor faria operar a remissão unilateralmente mantendo, contudo, o devedor a possibilidade de recusar, extinguindo retroativamente os seus efeitos.

A proposta avançada por Vaz Serra, embora tenha sido mantida na 1.ª revisão ministerial, não sobreviveu à subsequente, tendo vindo a ser adotada (apenas) a via contratual, hoje espelhada, de forma clara, no artigo 863.º[171].

III. O Código Vaz Serra e a opção pela contratualidade

Antes de avançar para a análise do regime da remissão, entendemos ser oportuno deixar consignadas algumas notas sobre a opção do legislador no sentido da necessária contratualidade da remissão, tanto mais que esta encerra um peso importante uma vez que foi ao arrepio da proposta inicial de Vaz Serra. Contudo, sem embargo das considerações que, em abstrato, se possam tecer relativamente ao modelo mais adequado para a remissão, qualquer análise deve ser construída com base na lei e, nesse particular, não restam dúvidas de que o legislador português entendeu que a remissão deveria assumir a natureza de um contrato, tal como havia sido a opção seguida no *Code Civil* e no BGB. Com efeito, do teor literal do artigo 863.º não pode resultar outra conclusão senão a de que é necessária a aceitação do devedor para a perfeição do negócio. Paralelamente, parece-nos claro que, ao estabelecer a contratualidade da remissão fica vedada a construção, por via interpretativa, de um negócio jurídico unilateral, correspondente à renúncia a direitos de crédito, no âmbito da qual se dispense a intervenção do devedor. No nosso entender, a remissão será, portanto, o único esquema renunciativo em matéria de direito de crédito, com uma diferença fundamental face à pura renúncia: a necessária contratualidade. Nessa medida, as considerações que tecemos neste capítulo são – tão só – uma reflexão sobre a opção do legislador aquando do Código

[170] Vaz Serra, "Remissão, reconhecimento negativo de dívida e contrato extintivo da relação obrigacional bilateral", p. 27.

[171] Para uma breve exposição do "caminho" da proposta de Adriano Vaz Serra ao longo dos preparatórios, cf. Antunes Varela, *Das obrigações em geral*, V. II, pp. 244-246.

Civil, drenada nos preparatórios a partir da proposta de VAZ SERRA e, enfim, deixar algumas notas para reflexão futura.

A nosso ver, a construção em abstrato da figura deve partir da função para a estrutura. Ora a função da remissão, independentemente da questão de saber se lhe preside uma intenção de beneficiar ou não o devedor, é a renúncia ao direito de crédito, e não haverá dúvidas que "*o modo normal de se manifestar uma vontade abdicativa é o negócio ou acto unilateral*"[172] e, nessa medida, a contratualidade apresenta-se como algo "contraintuitiva". Salvo o devido respeito, a nosso ver, ao regular a remissão, o legislador inverteu este raciocínio, "olvidando" a função e passando para a estrutura, motivado por considerações genéricas cujos inerentes inconvenientes acabam por se verificar, aqui e ali, noutros lugares do Código.

Com efeito, a necessidade de aceitação do devedor tem vindo a ser justificada pela doutrina, com destaque para ANTUNES VARELA, impulsionador das alterações ao Anteprojeto, com fundamento em essencialmente duas ordens de razões[173]. Por um lado, defende-se que a contratualidade se impõe pela constatação da "*ideia básica*" de que o benefício decorrente da extinção da dívida não pode ser imposto ao devedor, de acordo com o princípio "*invito non*

[172] PEREIRA COELHO, *A renúncia abdicativa no Direito Civil*, pp. 103-104. Reproduzimos os argumentos do Autor: "*a renúncia (abdicativa), como se disse, representa ainda uma forma de exercício do direito, e o exercício de um direito é por definição uma actuação unilateral do seu titular; a renúncia, justamente por abdicativa, não afecta directamente a esfera jurídica ou os interesses de terceiros, pelo que não se justifica a intervenção de uma declaração destes na produção de um simples resultado abdicativo; o (chamado) princípio do contrato, ou princípio da taxatividade dos negócios unilaterais, refere-se apenas, em rigor, aos negócios constitutivos de obrigações (o princípio vem de resto normalmente inscrito a propósito das fontes das obrigações), e a renúncia (abdicativa), como se viu, não cria qualquer obrigação (de não exercício do direito), antes pura e simplesmente extingue (com carácter «real») o direito que é objecto dela; não se entrevêem razões para fazer valer uma qualquer simetria entre as formas de constituição e de extinção (por via renunciativa) de direitos, por isso que precisamente a constituição do direito, quando proceda de um contrato, configura necessariamente uma atribuição, sucedendo diversamente com a abdicação*".

[173] Em defesa das alterações ao Anteprojeto promovidas nas revisões ministeriais, ANTUNES VARELA refere "*Aceitou-se a ideia básica (também perfilhada no art. 447.º, 1, em relação ao contrato a favor de terceiro) de que, constituindo a renúncia do credor uma forma de enriquecimento patrimonial do devedor, que se liberta da obrigação que onerava o seu património, ela não pode ser imposta ao titular passivo da relação creditória (invito non datur beneficium). Em lugar, no entanto, de se dar expressão a essa ideia através da possibilidade de recusa do benefício, considerando a remissão como um acto unilateral recipiendo do credor, julgou-se mais conveniente e mais lógico construir com ela o princípio da contratualidade, perfilhando o modelo da legislação alemã, suíça e grega*", cf. ANTUNES VARELA, *Das obrigações em geral*, V. II, p. 245.

datur beneficium"[174]. Semelhante constatação estaria, aliás, também subjacente ao regime da doação, a qual, ainda que pura e simples, carece sempre da aceitação do devedor (cf. arts. 940.º e 945.º do Código Civil). A este fundamento, acresce, segundo o mesmo Autor, a afirmação de "*um postulado ético-jurídico*": a circunstância da remissão, ao pressupor a produção de efeitos na esfera do devedor, não dever ficar exclusivamente na disponibilidade do credor[175]. Ou seja, está subjacente a ideia de que, sendo a obrigação uma especifica relação entre pessoas, não pode uma delas, por sua exclusiva iniciativa fazer cessar, ou alterar, o conteúdo da obrigação. E acrescenta: o devedor pode não querer libertar-se por esse via[176].

Embora aparentemente impressivos, os argumentos apresentados não são definitivos, pelo que contratualidade não é, a nosso ver, uma "fatalidade" sendo, alias, contraintuitiva, como referimos.

Comecemos pela função. A remissão consiste na renúncia ao direito de crédito e extingue a dívida. Independentemente da circunstância de saber se o credor foi motivado por um propósito meramente abdicativo ou se em algum momento quis beneficiar o devedor, a forma normal de manifestar uma vontade renunciativa é o ato ou negócio unilateral[177]. Aliás, note-se que as figuras que o Código consagra como "verdadeiras" renúncias (no sentido em que são unilaterais), regra geral, beneficiam alguém, e nem por isso o legislador entendeu que se justificasse inverter esta mecânica devido ao princípio de que os benefícios não devem ser impostos, como é o caso paradigmático da renúncia ao usufruto (cf. art.1476.º), a qual não requer a aceitação do proprietário de raiz e, naturalmente, beneficia-o amplamente. A possibilidade de ingerência em esfera alheia não é, então, exclusiva da remissão, o mesmo

[174] ANTUNES VARELA, *Das obrigações em geral*, V. II, p. 245. A respeito da (contratualidade da) doação GALVÃO TELLES, *Direito das obrigações*, pp. 233-234, refere que "*Ninguém pode ser forçado a receber um benefício, o que bem se compreende por motivos de dignidade.*".

[175] ANTUNES VARELA, *Das obrigações em geral*, V. II, p. 248.

[176] A estes argumentos, ANTUNES VARELA acrescenta um de ordem prática. Segundo o Autor, ao estabelecer "*a formação consensual sistemática da remissão, a lei portuguesa quis, por um lado, afastar as dúvidas que forçosamente levantaria a determinação do prazo razoável dentro do qual a recusa do devedor poderia neutralizar a renúncia (extintiva) do credor e pretendeu, por outro lado, evitar a incerteza que durante esse período poderia recair sobre a eficácia definitiva da abdicação do direito*", cf. ANTUNES VARELA, *Das obrigações em geral*, V. II, p. 247.

[177] PEREIRA COELHO, *A renúncia abdicativa no Direito Civil*, pp. 103-104.

acontecendo na renúncia aos direitos reais menores, e não se vê quem questione a respetiva unilateralidade[178]. E se, em certo sentido, se pode dizer que no caso da renúncia a direitos reais menores, não poderia o titular manter-se na titularidade de um direito contra a sua vontade, não menos certo é que a mesma consideração é aplicável aos direitos de crédito.

Além disso, refira-se que na normalidade das circunstâncias, a necessidade do acordo do devedor é contrária aos fins prosseguidos por ambas as partes e aos interesses que deveriam ser protegidos. Com efeito, o interesse do credor em ver imediatamente extinta a dívida, aquando da declaração ao devedor, está na maioria das situações em sintonia com o interesse deste último em obter também imediatamente a inerente liberação[179]. Este é o interesse normal do devedor, que no quadro de uma declaração unilateral não ficaria prejudica por eventuais cenários de morte ou incapacidade do credor, além da natural possibilidade de arrependimento do credor, ainda que nos quadros restritos do artigo 228.º. E não procede o argumento de que pode não ser assim e que o devedor pode não querer libertar-se por essa via, podendo ter um interesse em cumprir. Essa possibilidade, e esses valores, são acertadamente tutelados, como vimos, no regime italiano, através da consagração da possibilidade de o devedor recusar a remissão, destruindo retroativamente os seus efeitos, solução que era também sugerida, entre nós, por VAZ SERRA.

Verifica-se então que os principais fundamentos que têm vindo a ser utilizados para justificar a opção pela contratualidade rapidamente caem por terra quando se tem em conta lugares paralelos do sistema jurídico. Outros exemplos poderiam ser acrescentados, assim, o argumento segundo o qual a remissão contratual preserva o interesse do devedor se liberar pelo cumprimento (*v.g.*, por forma a preservar o bom nome no comércio) não foi tido em conta pelo legislador, ao permitir o cumprimento por terceiro (cf. art. 767.º), e a inerente extinção da obrigação primitiva, sem o concurso da vontade do devedor. Por outro lado, o alegado interesse do devedor em liberar-se perante o seu credor, também não procede, justamente na medida em que a cessão de créditos é, também ela, independente da vontade do devedor nessa cessão

[178] PIETRO PERLINGIERI, "Dei modi di estinzione delle obbligazioni diversi dall'adempimento", p. 206

[179] PEREIRA COELHO, *A renúncia abdicativa no Direito Civil*, p. 108.

(cf. art. 577.º). Por outro lado, processualmente é possível obter a extinção de um direito de crédito sem que seja necessário o consentimento do devedor. Com efeito, com a desistência do pedido, extingue-se o direito alegado pelo autor (cf. art. 285.º, n.º 1 do Código do Processo Civil). Sucede que, a desistência do pedido, ao contrário da desistência da instância após o oferecimento da contestação (cf. art. 286.º do Código do Processo Civil) não carece de aceitação por parte do réu.

Tudo ponderado, a nosso ver, seria preferível ter optado pelo modelo italiano[180]. Com efeito, este modelo permite salvaguardar devidamente os interesses em presença, não sendo, pelo menos de acordo com a nossa posição, necessariamente uma "ofensa" ao princípio do contrato uma vez que tal princípio ficaria devidamente acautelado com a (mera) concessão de uma possibilidade de recusa ao beneficiário, de resto, como sucede, entre nós, com o contrato a favor de terceiro[181]. Já relativamente ao potencial prejuízo para o devedor de ver-se liberado desta forma, a verdade é que a potencialidade de um ato jurídico ser atentatório (humilhante) para o devedor não advém necessariamente

[180] Quanto a esta solução, também ANTÓNIO MENEZES CORDEIRO defende que é equilibrada, e preserva os valores em jogo, designadamente o princípio *invito non datur beneficium*, cf. ANTÓNIO MENEZES CORDEIRO, *Da boa-fé no Direito Civil*, p. 763, nota (444) e, mais recentemente *Tratado de Direito Civil*, V. IX, p. 1135. Como refere MENEZES CORDEIRO, "*Esse princípio apoia-se em duas ordens de valores: (a) cada pessoa tem a sua honra; por isso, pode desejar cumprir as suas obrigações, em vez de aproveitar a boa vontade do credor; (b) o "perdão" de uma dívida é, por vezes, inconveniente para o devedor, mesmo no prisma patrimonial: o saber-se, na praça, que certa dívida não foi paga, tendo sido remitida, manifesta-se contrário ao bom nome nos negócios.*",cf. ANTÓNIO MENEZES CORDEIRO, *Tratado de Direito Civil*, V. IX, p. 1135.

[181] PEREIRA COELHO, *A renúncia abdicativa no Direito Civil*, p. 104, nota (271), onde pode ler-se "*Obviamente que os fundamentos do princípio do contrato – a saber, não tanto a preocupação de evitar um enriquecimento (traduzido na constituição de um crédito) sem intervenção da vontade do beneficiário (credor), pois que uma tal preocupação vem salvaguardada pela atribuição a esse beneficiário (como sucede entre nós por exemplo no contrato a favor de terceiro e no Codice com a remissão) de um direito de recusa, mas sobretudo, vistas as coisas agora do lado devedor, a circunstância de não se descortinarem razões de ordem prática para se manter aquele que se obriga (perante outrem) vinculado antes da aceitação do beneficiário – os fundamentos do principio do contrato, dizíamos, parece permitirem a extensão da proibição correlativa do negocio unilateral a todos os negócios de atribuição, ainda que uma tal atribuição se não traduza na constituição de obrigações. Simplesmente, se é assim, nem por isso se afirma a aplicação à renúncia (abdicativa) do princípio do contrato. Pelo contrário: porque não é negócio de atribuição, a renuncia abdicativa permanece imune ao princípio do numerus clausus dos negócios unilaterais, pelo que, mesmo que lei pontualmente a não preveja (mas normalmente prevê), se deve considerar em regra sempre admitida a possibilidade de se renunciar, por via unilateral, a um direito*".

da sua natureza unilateral ou bilateral. É certo que, como refere ANTUNES VARELA, não se pode olvidar que o devedor pode entender que a dívida não existe, pretendendo obter uma declaração judicial nesse sentido[182], mas, novamente, tal hipótese não seria prejudicada pela circunstância de ter sido, ao invés, conferido ao devedor a possibilidade de recusar a remissão.

[182] No mesmo sentido, aludindo ao possível interesse moral ou material do devedor no cumprimento e, bem assim, à possibilidade de o devedor considerar a obrigação inexistente ou inválida, inclusivamente prescrita, *vide*, FRANCESCO ROSSI, *La remissione del debito*, p. 17

§ 5. Delimitação negativa: autonomia dogmática e crítica à "remissão onerosa"

Não é possível avançar sem estabilizar conceitos. Em particular, cabe analisar – e tentar desconstruir – a imprecisão com que, salvo o devido respeito, alguns Autores se referem à figura da remissão.

A nosso ver, o termo remissão, em particular no contexto de formas de extinção das obrigações, deve estar reservada ao negócio jurídico autónomo previsto e regulado nos artigos 863.º e seguintes do Código Civil. Constatamos, porém, da exposição que alguma doutrina vem fazendo da matéria, com apoio em VAZ SERRA[183], que por vezes o termo é utilizado, sem distinção,

[183] O pensamento de ADRIANO VAZ SERRA terá – algo injustamente – sido a causa da confusão conceptual analisada nesta secção. Com efeito, sem contexto, o Autor parece, em algumas passagens, admitir a existência de remissões onerosas, cf. VAZ SERRA, "Remissão, reconhecimento negativo de dívida e contrato extintivo da relação obrigacional bilateral", p. 34 e particularmente, p. 39, quando refere que *"No entanto, em algumas hipóteses, não há doação, o que está de acordo com as afirmações precedentes de que a remissão pode ser a título gratuito ou oneroso."* Contudo, noutra passagem (p. 36) refere o que *"A remissão pode ser realizada com espírito de liberalidade ou não. Pode ser onerosa, isto é, feita contra uma prestação do devedor ou de terceiro, mas então, em regra, assume o carácter de elemento de uma novação ou transacção ou de dação em cumprimento"* (também se pode encontrar o mesmo raciocínio a pp. 45-46). As duas afirmações não permitem que nos arrisquemos a expor o real pensamento do Autor quanto a esta matéria, mas concordamos com a segunda, na sequência da distinção que surge no texto entre remissão contrato e remissão efeito. Nesse sentido, o Autor conclui *"Quando a remissão for elemento de um contrato bilateral, são aplicáveis as regras dos contratos bilaterais"* p. 46. Contudo, e voltando à indefinição, acaba por propor um preceito que distingue a remissão gratuita da onerosa para efeitos de lhe atribuir natureza de contrato ou declaração unilateral, cf. VAZ SERRA, "Remissão,

por referência não a um negócio jurídico, mas sim a um efeito – a extinção de uma "obrigação" – o qual pode, certamente, resultar de uma remissão, mas também na decorrência e enquanto elemento de um outro esquema negocial[184].

A distinção entre estes dois sentidos é fundamental. A nosso ver, a remissão é um negócio jurídico autónomo. Mas é possível entender a remissão como "*simples declaração negocial renunciativa*" a qual pode estar integrada num outro negócio onde represente um dos seus efeitos[185]. Na generalidade dos casos, o negócio jurídico integra várias declarações de vontade, uma das quais poderá ser dirigida à extinção, total ou parcial, de um direito de crédito[186]. Contudo, é essencial que se distinga "*o negócio,*

reconhecimento negativo de dívida e contrato extintivo da relação obrigacional bilateral", p. 92. Ora se se admite que a remissão mantém autonomia quando incluída num esquema negocial diverso, é indiferente estabelecer que se realize por contrato, porquanto nesse caso, são as regras de tal esquema complexo que se aplicam, as quais já impõem a contratualidade.

184 Na generalidade dos casos, a indistinção não é frontalmente afirmada pelos Autores, antes se intuindo da explicação, nomeadamente pela referência à possível onerosidade da remissão. A posição criticada no texto surge, contudo, muito expressamente, em TIAGO AZEVEDO RAMALHO, "Anotação aos artigos 857.º a 862.º", *Código Civil Anotado*, V. I, (coord. ANA PRATA), Almedina, Coimbra, 2017, p. 1079, referindo "*A causa da remissão pode ser variada. Se tiver carácter de liberalidade, aplica-se o regime da doação (n.º 2). Se o contrato tiver por causa visar prevenir ou terminar um litígio mediante concessões recíprocas das partes (p. ex., remitem as obrigações contrapostas emergentes de uma relação sinalagmática) tratar-se-á de contrato de transação (art. 1248.º). E, nos termos gerais, de diferente contrato se poderá tratar*". Fica por explicar, nesta análise, a utilidade da consagração autónoma, pelo legislador, de uma forma de extinção das obrigações que é, na verdade, uma decorrência óbvia do funcionamento de um diverso esquema contratual. Neste sentido, TIAGO SOARES DA FONSECA, *A transação civil*, pp. 309-310: "*A circunstância de o ato abdicativo ter por fonte um contrato revela juridicamente, uma vez que o mesmo perde autonomia, pois deixa de ser analisado per se, para passar a ser tomado em consideração como uma particular concessão objeto de um tipo negocial. Ou seja, conforme observa Francesco Macione, sempre que esteja integrada num contrato, a renúncia encontra a sua justificação no mesmo, perdendo a sua autonomia (deixando de constituir uma verdadeira e própria renúncia) para fundamentar um negócio diferente, com uma função própria.*". O mesmo raciocínio, aplicado a todos os modos de extinção das obrigações, pode ser confrontado em CARLO TOESCA DI CASTELLAZZO, "Rimessione del debito", p. 697.

185 PEREIRA COELHO, *A renúncia abdicativa no direito civil*, p. 8, nota (2) e (3).

186 Neste sentido, por referência à novação, HUGO RAMOS ALVES, *Dação em cumprimento*, p. 21: "*Sendo assim, conforme sustenta Perlingieri, a novação pode ser perspetivada numa dupla vertente: enquanto factiespécie e enquanto efeito. Na verdade, a novação atua não só enquanto efeito previsto expressamente na lei, através da extinção da obrigação originária, mas também como contrato, porquanto a extinção da obrigação originária é o resultado da composição de interesses efetuada pelas partes. Tendo como pano de fundo esta dualidade, Troisi assevera que "novação" corresponde a uma anfibologia, em*

enquanto complexo (tendencialmente indivisível) de efeitos negociais, da declaração de cada efeito negocial (ou da vontade de produção de cada efeito negocial)"[187]. Salvo o devido respeito, a nosso ver, esta distinção está ausente na generalidade dos Autores que se referem à remissão o que gera problemas a dois níveis: por um lado, confundem-se conceitos e figuras, em particular a consideração de uma "remissão onerosa" que naturalmente só é enquadrável quando se tenha em vista a declaração negocial remissiva enquadrada num esquema negocial complexo; por outro, mesmo nos Autores que intuam esta distinção, gera problemas de coerência de regime. É que se a remissão é um mero efeito de um outro negócio, então o regime aplicável será, no essencial, o do negócio no qual se integre.

A decomposição do negócio jurídico nas diversas declarações de vontade e efeitos jurídicos pretendidos, atribuindo-se-lhe o *nomen iuris* de negócios autónomos e consagrados não só gera uma profunda confusão, como acaba por se perder o norte daquilo que caracteriza cada um dos institutos. Além disso, do ponto de vista da ciência jurídica, a fluidez entre conceitos é contraproducente uma vez que essa "fuga" só seria admissível caso não existissem expedientes pensados justamente para conferir unidade a esses vários efeitos[188].

Uma das figuras em que esta distinção se revela mais evidente é o da transação, prevista no artigo 1248.º do Código Civil, a qual pressupõe que as partes realizem entre si "*reciprocas concessões*" tendo em vista prevenir ou colocar termo a um litígio. Como refere Tiago Soares da Fonseca, o litígio e as recíprocas concessões "*são, de facto, os dois elementos necessários à existência de uma transação, não enquanto requisitos de validade do contrato, mas enquanto dados qualificantes do mesmo. Correspondem aos essentialia negotii, isto é, aquilo que carateriza a transação e que permite distingui-la dos demais contratos*"[189]. As concessões em

função de, em termos semânticos, dar guarida quer a uma factiespécie, quer a um efeito, quer a uma vicissitude-resultado."

[187] Pereira Coelho, *A renúncia abdicativa no direito civil*, p. 8, nota (3).

[188] Neste sentido, relativamente à autonomia da cessão da posição contratual face à combinação de assunção de dívida e cessão de créditos, *vide*, Mota Pinto, *Cessão da posição contratual*, p. 290

[189] Tiago Soares da Fonseca, *A transação civil*, p. 217. Sobre o conceito de conflito jurídico ou litígio, vide, pp. 227-238, apresentando-o como "*a contraposição de interesses, regra geral sobre um direito subjetivo, efetivo ou afirmado, que surge de uma pretensão não satisfeita ou negada*", p. 237. Em particular sobre os tipos de "litígio" que podem estar subjacentes à transação, pp. 266-277

causa podem ser de toda a ordem[190]. Pode, nomeadamente, o credor aceder a remitir determinado crédito que tinha em face do devedor, em contrapartida do cumprimento de um outro. É o caso típico do credor que "perdoa" os juros se o devedor cumprir voluntariamente. Sem dúvida, pode aqui ser encontrada uma declaração de vontade tendente à produção de um efeito extintivo de um débito (os juros), tal como sucede na remissão. Mas não estamos perante uma remissão porque essa vontade não é autónoma, nem sequer autonomizável, mas antes uma componente de um negócio mais complexo, a transação.

De resto, esta consideração iria de encontro ao caráter necessariamente gratuito da remissão, uma vez que a "declaração de vontade remissiva" poderia estar enquadrada num esquema satisfatório do interesse do credor[191], uma vez que existência de concessões recíprocas é um elemento essencial do negócio[192]. Assim, a utilização do termo remissão quando o que está em causa é um mero efeito de outro negócio jurídico complexo, parece-nos incorrecto, salvo quando acompanhado das necessárias perífrases[193]. Efetivamente, entendida

[190] Neste sentido, TIAGO SOARES DA FONSECA, *A transação civil*, pp. 297-301, referindo "*A lógica da transação é que, com o fim de prevenir ou terminar um litígio, e desde que não seja proibido por lei, tudo pode ser acordado pelas partes. Mais ainda: a concessão não exprime apenas atos diretamente relacionados com o objeto da controvérsia, podendo também compreender atos estranhos ao objeto do conflito (art. 1248.º/2). Ergo, quando estamos a falar de concessões transacionais, estamos a falar de atos, isolados ou combinados, tão diferenciados como uma prestação, uma renúncia, um reconhecimento (positivo ou negativo), uma autorização, uma confirmação, uma desistência do pedido ou de uma queixa crime, uma confissão, uma proposta de remissão, a cessão de um crédito, uma dação em pagamento, etc., etc.*" (pp. 298-299) Coerentemente, numa fórmula propositadamente abrangente por forma a abarcar a multiplicidade de possíveis conteúdos, o Autor define concessão como "*ato jurídico através do qual alguém proporciona uma vantagem a outro*" (pp. 300-301).

[191] No sentido do texto, em Itália, FRANCESCO ROSSI, *La remissione del debito*, pp. 34-37, concluindo, como aqui defendemos, "*Una volta costatato, dunque, che ciascuno dei negozi che comportano il venir meno del vincolo gravante sul debitore, e inoltre un effetto correspettivo, non può essere qualificato come remissione, trova conferma l'opinione che reputa non giustificata l'utilizzazione dell'espressione «remissione del debito» con l'aggiunta di aggettivi, quali «onerosa» o «corrispettiva», allorché si intende denominare intituti connotati da una funzione differente, nel senso innanzi osservato, da quella della remissione stessa. Quest'ultima è uno dei modi di estinzione delle obbligazioni a carattere non satisfattorio; pertanto, non è pertinente qualunque accostamento ad essa di negozi nei quali il venir meno dell'obbligazione dà soffisfazione al creditore*".

[192] TIAGO SOARES DA FONSECA, *A transação civil*, p. 218 e, no mesmo sentido, VAZ SERRA, "Remissão, reconhecimento negativo de dívida e contrato extintivo da relação obrigacional bilateral", pp. 82-83.

[193] Em sentido semelhante, criticando a teoria atomística relativamente à cessão da posição contratual, MOTA PINTO, *Cessão da posição contratual*, p. 282 e ss. Assim, também, TIAGO

como declaração de vontade extintiva ou mero efeito, a remissão estaria presente em inúmeros negócios jurídicos, desde logo, em todos os sucedâneos do cumprimento, bastando, para tanto, decompô-los nos seus vários elementos. Vejamos. Segundo o entendimento corrente, a novação tem lugar quando se procede à extinção de uma obrigação, por constituição de uma nova, que a substitui. Assim entendida, a novação apresenta-se como uma unidade: um único polo onde a um efeito extintivo se agrega um efeito constitutivo. Contudo, analisando em separado os dois elementos, não deixaria de ser possível vislumbrar na novação um primeiro momento em que se remite a dívida e, um segundo momento, no qual se constitui uma nova obrigação. Contudo, não só é artificial decompor esta realidade unitária como, fazendo-o, se perde o norte daquilo que caracteriza a figura: o *animus novandi*[194]. Com efeito, o credor que propõe ou aceita a novação da obrigação fá-lo apenas porque é contraída uma nova obrigação, em substituição da anterior. Isto é, o efeito extintivo não pode ser dissociado do efeito constitutivo sob pena de subversão da própria lógica contratual. O mesmo raciocínio poderia ser aplicado à dação em cumprimento. Também esta, de acordo com uma correta metodologia, não atua em momentos autónomos em que, num primeiro passo se remite a dívida, seguidamente se constitui uma nova (em que a prestação contratada equivale à que se irá efetivamente realizar) e, por fim, ocorre o cumprimento, em conformidade com esta última[195].

Soares da Fonseca, *A transação civil na litigância extrajudicial e judicial*, Gestlegal, Coimbra, 2018, pp. 309-310.

194 Dados relativos a esta essencialidade podem ser confrontados em Hugo Ramos Alves, *Dação em cumprimento*, p. 176- 191.

195 Nathalie Picod, *La remise de dette en droit privé*, pp. 30-31. Referindo a existência de alguma doutrina francesa que vê na dação em cumprimento uma novação objetiva ou um contrato modificativo da obrigação, cf. Hugo Ramos Alves, *Dação em cumprimento*, p. 21. No sentido que defendemos no texto, apelando à não confusão da remissão com esquemas translativos (e consequente extinção por confusão), Pietro Perlingieri, "Dei modi di estinzione delle obbligazioni diversi dall'adempimento", pp.168-170. Referindo a desadequação da tese que equipara a remissão de dívida a uma cessão de crédito a favor do devedor, a qual retira toda a autonomia dogmática à figura, uma vez que nesse caso a obrigação se extingue, evidentemente, por confusão, *vide*, Pasquale Stanzione / Giovanni Sciancalepore, *Remissione e rinunzia*, pp 125-126. Afastando a tese da natureza da dação em cumprimento como uma "renúncia onerosa", *vide*, Hugo Ramos Alves, *Dação em cumprimento*, pp. 906-909.

Os exemplos apontados demonstram que, em última análise, seria possível descortinar uma remissão em vários expedientes do grupo dos sucedâneos do cumprimento, mas tal resultaria na total desconsideração da autonomia das figuras envolvidas. Efetivamente, nos casos em que, *v.g.*, o credor receba coisa diversa da devida, ou venha a tornar-se credor de outra obrigação em substituição da anterior, a extinção da dívida original é um efeito mediato (e natural) do negócio e da atribuição e não um contrato de remissão. Para todos os efeitos, do prisma da obrigação primária, o que ocorreu foi um sucedâneo do cumprimento que de certa forma satisfaz o interesse do credor[196]. Como resulta destas considerações, na nossa opinião, enquanto forma de extinção das obrigações, a remissão distingue-se dos demais sucedâneos do cumprimento pelo facto de o credor não realizar, nem sequer indiretamente, o interesse associado à obrigação[197].

A remissão é, portanto, no nosso ver, a forma pela qual credor e devedor extinguem a dívida, sem que ocorra o cumprimento ou qualquer outra forma de satisfação do interesse do credor[198], apresentando-se, consequentemente, como um negócio gratuito por definição. Nesta medida, e de entre todas as formas de extinção das obrigações, a remissão é aquela que mais se afasta do paradigmático cumprimento, uma vez que naquelas, e não nesta, há ainda uma qualquer forma de satisfação do interesse do credor, sem prejuízo dessa "satisfação" não envolver a realização da prestação originalmente contratada. Destarte, há, tanto quanto nos parece, que salientar que a remissão importa a extinção da obrigação sem a existência de qualquer contrapartida, imediata ou futura, sendo esta, a nosso ver, a característica fundamental verdadeiramente

[196] Neste sentido, muito expressivamente, CARLO TOESCA DI CASTELLAZZO, "Rimessione del debito", p. 697, em defesa da "*individualidade das diversas formas de extinção elencadas pelo Código e pela doutrina*", refere que na novação, por exemplo, existe "substancialmente" uma renúncia ao direito de crédito de crédito, "*que, do ponto de vista estritamente científico deveria ser incluída na remissão*", mas que deve ser limitada, atendendo a que o Código distingue as várias formas de extinção, pelo que a remissão fica reservada às renúncias ao crédito que ocorrem por causas outras que as que presidem às outras formas de extinção das obrigações.

[197] ANTUNES VARELA, *Das obrigações em geral*, V. II, p. 243, aludindo ao "*recorte funcional*" característico da remissão, tal como da confusão e prescrição, nas quais "*o direito de crédito não chega a funcionar; o interesse do credor a que a obrigação se encontra adstrita não chega a ser satisfeito, nem sequer indireta ou potencialmente*".

[198] PIETRO PERLINGIERI, "Dei modi di estinzione delle obbligazioni diversi dall'adempimento", pp. 172-174

individualizadora da figura em análise e, bem assim, a pedra de toque na sua distinção de outras formas de extinção das obrigações[199]. Justamente nesta medida, como bem salienta LUÍS MENEZES LEITÃO, não é *"concebível que a remissão seja efectuada como contrapartida da realização de uma prestação ou da constituição de uma nova obrigação por parte do devedor, ou da abdicação por ele de um crédito que tinha sobre o credor, uma vez que nesses casos teríamos antes respectivamente uma dação em cumprimento, uma novação ou uma compensação convencional e já não uma remissão"*[200]. Com efeito, de acordo com o entendimento que sufragamos, a remissão pressupõe – sempre –, em termos jurídicos, a ausência de um "*sistema de contrapartidas*" e, nessa medida, constitui o esquema extintivo que mais contrasta com o paradigmático cumprimento. Destarte, de um ponto de vista estritamente objetivo, o direito de crédito surge frustrado[201]. A nosso ver, remissão e onerosidade são – absolutamente – incompatíveis[202].

É por este motivo que, com o devido respeito, não podemos acompanhar, neste particular, as conclusões dos Autores, nomeadamente PIRES DE LIMA e ANTUNES VARELA, que entendem que a remissão "*tem como fonte um contrato, que pode ser oneroso ou gratuito*"[203]. Com efeito, a nosso ver, para que a remissão se mantenha uma figura com autonomia dogmática, é fundamental que a

[199] Mais dados sobre o tema da eventual existência de uma remissão onerosa podem ser encontrados em NATHALIE PICOD, *La remise de dette en droit privé*, pp. 90 e ss.

[200] MENEZES LEITÃO, *Direito das obrigações*, V. II, p. 207.

[201] NATHALIE PICOD, *La remise de dette en droit privé*, p. 83, associando, por oposição à *"satisfação do interesse do credor"* a sugestiva expressão *"frustração objectiva"*.

[202] No sentido do texto, PIETRO PERLINGIERI, "Dei modi di estinzione delle obbligazioni diversi dall'adempimento", pp. 171-175, aludindo à *"gratuità della fattispecie"*. Também o Autor, como defendido no texto, refere não ser identificar uma "remissão onerosa" que conserve o caráter de remissão e não seja antes reconduzível a outra *fattispecie* extintiva ou fenómeno atinente à relação obrigacional. No mesmo sentido, FRANCESCO ROSSI, *La remissione del debito*, pp. 32-39. Entendendo que a remissão (e a renúncia) não podem, sequer, ser reconduzidas à qualificação de negócio oneroso ou gratuito, *vide*, ERNESTO TILOCCA, "Remissione del debito", p. 391 e, de forma clara, p. 399, qualificando-a como um ato neutro. No mesmo sentido, PASQUALE STANZIONE / GIOVANNI SCIANCALEPORE, *Remissione e rinunzia*, p. 131, citando BENEDETTI. Entre nós, ainda que limitando às renúncias abdicativas, PEREIRA COELHO, *A renúncia abdicativa no Direito Civil*, pp. 60-61, referindo que *"só às atribuições se refere a antinomia gratuitidade/onerosidade"*.

[203] PIRES DE LIMA / ANTUNES VARELA, *Código Civil Anotado*, V. II, p. 150. Neste sentido também ALMEIDA COSTA, *Direito das obrigações*, p. 1114, FERNANDO PESSOA JORGE, *Lições de Direito das Obrigações*, pp. 687-688 e CUNHA DE SÁ, "Modos de Extinção das obrigações", p. 234.

mesma seja reconduzida apenas ao grupo de casos em que a obrigação se extinga sem qualquer contrapartida, não se compaginando, nessa medida com a onerosidade. Nos casos em que o negócio jurídico se revele oneroso, e independentemente de as partes o designarem por remissão, estaremos perante uma outra figura, seja ela uma novação, uma compensação, uma dação em cumprimento[204], ou outra, aplicando-se, consequentemente, o respetivo regime, uma vez que a qualificação fornecida pelas partes não é vinculativa para o julgador[205]. Efetivamente, nos casos em que, *v.g.*, o credor receba coisa diversa da devida, ou venha a tornar-se credor de outra obrigação, em substituição, a extinção da dívida original é um efeito mediato (e natural) da atribuição secundária e, assim, uma mera decorrência do funcionamento de um outro esquema contratual, e não um contrato de remissão[206].

Esta aparente confusão entre o contrato de remissão contrato e a "remissão-efeito" é o motivo pelo qual os vários Autores admitem a remissão onerosa[207], o que, de resto, não é um problema exclusivamente nacional. Também Ernesto Tilocca refere que alguns Autores se referem a renúncias onerosas, das quais este distingue a remissão porquanto é "*o único negócio renunciativo a título gratuito em matéria de obrigações*"[208]. De acordo com a exposição, alguns

[204] Valerio Campogrande, "Condono del debito", p. 664 referido que quando se fale de renúncia onerosa "*non si tratta più di condono, ma d'altri fatti giuridici: quali la novazione, o la datio in solutum, che sono diversi accordi per estinguere un'obbligazione*". No mesmo sentido, Ernesto Tilocca, *La remissione del debito*, p. 39.

[205] É frequente referir-se que a estipulação contratual é autónoma e a qualificação heterónoma, sem prejuízo naturalmente do contributo que o *nomen iuris* possa dar para a interpretação da real vontade dos contraentes. A respeito da relevância do *nomen iuris*, cuja valoração poderá depender do "*grau de instrução e cultura*" das partes contraentes, *vide*, o Acórdão do Supremo Tribunal de Justiça, datado de 17.10.2007 (Relator: Sousa Peixoto).

[206] Pereira Coelho, *A renúncia abdicativa no Direito Civil*, pp. 29-30 "*diversamente, quando a remissão representa um dos efeitos de um negócio jurídico qualquer, cumprindo aí o papel normalmente reservado à obrigação de prestação, ou à transferência de um direito (representa por exemplo o preço de aquisição da propriedade de uma coisa), o que se deve dizer é que o efeito de atribuição de uma vantagem ao devedor é um efeito negocial (imediato) da declaração de remissão. Se o credor remitente não visasse justamente fazer em favor do devedor uma tal atribuição, como se compreenderia que essa remissão representasse precisamente uma «prestação»? Pode pois dizer-se, com segurança, que toda a remissão que seja apenas um dos efeitos de um quadro negocial mais complexo só pode verdadeiramente entender-se como atribuição (patrimonial)*".

[207] Pires de Lima / Antunes Varela, *Código Civil Anotado*, V. II, p. 150.

[208] Ernesto Tilocca, *La remissione del debito*, p. 11

Autores encontram nos institutos da dação em cumprimento, da novação e da compensação convencional, renúncias onerosas ao direito de crédito. ERNESTO TILOCCA questiona este entendimento em termos próximos aos que acabámos de fazer, isto é, também o Autor considera que nessas figuras, por oposição à remissão, o direito de crédito cumpre a sua finalidade, correspondendo, ainda, ao exercício do mesmo[209]. Naturalmente, reconhece que tal exercício não corresponde, exatamente, ao "interesse" originariamente visado aquando da vinculação obrigacional, mas, a nosso ver, é relativamente indiferente se o credor utiliza a força jurídica do direito que a ordem jurídica lhe confere para realizar o interesse primitivo, ou outro, desde que, neste último caso, conte com o acordo do devedor.

Assim, podemos concluir que a remissão é incompatível com a onerosidade apresentando-se necessariamente, e por definição, gratuita[210].

ANTUNES VARELA, em defesa da sua posição, justifica a admissibilidade da remissão onerosa referindo que "*a onerosidade não tem o seu campo de acção circunscrito às prestações ligadas entre si por um nexo sinalagmático, como o que caracteriza os contratos bilaterais*"[211]. Exemplifica com a situação em que A remite um crédito de 1.000 que tem sobre B, apenas para preencher a condição a que foi subordinado um legado no valor de 5.000 que lhe foi feito por C. Ora, salvo o devido respeito, não podemos acompanhar estas conclusões. Na nossa opinião, ainda que haja uma contrapartida, no âmbito de uma outra qualquer relação, para o credor remitente, os contratos e, em particular, o contrato de remissão, a fim de aferir da sua onerosidade devem ser considerados individualmente e analisados tendo em conta apenas a relação obrigacional por estes estabelecida[212]. Assim, no exemplo avançado por ANTUNES VARELA, uma vez que

[209] "*Le figure nelle quali si pretende ravvisare delle rinuncie onerose sono, invece, mezzi di attuazione del diritto di credito (e di riflesso di estinzione dell'obbligazione), dotati della medesima efficacia satisfattiva dell'adempimento, funzionalmente equivalenti a questo*" ERNESTO TILOCCA, *La remissione del debito*, p. 13.

[210] PIETRO PERLINGIERI, "Dei modi di estinzione delle obbligazioni diversi dall'adempimento", pp. 175

[211] ANTUNES VARELA, *Das obrigações em geral*, V. II, p. 251. No mesmo sentido, ROBERTO DE RUGGIERO, *Instituzioni di Diritto Civile*, V. II, p. 215.

[212] No sentido do texto, PIETRO PERLINGIERI, "Dei modi di estinzione delle obbligazioni diversi dall'adempimento", pp. 174-175. No mesmo sentido, ERNESTO TILOCCA, *La remissione del debito*, p. 36: "*L'onerosità e la gratuità postulano rispettivamente equivalenza ed assenza di equivalenza fra i vantaggi di una parte e quelli di un'altra; sicché l'una e l'altra nozione posssono realizzarsi solo*

o devedor não oferecerá qualquer contrapartida no âmbito daquele negócio (*i.e.*, a remissão), estaremos perante um contrato gratuito. Aliás, esta situação, de a remissão ser celebrada enquanto prestação de um outro negócio jurídico que pode, esse sim, ser oneroso, encontra-se expressamente prevista no que respeita ao contrato a favor de terceiro. Nos termos do número 2 do artigo 443.º, por via do contrato a favor de terceiro[213], têm as partes a possibilidade de remitir dívidas. Naturalmente, pese embora o contrato a favor de terceiro possa ser oneroso, a remissão individualmente considerada será gratuita. Remetemos assim, neste âmbito, para as conclusões PEDRO PAIS DE VASCONCELOS, "*Os contratos onerosos, comutativos, sinalagmáticos, também impropriamente denominados bilaterais, caracterizam-se, como classe, por conterem um sistema de contrapartidas*"[214].

Em suma, é forçoso concluir que a existência do aludido "*sistema de contrapartidas*"[215], próprio dos contratos sinalagmáticos, seja aferida individualmente, contrato a contrato, e que se considere assim, para o efeito, apenas a realidade por estes regulada[216]. No mais, a extrapolação do exercício de

mediante negozi che si repertcuotano direttamente e mediatamente, nela sfera di almeno due soggesti", acabando por concluir não ser a remissão qualificável nesses conceitos (p. 40).

[213] Acórdão do Tribunal da Relação de Guimarães, datado de 07.12.2017 (Relator: EVA ALMEIDA).

[214] PEDRO PAIS DE VASCONCELOS, *Contratos atípicos*, Almedina, Coimbra, 1995, p. 140. Neste sentido, aludindo ao ensinamento de PEDRO PAIS DE VASCONCELOS, *vide*, o Acórdão do Supremo Tribunal de Justiça, datado de 19.10.2004 (Relator: NUNO CAMEIRA). Reforçando, desta feita no ensinamento de ANTÓNIO MENEZES CORDEIRO, "*Um negócio é oneroso quando implique esforços económicos para ambas as partes, em simultâneo e com vantagens correlativas, pelo contrário, ele é gratuito quando cada uma das partes retire, tão-só, vantagens ou sacrifícios.*" ANTÓNIO MENEZES CORDEIRO, *Tratado de Direito Civil*, V. II, p. 106.

[215] "*Torna-se necessário acentuar que nos contratos bilaterais ou sinalagmáticos as obrigações das partes se encontram numa relação de correspectividade e interdependência. Existe entre elas um nexo ou sinalagma, significando que a obrigação de cada uma das partes constitui a razão de ser da outra*", cf. ALMEIDA COSTA, *Direito das obrigações*, p. 361. Refira-se ainda, segundo o mesmo Autor (pp. 368-369), que embora tendencialmente haja uma identificação entre a onerosidade e o caráter sinalagmático, nem sempre assim é, como é o caso do mútuo oneroso, em que apenas o mutuário fica adstrito a obrigações, sem prejuízo da onerosidade.

[216] Valem, então, as considerações constantes do Acórdão do Tribunal da Relação do Porto, datado de 14.09.2006 (Relator FERNANDO BAPTISTA), "*Uma coisa, porém, é certa: é da essência da doação ser gratuita, não se podendo configurar uma dação em pagamento ou outra espécie de contrato oneroso. Ou seja, na doação não há prestação correlativa do donatário. E mesmo que, secundaria ou acessoriamente, a liberalidade esteja conjugada com o interesse pessoal do doador—que pode ter nisso*

qualificação do contrato para um campo em que já se considerem as relações que as partes possam eventualmente estabelecer com terceiros nem sequer se conciliaria com o princípio da relatividade, próprio das obrigações, com afloramentos, designadamente, nos artigos 397.º, 398.º n.º 1, 405.º número 1, 406.º número 2 e 424.º, todos do Código Civil[217] e levaria, no limite, à consideração que (quase) todos os negócios são afinal, onerosos.

Nessa medida, quando no âmbito de um contrato de remissão se possa encontrar um "sistema de contrapartidas", deixará o mesmo de poder ser designado por remissão, mas assumindo a natureza de um outro contrato[218], o que não significa que um dos efeitos desse negócio não seja a extinção da dívida, mas quanto a esse aspeto, remetemos para a já aludida distinção entre remissão-contrato e remissão-efeito[219]. E nem se diga que conclusão diversa se impõe em virtude do princípio da autonomia privada, sendo as partes livres – não havendo norma imperativa ou valores de ordem pública ou bons costumes que se imponham – de conformar livremente o conteúdo dos seus

um interesse moral, afectivo, material, etc.--, o certo é que o doador dá para beneficiar o donatário, num acto espontâneo, ou seja, não determinado por uma obrigação jurídica anterior".

[217] António Menezes Cordeiro, *Tratado de Direito Civil*, V. VI, pp. 61. Note-se, porém, que a crítica que tecemos não se confunde com a possibilidade de certos contratos, como é o caso do contrato a favor de terceiro, estabelecer "relações triangulares", podendo ser considerados onerosos e gratuitos, dependendo dos polos em análise. Neste sentido, Menezes Leitão, *Direito das obrigações*, V. I, p. 210. Uma situação triangular pode ser confrontada no Acórdão do Supremo Tribunal de Justiça, datado de 24.01.1995 (Relator: Torres Paulo).

[218] Acórdão do Supremo Tribunal de Justiça, datado de 19.10.2004 (Relator Nuno Cameira). O Acórdão aborda, em primeira linha, a renúncia ao usufruto, mas as respetivas conclusões são transponíveis para o âmbito que nos ocupa. Chamamos a atenção para a formulação enganadora do sumário (ponto 2.) do Acórdão, que parece admitir a renúncia onerosa, sendo desmentida pela fundamentação do mesmo. No mesmo sentido, Valerio Campogrande, "Condono del debito", p. 664 referido que quando se fale de renúncia onerosa "*non si tratta più di condono, ma d'altri fatti giuridici: quali la novazione, o la datio in solutum, che sono diversi accordi per estinguere un'obbligazione*".

[219] No mesmo sentido, em relação à renúncia, mas cujo racional podemos transpor para a remissão, aproximando-se do sentido do texto, Tiago Soares da Fonseca, *A transação civil*, pp. 309-310: "*A circunstância de o ato abdicativo ter por fonte um contrato revela juridicamente, uma vez que o mesmo perde autonomia, pois deixa de ser analisado per se, para passar a ser tomado em consideração como uma particular concessão objeto de um tipo negocial. Ou seja, conforme observa Francesco Macione, sempre que esteja integrada num contrato, a renúncia encontra a sua justificação no mesmo, perdendo a sua autonomia (deixando de constituir uma verdadeira e própria renúncia) para fundamentar um negócio diferente, com uma função própria.*"

contratos. É que a nossa posição não vai no sentido de afastar ou impor qualquer regulação, antes tem que ver com a denominação da figura empregue e com a defesa da autonomia dogmática da remissão.

A posição segundo a qual a remissão não se compagina com a onerosidade tem vindo, também, a merecer o sufrágio da jurisprudência[220]. Assim, pode ler-se no Acórdão do Supremo Tribunal de Justiça, datado de 24 de Junho de 2014 (Relator: FERNANDES DO VALE) que a remissão, "*não consubstancia (ao contrário da transacção) um contrato oneroso, identificado pelo carácter sinalagmático e correspectivo das concessões recíprocas*".

A afirmação de que a remissão é um contrato necessariamente gratuito, *i.e.*, onde seja possível identificar um sistema de contrapartidas não haverá, por definição, remissão, permite excluir deste logo como "figuras" próximas quaisquer esquemas em que esse sistema de contrapartidas esteja presente, como é o caso da transação. Ora, nos termos do já referido artigo 1248.º do Código Civil, a transação "*é o contrato pelo qual as partes previnem ou terminam um litígio mediante recíprocas concessões*". Tendo a transação como finalidade prevenir (transação preventiva) ou terminar (transação judicial) um litígio, a lei parece não dispensar, exigindo como pressuposto, que exista uma efetiva controvérsia entre as partes[221]. Isto é, a transação, tal como resulta patente da respetiva noção, tem dois pressupostos: a existência de um diferendo, atual ou potencial, e o intuito das partes de o terminar, ou prevenir a sua materialização, mediante "reciprocas concessões". O racional subjacente é, portanto, evitar a incerteza relativamente ao desfecho do litígio, preferindo as partes regular elas próprias os seus interesses conflituantes, assim evitando o potencial de "perda total" (sacrificando, porém, o cenário de "ganho total"). Essencial é que exista uma divergência quando a determinada situação com relevo para o Direito, seja no plano estritamente factual, seja jurídico

[220] De referir que surgem, efetivamente, alguns arrestos que referem a potencial onerosidade da remissão, mas nunca explicando em que pode consistir o que nos leva a crer que se trata, tão só, de uma citação, um pouco descontextualizada, da definição de PIRES DE LIMA / ANTUNES VARELA, *Código Civil Anotado*, Volume II, Coimbra Editora, Coimbra, 4.ª ed., reimp., 2011, p. 150 ("*ela tem como fonte um contrato, que pode ser oneroso ou gratuito*"), *v.g.*, o Acórdão do Supremo Tribunal de Justiça, datado de 01.07.2004 (Relator: SALVADOR DA COSTA) e o Acórdão do Tribunal da Relação de Lisboa, datado de 06.12.2005 (Relator: FÁTIMA GALANTE).

[221] Acórdão do Supremo Tribunal de Justiça, datado de 24.06.2014 (Relator: FERNANDES DO VALE).

(*v.g.*, a qualificação de determinado contrato ou a verificação dos pressupostos da responsabilidade civil). Já a remissão, na sequência do que temos vindo a defender, não pressupõe qualquer controvérsia: as partes conhecem a existência da dívida e pretendem extingui-la, ou estaríamos perante um reconhecimento negativo de dívida. Tanto bastaria para justificar a distinção entre remissão e transação. Mas então qual a diferença do reconhecimento negativo para a transação? Justamente o caráter sinalagmático desta última ("*recíprocas concessões*"). É que a transação pressupõe naturalmente que as partes previnam ou terminem o litígio pela circunstância de regerem os seus interesses de forma diversa, fazendo recíprocas concessões[222]. Ora, naturalmente que as "concessões" em causa poderão muitas vezes consistir na extinção de obrigações, mas a nosso ver, essa extinção não se pode considerar uma remissão se encontrar enquadrada num esquema contratual mais amplo, que a consome[223]. Com efeito, não é evidentemente comparável a remissão pura, desprovida de contrapartida, com a posição do credor que extingue a dívida, consistindo, em rigor, essa extinção na sua prestação no âmbito de um esquema contratual tendente à prevenção ou extinção de um litígio, e em que receberá, em contrapartida, uma "concessão". Nessa medida, quando a "remissão" esteja enquadrada neste esquema, o negócio configura uma transação, sendo regulada pelos competentes preceitos[224].

[222] PIETRO PERLINGIERI, "Dei modi di estinzione delle obbligazioni diversi dall'adempimento", p. 172. Neste sentido depõe expressamente o Acórdão do Supremo Tribunal de Justiça, datado de 24.06.2014 (Relator: FERNANDES DO VALE) o qual, traçando os pontos distintivos face à remissão, refere "*O contrato de transacção pressupõe a existência de controvérsia entre as partes quanto à existência ou legitimidade do(s) direito(s) em causa, sendo de natureza onerosa, porquanto implica concessões recíprocas, entre si unidas por sinalagma.*". Salientando que a existência de recíprocas concessões "*não é uma condição de validade da transação, mas um elemento essencial para a sua qualificação como tal, independentemente da designação do contrato*", TIAGO SOARES DA FONSECA, *A transação civil*, p. 292. Em termos de definição, o mesmo Autor define concessão como o "*ato jurídico através do qual alguém proporciona uma vantagem a outro*", cf. TIAGO SOARES DA FONSECA, *A transação civil*, pp. 300-301.

[223] TIAGO SOARES DA FONSECA, *A transação civil*, pp. 309-310, já citado.

[224] Neste sentido, PEREIRA COELHO, *A renúncia abdicativa no Direito Civil*, pp. 29-30 e FRANCESCO ROSSI, *La remissione del debito*, p. 34. Isso mesmo se decidiu no Acórdão do Supremo Tribunal de Justiça, datado de 19.10.2004 (Relator: NUNO CAMEIRA), quando refere que, no âmbito de uma renúncia a um usufruto, que "*O negócio, porém, deixa de ser unilateral e gratuito se se estipularem contrapartidas à renúncia: integrado, então, pela renúncia propriamente dita e por uma*

O que vai dito não implica que não existam, naturalmente, remissões "interessadas". É um fenómeno, aliás, reconhecido no âmbito da renúncia a qual se pode apresentar como liberatória (cf., *v.g.*, art. 1472.º, n.º 3 e 1567.º, n.º 4), em que o usufrutuário renuncia ao usufruto não pela vontade simples de não beneficiar do direito mas por forma de se liberar da obrigação de fazer reparações ou suportar despesas ou o titular do prédio serviente se eximir a custear obras a que se tenha obrigado[225]. Naturalmente, poderá a remissão ser ditada por interesses, mas esses são exteriores ao vínculo jurídico por ela estabelecido[226]. Portanto, interesses haverá, ou poderá haver. Mas o perfil da gratuitidade recorta-se por um elemento mais restrito: a ausência de contrapartida.

Fizemos já a nossa crítica ao cuidado manuseio dos conceitos jurídicos. A nosso ver, a única possibilidade de considerar uma "remissão onerosa" será quando se faça referência à remissão no sentido de extinção de uma dívida, enquanto efeito. O problema está na circunstância de a remissão enquanto

outra qualquer prestação que é, segundo a vontade das partes, o seu correspectivo, o negócio transforma-se, por esse facto, num negócio oneroso."

[225] Acórdão do Supremo Tribunal de Justiça de 20.01.2004 (Relator: Nuno Cameira): "*É possível distinguir, dentro da renúncia, entre a renúncia abdicativa e a renúncia liberatória (...)Depois, relativamente à causa ou função do acto de renúncia, enquanto que a renúncia liberatória se dirige ao credor de uma obrigação propter rem e tem por objectivo libertar o seu autor duma responsabilidade debitória em que está constituído, a renúncia abdicativa, diferentemente, não tem destinatário: através dela, o seu autor não quer mais do que desvincular-se de um direito real de que é titular. Por isso, – conclui o Autor citado em segundo lugar – "a renúncia abdicativa traduz-se num negócio gratuito e efectua-se através de uma declaração unilateral não receptícia; a renúncia liberatória, diversamente, constitui um negócio oneroso e realiza-se pela via de uma declaração unilateral receptícia"*

[226] Num fenómeno de abdicação "interessada" que não é obviamente exclusivo da remissão. A propósito da doação, pode ler-se em António Menezes Cordeiro, *Tratado de Direito Civil*, V. VII, p. 345: "*Mesmo na atualidade, a doação deixa uma contrapartida em aberto. O particular dá uma esmola para se livrar de um pedinte ou para purgar a sua própria consciência; o empresário de êxito doa importâncias – recorde-se a pessoa mais rica do Planeta, Bill Gates, doando 1/3 da sua imensa fortuna para pesquisas no terceiro mundo – porque pode dispor delas e como modo de completar a sua realização pessoal ou de aumentar o seu prestígio; o crente cumpre os seus deveres de caridades; o militante contribui, graciosamente, para a sua causa. Noutros casos – doações a partidos políticos, a clubes ou a entidades caritativas internacionais – o doador procura, mais ou menos encobertamente, vantagens futuras. A doação coloca-se, deste modo, numa área de menor clareza, acabando por ordenar-se pela negativa: a ausência de preço. O doador tem sempre um objetivo, mais ou menos consciente, quando concretiza uma doação. Paralelamente, o donatário fica obrigado perante o seu benfeitor. Diz-se, correntemente, que as contas mais baratas são as feitas em dinheiro.*"

efeito ser – sempre – elemento de um outro negócio jurídico que justamente por mais vasto, a consome, *v.g.*, a referida novação. E assim sendo, deixa de fazer sentido falar sequer em remissão uma vez que tudo quanto está em causa é o efeito mediato (e natural) do negócio de base. A nosso ver, o termo remissão deve estar reservado, neste âmbito, para o contrato de remissão, previsto nos artigos 863.º e seguintes. Alargar o seu âmbito por forma a abranger um efeito típico de um outro negócio não só é incorrecto do ponto de vista metodológico como é suscetível de gerar confusões terminológicas como a que acabamos de analisar. Como refere PERLINGIERI, não é possível construir uma remissão onerosa que mantenha a natureza de remissão e não se reconduza, ao invés, a outro esquema negocial complexo ou a outra forma de extinção das obrigações[227].

A linguagem jurídica deve ser empregue de forma cuidada e rigorosa. O *nomem iuris* resulta, não raras vezes, de milénios de evolução sendo herdeiro de uma tradição e raízes culturais que não podem ser abandonadas. A duplicação de conceitos e o "empréstimo" de expressões com significado próprio adaptadas a realidades que não lhe correspondem tem um efeito negativo no desenvolvimento da ciência jurídica, prejudicando o estudo e os esforços na autonomização das figuras. Ademais, ao entrar por essa linha, perde-se a relevância das figuras enquanto polos aglutinadores de efeitos jurídicos, que devem ser mantidos enquanto tais e não decompostos em elementos, meras realidades parcelares. A remissão, enquanto renúncia pactuada ao direito de crédito, tem um espaço próprio e autónomo que não deve ser esquecido.

[227] PIETRO PERLINGIERI, "Dei modi di estinzione delle obbligazioni diversi dall'adempimento", pp. 172

§ 6. Efeito principal

Questão essencial na análise de qualquer figura jurídica é a de saber qual o seu efeito "típico". O artigo 863.º aponta um caminho, referindo que o credor pode "*remitir a dívida*". Assim, de uma interpretação literal do preceito a conclusão que se imporia seria que a remissão incide diretamente sobre o débito, extinguindo-o[228]. Embora, a jusante, a conclusão de que a dívida é extinta não se nos revele especialmente problemática, a forma como essa extinção ocorre não é isenta de dúvidas.

Como vimos, o problema surge frequentemente analisado na doutrina italiana onde essencialmente duas teses se confrontam. De um lado os Autores que defendem que a remissão opera em dois momentos distintos, um primeiro, correspondente à emissão da declaração, em que a vontade de remitir do credor provoca a "demissão" do direito de crédito, e um segundo momento em que a dívida se extingue por efeito da lei. Por outro lado, um segundo conjunto de Autores entende ser artificial separar estes momentos de eficácia, tanto mais que a liberação do devedor ocorre imediatamente aquando da declaração do credor, pelo que consideram que a extinção opera globalmente por referência à obrigação, a qual se extingue imediatamente[229].

Tributário da primeira tese enunciada, Ernesto Tilocca defende que a remissão opera em dois momentos distintos, os quais não são sequer

[228] Nesse sentido, António Menezes Cordeiro, alude à "*supressão de uma dívida*", cf. António Menezes Cordeiro, *Tratado de Direito Civil*, V. IX, p. 1130.

[229] Pietro Perlingieri, "Dei modi di estinzione delle obbligazioni diversi dall'adempimento", pp. 185

interdependentes. Assim, para este Autor, a eficácia "típica" da remissão consiste tão só na demissão do direito de crédito. Este é o efeito da remissão e a vontade do credor é apta (*rectius*, bastante) tão-só à produção deste efeito "demissivo". Já no que respeita à posição do devedor, nomeadamente quanto à sua liberação, esse efeito decorre diretamente da lei, e já não da vontade do credor[230]. É um efeito legal necessário, mas que "*não é contemporâneo, uma vez que, ainda que a liberação do devedor ocorra imediatamente após a separação do direito do remitente, com um desfasamento temporal impercetível, esta ocorre sempre num momento (logicamente) subsequente*"[231]. A posição de ERNESTO TILOCCA é seguida, entre nós, por FRANCISCO PEREIRA COELHO[232]. Também para o Autor, o efeito "*imediato*" da remissão consiste tão só "*na extinção do direito a que se renuncia*"[233]. Segue-se, "*um efeito automático e forçoso (mas que nem por isso deixa de ser também um efeito ulterior e legal)*" que consiste na liberação do devedor.

[230] Sinteticamente, "*La remissione, quindi, agisce in seno alla sfera del solo creditore e vi agisce con efficacia meramente dismessiva. Non tocca e non modifica quella del debitore, sulla quale opera direttamente la legge*", cf. ERNESTO TILOCCA, *La remissione del debito*, p. 8

[231] Por expressivo, transcrevemos o trecho relevante da obra de ERNESTO TILOCCA: "*Pertanto la perdita del diritto del remittente e la liberazione del debitore non sono interdipendenti, giacché se questa dipende dall'altra, quella a sua volta non dipende da questa. Né sono contemporanee, perché anche se la liberazione del debitore si verifica immediatamente dopo la separazione del diritto dal remittente, con un distacco cronologico impercettibile, tuttavia avviene sempre in un momento (logicamente) successivo. Né infine sono basate sulla medesima causa giuridica, dato che la separazione del diritto dal creditore è effetto della remissione, mentre la liberazione del debitore della legge. Insomma, fra i due eventi vi è un distacco netto, un diaframma, sia pure materialmente invisibile: col primo, cioè con la separazione del diritto, ha termine l'influenza della remissione, coll'estinzione del diritto ha inizio l'influenza della legge che si estende sino alla liberazione del debitore e talvolta anche oltre. La perdita del diritto del creditore e la liberazione del debitore appartengono a due piani diversi di efficacia, anche se fra essi ricorrono relazioni ed interferenze*", cf. ERNESTO TILOCCA, *La remissione del debito*, pp. 7-8.

[232] PEREIRA COELHO, *A renúncia abdicativa no Direito Civil*, pp. 13-32

[233] PEREIRA COELHO, *A renúncia abdicativa no Direito Civil*, p. 14. Pode ler-se a nota (14): "*Ora, segundo a nossa perspectiva, a renúncia determina tão-só mediatamente a extinção objectiva, e inclusivamente este efeito não será forçoso, tudo dependendo da consistência do direito perdido, mais exactamente da sua aptidão a sobreviver sem uma titularidade actual. Por certo que, normalmente, os direitos não são aptos, em concreto, a sobreviver sem essa actual titularidade. Mas essa (in)aptidão é determinada pelo ordenamento jurídico, que por conseguinte determina também a subsequente extinção objectiva do direito – ou, em alternativa, a sua manutenção. P.ex. o crédito ou a garantia (pessoal ou real) extinguir-se-ão objectivamente com a renúncia respectiva, pois são naturalmente inábeis para subsistir autonomamente*". E, mais à frente, pode ler-se "*Tendo por conseguinte em atenção a específica questão que aqui nos é colocada – recorda-se, a questão de se saber se é possível distinguir, na remissão de crédito, entre um efeito negocial imediato de extinção do crédito e um efeito legal ulterior de consecução de um benefício para o*

Salvo o devido respeito, a nosso ver, os argumentos de ERNESTO TILOCCA não podem, sem mais, ser transpostos para o nosso ordenamento jurídico. Em primeiro lugar, é de salientar que a análise promovida pelo Autor, separando a eficácia da remissão em dois "momentos", não é inocente. Com efeito, com esta visão separatista, o que em última análise se almeja é contribuir para a aproximação da remissão ao fenómeno renunciativo[234]. Esta aproximação, por sua vez, é útil para solidificar a tese do Autor quanto à estrutura unilateral. Ora este "fundamento último" entre nós é relativamente irrelevante, dado que a aproximação da remissão à renúncia é meramente conceptual, porquanto a lei exige expressamente o acordo do devedor. Portanto, ainda que, como nós próprios admitimos, haja utilidade na inclusão da remissão no "género" da renúncia, esta aproximação nunca chegará, em face do teor do artigo 863.º, ao nível que o *Codice Civile* permite.

Acresce que, ao contrário de ordenamentos que admitam a unilateralidade (ainda que condicionada), é desnecessária entre nós a referência a "efeitos legais ulteriores". Efetivamente, tanto quanto parece resultar da exposição de ERNESTO TILOCCA, a consideração de que o efeito liberatório é afinal uma decorrência da lei e não da vontade do credor, será uma forma de rebater os argumentos, tecidos pelos contratualistas, de que a vontade do credor não é suficiente para introduzir uma alteração na esfera jurídica do devedor[235]. Assim, por forma a anular este argumento, ERNESTO TILOCCA distingue, nos termos que observámos, um efeito negocial, cujo fundamento de eficácia é a vontade do credor e o efeito a demissão da titularidade do crédito e o efeito legal ulterior, a extinção da dívida. Assim justifica que a vontade do credor seja, afinal, apta a produzir (a totalidade do) o efeito típico da remissão, sem

devedor, e de se saber em que consiste exactamente esse benefício –, deve responder-se que podem conceber-se fundamentalmente duas situações. Pode em primeiro lugar verificar-se uma remissão atributiva, em que o credor pretender atribuir ao devedor a vantagem que resulta da exoneração da obrigação; e então esse efeito representa evidentemente um efeito negocial (directo) do negócio remissivo. Mas pode perfeitamente, de igual modo, suceder que o credor remitente pretenda apenas abdicar do seu crédito sem querer atribuir ao devedor qualquer vantagem; e então este efeito, que é um efeito forçoso da extinção do crédito, deve considerar-se um efeito legal (ulterior, embora automático) do negócio remissivo."

234 Este aspeto é aliás frontalmente assumido pelo Autor. De facto, pode ler-se: "*E' evidente, quindi, come la remissione, esaurebdosi in ogni caso la sua vera funzione nel provocare la separazione del diritto dal remittente, nel far, cioè, perdere a quest'ultimo il diritto, debba reportarsi nell'ambito del fenomeno rinunciativo*". Cf. ERNESTO TILOCCA, *La remissione del debito*, p. 9.

235 ERNESTO TILOCCA, *La remissione del debito*, p. 7

necessidade de qualquer intervenção do devedor, justamente limitando a extensão do efeito à situação ativa e, consequentemente, à esfera jurídica do credor. Novamente, toda a discussão gira em torno da defesa da tese unilateral. Ora, entre nós, é desnecessário "criar" – de forma algo artificial, diga-se – um efeito legal ulterior na remissão, uma vez que os seus efeitos só se produzem com o encontro de vontades e, portanto, a partir desse momento, o conteúdo negocial preenche toda a eficácia da remissão, abrangendo a posição do credor e do devedor.

De todo o modo, sempre se diga que, em última instância, toda a eficácia da remissão redunda na lei. Com efeito, não fosse a lei a legitimar a possibilidade de o credor, por declaração unilateral dirigida ao devedor, extinguir –, sem prejuízo da possibilidade de recusa, – o direito de crédito, então também o "conteúdo da vontade do credor" não seria apto a produzir esse efeito. Então, nessa linha de raciocínio, quer o efeito negocial quer o efeito legal ulterior a que alude ERNESTO TILOCCA acabam por ter como fundamento de eficácia a lei. Sem embargo, a nosso ver, a separação entre um "efeito negocial" e um efeito legal, mas que é absolutamente necessário e contemporâneo, é profundamente artificial. Com efeito, todos os negócios produzem efeitos "legais" que estarão para além da vontade das partes, pelo menos no sentido em que elas não contarão necessariamente com eles ao celebrar o negócio. Veja-se a doação. A suscetibilidade de redução por inoficiosidade ou a colação são efeitos legais necessários do negócio, mas dificilmente se pode dizer que o conteúdo da vontade do doador lhes dá cobertura. Sem embargo, o seu fundamento é o negócio, ainda que várias das suas específicas consequências sejam legalmente impostas.

Assim, pelos fundamentos apresentados, parece-nos ser de afastar as posições que, na senda de ERNESTO TILOCCA, distinguem entre o efeito imediato da remissão, associando-o à "demissão" do credor ao direito de crédito e um efeito ulterior, de origem legal, que corresponderá à extinção da obrigação[236]. A nosso ver, a remissão opera num único momento e o seu efeito jurídico é uno, e implica a extinção simultânea do crédito e do débito. Num sistema que exige o acordo do devedor para garantir a eficácia da figura, o conteúdo da

[236] No sentido do texto, FRANCESCO ROSSI, *La remissione del debito*, pp. 27-32.

vontade dos contraentes a tanto é dirigido. De facto, seria paradoxal exigir o acordo do devedor para provocar a simples demissão do credor do seu direito.

Neste sentido, teremos identificado mais um importante elemento diferenciador da remissão face à renúncia, o qual consiste na aportação de um elemento adicional. É que enquanto a renúncia tipicamente se apresenta com uma função puramente demissiva, isto é, o credor afasta o direito da sua esfera jurídica, como é o caso da renúncia a direitos potestativos, a remissão extingue uma situação jurídica e o seu correspetivo, o débito e o crédito, afetando necessariamente, em função do carácter relacional da relação obrigacional a esfera jurídica de outrem – o devedor[237]. E é justamente desta unidade de efeitos jurídicos que, a nosso ver, se caracteriza a remissão. Embora o tema assuma no ordenamento jurídico italiano contornos próprios em virtude da natureza "unilateral condicionada" a que já aludimos, pensamos que não é possível entender a remissão como direcionada, de forma isolada, à situação jurídica do credor e não, em simultâneo, à situação jurídica ativa e passiva, que desde logo se apresentam como correspetivas. Naturalmente, esta forma de ver as coisas não invalida que, ao referir-se à remissão, necessariamente se tenha que "olhar" para a figura por um determinado prisma e, nesse sentido, a forma que tem tradição entre nós é pelo prisma do devedor, a "remissão de dívida". Não obstante, quando nos referimos à extinção do débito, deve entender-se que nos referimos não apenas à extinção dessa situação jurídica, mas também do correspondente direito de crédito.

Portanto, a nosso ver, realizada a remissão, e assumindo que estão preenchidos os pressupostos para a sua eficácia, está em causa essencialmente a extinção do dever de prestar e do correspetivo direito de crédito sobre o qual concretamente incida a remissão[238]. Andou bem, portanto, o legislador, ao aludir, no artigo 863.º à "*dívida*" e não à obrigação, a qual se mantém, apoiada nos seus restantes elementos, nomeadamente, nos demais deveres

[237] Pietro Perlingieri, "Dei modi di estinzione delle obbligazioni diversi dall'adempimento", pp. 185

[238] Na jurisprudência surge a expressão "*Em sentido jurídico, a remissão significa essencialmente a renúncia voluntária ou a liberação graciosa de um direito de crédito ou outro, renunciando-se a exigi-lo, o que implica a extinção da correspondente obrigação.*", *v.g.*, Acórdão do Supremo Tribunal de Justiça, datado de 01.07.2004 (Relator: Salvador da Costa) e Acórdão do Tribunal da Relação de Lisboa, datado de 06.12.2005 (Relator: Fátima Galante).

de prestar, caso existam (e que sejam autónomos ou autonomizáveis) e deveres acessórios. Na verdade, a remissão é uma causa de extinção de débitos e correspetivos créditos (e dos elementos que deles sejam incindíveis), mas não da obrigação globalmente considerada. Com efeito, do prisma da relação obrigacional complexa – *maxime*, o contrato – a eficácia da remissão é meramente modificativa, consistindo na extinção de um binómio crédito-débito que a compunha, mantendo-se, caso existam os demais, sejam eles principais, com relevo para a contraprestação, ou secundários, bem como os seus demais elementos. A extinção do dever de prestar implica, naturalmente, a extinção do direito do credor em relação à concreta prestação considerada, em relação à qual o devedor fica integralmente liberado. Na eventualidade de, da fonte, emanarem outras prestações, os correspondentes deveres de prestar e direitos de crédito mantêm-se, nos mesmo termos. Alterações haverá, naturalmente, ao nível dos deveres acessórios que se ajustam à nova realidade circundante em virtude da fluidez que os caracteriza. Só caso a caso é possível aferir a sua configuração[239].

O aspeto da liberação vale a pena reter. A nosso ver, a remissão pressupõe a completa extinção do dever de prestar e não a sua mera redução[240], pelo que, embora reconhecendo que o ponto não é pacífico[241], entendemos que não são de admitir, com caráter de remissão, reduções da prestação, o que vulgarmente apelidaríamos de "perdões parciais"[242]. Com efeito, na hipótese de credor e

[239] A propósito de idêntico fenómeno na compensação, *vide*, ANTÓNIO MENEZES CORDEIRO, *Tratado de Direito Civil*, V. IX, p. 1067, "*ora, a compensação extingue os créditos (ou débitos), com tónica nas prestações principais: não, necessariamente, todos os elementos da obrigação*".

[240] PIETRO PERLINGIERI, "Dei modi di estinzione delle obbligazioni diversi dall'adempimento", pp. 173

[241] NATHALIE PICOD, *La remise de dette en droit privé*, pp. 9-10. Numa nota de Direito estrangeiro, o Código Civil do Québec admite expressamente a remissão, total ou parcial (art. 1687.º, n.º 2). No sentido da admissibilidade, *vide*, VALERIO CAMPOGRANDE, "Condono del debito", p. 664 e CARLO TOESCA DI CASTELLAZZO, "Rimessione del debito", p. 695 e ss., referindo, a p. 700, ser pacífico que possa ser parcial. No Direito Romano, e no sentido da admissibilidade da *"acceptilation"* parcial no caso de obrigações divisíveis, cf. FRÉDERIC LORIN, *De la remise de la dette*, pp. 14-16.

[242] Em sentido contrário, na jurisprudência, admite expressamente a remissão parcial o Acórdão do Supremo Tribunal de Justiça, datado de 29.04.2004 (Relator: SALVADOR DA COSTA). Neste sentido também NATHALIE PICOD, *La remise de dette en droit privé*, pp. 371-374, sugerindo mesmo que "*de lege ferenda*" seja expressamente consagrada a possibilidade de remissão parcial.

devedor acordarem na extinção apenas de uma parte da dívida, não estamos a nosso ver perante uma verdadeira remissão porquanto esta pressupõe a integral liberação do devedor de um dever de prestar. Ao apenas reduzir o *quantum* da prestação, estaremos sim perante a modificação objetiva da obrigação. Ora, nessa medida, na nossa opinião, a circunstância de o devedor se manter vinculado a uma prestação que, do ponto de vista económico é em tudo idêntica à anterior, com uma mera alteração quantitativa, é quanto baste para que, a final, não estejamos perante uma remissão, mas sim um acordo modificativo da obrigação, ou uma novação[243], a ver caso a caso[244].

O mesmo sucede, a nosso ver, quando as partes, com o intuito de englobar diversas prestações em dívida, acordam numa única obrigação, quantitativamente inferior: não há remissão, antes novação[245], uma vez que não se trata de uma liberação, mas sim da contração de uma nova obrigação "global", tendente a substituir todas as demais. É o caso típico dos acordos de reestruturação de dívida, em que o devedor assume uma nova obrigação que substitui, na sua função, a totalidade dos débitos que anteriormente tinha em face do credor. Mas, o que dizer do excedente, isto é, na hipótese mais comum de o valor da prestação global ser inferior à soma de cada um dos créditos individualmente considerados? É evidente que o acordo tendente a fixar uma prestação global poderá ter uma componente remissiva. Mas tal extinção não é determinada por uma vontade abdicativa nem, ainda menos, por espírito de liberalidade[246]. Existe, antes, *animus novandi*. O credor que abdica dos créditos excedentes fá-lo apenas e tão-só na medida em que o credor assume uma nova obrigação. Novamente, parece-nos existir uma confusão conceptual entre aquilo que

[243] A propósito do critério de delimitação Hugo Ramos Alves, *Dação em cumprimento*, pp. 185-191. Sobre a fronteira pouco nítida entre ambas as figuras, António Menezes Cordeiro, *Tratado de Direito Civil*, V. IX, p. 1121. Em sentido contrário ao defendido no texto, Nathalie Picod, *La remise de dette en droit privé*, pp. 371-374.

[244] De facto, conforme se constatou no Acórdão do Supremo Tribunal de Justiça, datado de 28.06.2018 (Relator: Rosa Ribeiro Coelho), a existência de identidade económica é um dos indícios da novação.

[245] Neste sentido, Tiago Azevedo Ramalho, "Anotação aos artigos 857.º a 862.º", p. 1073, referindo que há novação aquando da extinção de um "*feixe de posições creditórias para criar uma única obrigação*".

[246] Neste sentido, referindo que mesmo no caso de transação, "*relativamente à diferença entre a pretensão inicial e a soma acordada na transação, não se pode, em sentido próprio, falar numa remissão*", Tiago Soares da Fonseca, *A transação civil*, p. 315.

qualifica o contrato de remissão enquanto um negócio jurídico autónomo e aquilo que é um efeito extintivo de débitos o qual pode decorrer de uma remissão, mas também de um qualquer outro esquema negocial a que as partes adiram[247]. Ora, é evidente que o credor que aceita reduzir o montante do seu crédito na esperança de receber o remanescente, não age com intuito liberatório ou abdicativo. Há, na verdade, um intuito completamente diverso, marcado definitivamente pela perspetivação da nova obrigação que é contraída. Estamos então perante uma modificação da obrigação ou uma novação[248]. Entre uma e outra pode haver zonas cinzentas, a resolver pela interpretação, nos termos do artigo 236.º e 237.º: a prova da concreta materialidade subjacente caberá a quem dela se quiser prevalecer[249]. A pedra de toque é a intenção: na remissão o credor não pretende modificar a obrigação, mas sim renunciar plenamente a um específico dever de prestar. Evidentemente, esta posição não obsta a que seja admissível a remissão de determinados deveres de prestar no âmbito de uma relação obrigacional complexa que compreenda dois ou mais deveres de prestar distintos, desde que, em relação a um deles, a liberação seja integral.

As considerações acima são, *mutatis mutandis*, aplicáveis à remissão sujeita a condição resolutiva (cf. art. 270.º do Código Civil). Igualmente neste caso, tanto quanto nos parece, o que sucede, por exemplo, no "perdão de dívida condicionado à recuperação financeira do devedor"[250], é uma modificação da obrigação, que se mantém, nos seus elementos subjetivos e objetivos, mas acolhe na sua estrutura um novo elemento – a condição. Ora, na nossa opinião, a remissão implicará – sempre – a liberação do devedor, motivo pelo qual

[247] A nosso ver, era o que estava em causa na situação relatada no Acórdão do Supremo Tribunal de Justiça, datado de 19.01.1994 (Relator: Dias Simão), na qual se considerou que um "*protocolo de solução referente ao pagamento de todos os encargos profissionais*", pelo qual a entidade empregadora aceitou pagar um determinado valor como indemnização pelos encargos da Segurança Social e demais direitos, foi considerado "*um verdadeiro contrato de remissão*".

[248] Hugo Ramos Alves, *Dação em cumprimento*, p. 176 refere "*Nos termos do disposto no artigo 859.º, a novação tem de resultar de declaração expressa a determinar a contração de uma nova obrigação em substituição da antiga, o que equivale a dizer que não se pode inferir a existência de uma novação a partir de meras modificações da obrigação, como sejam a alteração do prazo de pagamento, das taxas de juro ou da prestação de garantias*".

[249] António Menezes Cordeiro, *Tratado de Direito Civil*, V. IX, p. 1121.

[250] Esta cláusula "típica" é apelidada, em França, de *clause de retour à meilleure fortune*, cf. Nathalie Picod, *La remise de dette en droit privé*, p. 280.

não se compaginará com condições resolutivas ou termos finais, tal como já sucedia com a *acceptilatio* no Direito Romano[251].

A questão da subordinação da remissão da dívida a uma condição resolutiva foi oportunamente analisada no âmbito do Acórdão do Supremo Tribunal de Justiça, datado de 22.05.2015 (Relator MARIA DOS PRAZERES PIZARRO BELEZA). Quanto à situação de facto, em suma, uma sociedade de advogados, apresentou um parecer de otimização fiscal, que aconselhava à implementação de determinadas operações tendentes à minimização do impacto fiscal de uma operação; o cliente, confrontado com o referido parecer, decidiu não implementar essa solução; em face da não implementação, e dependente da efetiva não implementação, a sociedade decidiu não cobrar os honorários estipulados para a elaboração do parecer. Posteriormente, e por entender que o cliente havia implementado a solução por si desenhada, a sociedade de advogados instaurou uma ação para condenação no pagamento de setecentos e cinquenta mil euros, correspondente aos honorários estipulados.

Independentemente da questão do eventual excesso na fixação do montante dos honorários, e da discussão de facto sobre se o cliente implementou, ou não, a solução sugerida pela sociedade de advogados autora, o Supremo Tribunal de Justiça, considerou que a carta expedida, configurava uma renúncia ao direito de crédito, subordinada à condição resolutiva da não implementação da solução apresentada no parecer. Com o devido respeito que a nossa jurisprudência merece, e independentemente de discordarmos do arresto na questão fundamental relativa à possibilidade de aposição de condicionantes à remissão, diga-se que o processo, e a decisão, não são exemplo da melhor metodologia.

Assim, o Acórdão do Supremo "foge" a questões essenciais, referindo inclusivamente que *"não tem consequências práticas, no caso presente, optar por considerar que a declaração (...) deve ser juridicamente entendida como um acto unilateral*

[251] A aposição de condições ou termos à remissão era geradora de nulidade, no Direito Romano, cf. FRÉDERIC LORIN, *De la remise de la dette*, p. 19 e PIERRE-PHILIPPE-ALBERT TOUBIN, *La Remise de la dette*, p. 9, referindo mesmo que a estrutura da *acceptilatio* repugna a inserção de termos ou condições. As mesmas conclusões podem ser confrontadas em TH. PRIGENT, *Thèse: Du Pacte de remise en droit romain. Du Concordat en matière de failite (Éd. 1876)*, Hachette Livre, p. 27. Segundo nos dá conta NATHALIE PICOD, terá sido POTHIER o primeiro Autor a, quebrando com a tradição romana, admitir a estipulação de condições na remissão, cf. NATHALIE PICOD, *La remise de dette en droit privé*, p. 377.

da autora, dirigida à extinção do seu direito de crédito e eficaz como acto unilateral, ou apenas como uma proposta de um acto bilateral dirigido a esse mesmo efeito; nem tão pouco interessa verdadeiramente saber, optando por esta qualificação, se foi ou não tacitamente aceite". Com efeito, tanto quanto resulta do Acórdão, o Tribunal de 1.ª instância entendeu que se tratava de uma renúncia abdicativa *"entendida esta como um acto unilateral e gratuito dirigido a essa extinção"*, sendo que, por sua vez, no recorrido Acórdão da Relação de Lisboa[252], se refere, e bem, que *"da decisão recorrida ressalta uma confusão entre as figuras da remissão e da renúncia".* Ora, o Supremo Tribunal de Justiça manteve ou, pelo menos, evitou tomar posição sobre esta confusão conceptual, como resulta do trecho citado, o que nos parece que não poderia ter feito: na medida em que as decisões antecedentes se haviam pronunciado sobre esta questão, ainda para mais em sentidos distintos, não se nos afigura razoável que a última instância se furte ao seu conhecimento. Impunha-se, portanto, ao Supremo Tribunal de Justiça, a sua análise.

No que respeita ao ponto que nos interessa, o Supremo Tribunal de Justiça acabou por concordar com a conclusão da Relação, de que é possível subordinar a remissão a uma condição resolutiva e que, consequentemente, verificando-se a mesma, caem os seus efeitos, ressurgindo então a divida[253].

Parece-nos relativamente claro que a remissão não poder ser sujeita a condições resolutivas ou termo final. Com efeito, a nosso ver, nem tal faria conceptualmente sentido[254]. Não poderá ocorrer a extinção de uma dívida

[252] Acórdão do Tribunal da Relação de Lisboa, datado de 19.12.2013 (Relatora: TERESA SOARES).

[253] Pode ler-se no Acórdão do Tribunal da Relação de Lisboa, datado de 19.12.2013 (Relator: TERESA SOARES): "*Resumindo: a "remissão" por banda da A. não se pode considerar concretizada porque, desde logo, não revestiu a natureza contratual; não está demonstrada a aquiescência do devedor; mas ainda que se pudesse defender que essa concordância foi dada, sempre haveria que atender à condição imposta pela a A. – a remissão só operava na medida em que do trabalho realizado pela A. não fosse retirada qualquer utilidade prática.*"

[254] A posição a remissão admite a aposição de termos não é, contudo, unânime, cf. ERNESTO TILOCCA, *La remissione del debito*, p. 76. No sentido da inadmissibilidade da aposição de termos e condições, RENATO MICCIO, *I Diritti di credito*, V. I, p. 463. Pode ler-se: "*Il carattere abdicativo del negozio remissorio esclude che esso possa rivestire natura obbligatoria e che dia luogo, petanto, ad un ulterior rapporto personal tra le parti. È per questo che non sembra possibile apporre alla remissione termini o condizioni che differirebbero l'effetto estintivo della dichiarazione e darebbero luogo ad un*

até certo momento, ressurgindo a mesma com a verificação do termo. Esta factualidade não passaria de um adiantamento do prazo para o cumprimento[255], que ademais adquire natureza eventual.

Sintetizando, diríamos que é admissível a remissão subordinada a termo inicial: a dívida extingue-se com a verificação do termo. Mas já a remissão subordinada a termo final é inadmissível. Quando muito, poderá ser interpretada como configurando um acordo modificativo da obrigação, consistindo, em suma, num adiamento do prazo de cumprimento, uma moratória. A remissão subordinada a condição suspensiva é, à partida, admissível, embora não configurando uma verdadeira remissão quando se insira no âmbito de um outro negócio que inclui a condição; assim, se o credor remite a dívida se o devedor lhe vender determinado bem, a remissão é um elemento do eventual contrato de compra e venda. A remissão sujeita a condição resolutiva é nula, sem prejuízo de, ao abrigo da boa-fé, se vir a aceitar a existência de um "*pactum de non petendo*", ou seja, interpretar o negócio como o compromisso do credor de, até à verificação da condição, não reclamar o crédito.

ulteriore rapporto tra creditore e debitore, a compimento del qual si dovrebbe verificare l'effetto estintivo". Em sentido, contrário, admitindo a estipulação de termos e condições, Carlo Toesca di Castellazzo, "Rimessione del debito", p. 700. Admitindo a remissão "*no âmbito de uma mais ampla e complexa manifestação de vontade remissória*" Cass. 22.2.1995, citados por Pasquale Stanzione / Giovanni Sciancalepore, *Remissione e rinunzia*, p. 118. Também, em sentido diverso, Vaz Serra, "Remissão, reconhecimento negativo de dívida e contrato extintivo da relação obrigacional bilateral", pp. 56-57: "*A remissão pode fazer-se sob condição ou a termo. Se feita sob condição suspensiva, o crédito sòmente se extingue se a condição se verificar; se a termo inicial (dies a quo), extingue-se apenas quando o termo se vencer; se sob condição resolutiva, a dívida extingue-se provisòriamente e, portanto, o devedor não tem que a cumprir, mas resolve-se a remissão caso a condição se verifique, de sorte que o devedor só se libera definitivamente quando a condição se não verifica ou há certeza de que não pode verificar-se; se é feita a termo final (dies ad quem), pode haver remissão, embora limitada (o credor obriga-se a não exercer o crédito durante certo prazo), pois o credor, assim como pode remitir plenamente o crédito, pode fazer uma remissão restrita (como se se obriga a não exercer o crédito contra certa pessoa ou durante certo tempo), mas pode haver também modificação da obrigação, transformando-se em dívida não vencida uma dívida que está vencida*".

255 Vaz Serra, "Remissão, reconhecimento negativo de dívida e contrato extintivo da relação obrigacional bilateral", p. 18, a propósito do Código Suíço.

Para concluir, ainda a respeito dos efeitos, retira-se do artigo 863.º que a remissão incide sobre a dívida[256]. Seguro é, portanto, que estamos perante substancialmente mais do que uma mera renúncia ao poder de exigir a prestação, ou aos mecanismos de tutela do crédito, embora naturalmente a extinção do débito que é efeito da remissão implique consequentemente a extinção de tais mecanismos de tutela, os quais lhe são acessórios[257]. Com efeito, do que vai dito a respeito do âmbito da remissão, a sua eficácia extintiva incide sobre o próprio dever de prestar e não apenas sobre a respetiva exigibilidade (ou coercibilidade). Como veremos, já no Direito Romano se admitia que as partes acordassem em retirar ao direito de crédito a exigibilidade, entendida como o poder do credor demandar o devedor a fim de ver satisfeito o seu interesse. Assim, o direito de acionar o devedor, seja em instância declarativa seja executiva, pode, a nosso ver, e ainda que de forma limitada, ser renunciado, também hoje, por acordo ou mesmo por negócio jurídico unilateral[258]. Através deste expediente, um *pactum de non petendo* moderno, extingue-se, temporariamente, a exigibilidade do crédito. Chama-se, portanto, a atenção para o facto de a "renúncia – temporária[259] –ao direito de ação" ser uma figura claramente distinta da remissão, que nos ocupa. Nesta linha, não só a renúncia ao direito

[256] Na jurisprudência, refere-se, em vários arrestos, a expressão "*Em sentido jurídico, a remissão significa essencialmente a renúncia voluntária ou a liberação graciosa de um direito de crédito ou outro, renunciando-se a exigi-lo, o que implica a extinção da correspondente obrigação.*", *v.g.*, Acórdão do Supremo Tribunal de Justiça, datado de 01.07.2004 (Relator: Salvador da Costa) e Acórdão do Tribunal da Relação de Lisboa, datado de 06.12.2005 (Relator: Fátima Galante).

[257] Estabelecendo a ligação entre a "*renúncia ao poder de exigir a prestação*" e o "*afastamento dos instrumentos de tutela*", o Acórdão do Tribunal da Relação de Coimbra, datado de 03.03.2015 (Relator: Fonte Ramos), na senda de Antunes Varela. Pode ler-se "*Na remissão é o próprio credor que, com a aquiescência embora do devedor, renuncia ao poder de exigir a prestação devida, afastando definitivamente da sua esfera jurídica os instrumentos de tutela do seu interesse, que a lei lhe conferia*". Antunes Varela, *Das obrigações em geral*, V. II, p. 243. Aliás, a "noção" de remissão apresentada pelo Autor, a p. 244, é exatamente essa: "*A remissão é, por conseguinte, a renúncia do credor ao direito de exigir a prestação, feita com a aquiescência da contraparte*".

[258] Nathalie Picod, *La remise de dette en droit privé*, p. 59. Sobre o tema no ordenamento jurídico italiano, *vide*, Francesco Rossi, *La remissione del debito*, pp. 40-42. Entre nós, com uma posição restritiva, Rui Pinto, *A ação executiva*, AAFDL Editora, Lisboa, 2018, p. 19.

[259] Com efeito, uma renúncia "permanente" ao direito de ação contenderia com a renúncia antecipada aos direitos do credor (cfr. art. 809.º do Código Civil), não sendo, por esse motivo, admitida. Naturalmente, o "temporário" deve ser isso mesmo. Isto é, deverá ser um prazo razoável e não uma renúncia *ad eternum*. Relativamente ao *pactum de non petendo in perpetuum*, *vide*, Tiago Soares da Fonseca, *A transação civil*, pp. 305-307.

de ação não pode ser confundida com a remissão, como também não pode ser a obrigação, tomada no seu todo, confundida com uma sua mera característica – a exigibilidade[260]. Neste sentido, é imperativo concluir que a remissão moderna herdou da *acceptilatio* implicar a extinção da obrigação *ipso iure*[261].

[260] Nathalie Picod, *La remise de dette en droit privé*, pp. 58-59, referindo que a doutrina anglo-saxónica tende a tratar a remissão como a renúncia ao direito de ação.

[261] Nathalie Picod, *La remise de dette en droit privé*, p. 370. No sentido que defendemos no texto, Ernesto Tilocca, *La remissione del debito*, pp. 55-56. Em sentido contrário, Vaz Serra admite que a remissão "englobe" o não exercício do crédito, pode ler-se a p. 59 "*O credor, se pode remitir plenamente o crédito, também deve poder remiti-lo apenas de maneira restrita, o que se dá quando sòmente se obriga a não o fazer valer e tem interesse em o conservar*". Coerente com esta orientação, proporia um artigo 5.º (*Compromisso de não exercício do crédito*), no qual se referia "*Se o credor se obriga para com o devedor a não fazer valer o crédito, há remissão, excepto se o credor tiver interesse em conservar o crédito, que não quer fazer valer contra o devedor*".

Capítulo III
Formação e interpretação

§ 7. Enquadramento geral: classificações

O papel fundamental do negócio jurídico na construção do Direito civil de matriz romano-germânica é dificilmente ignorável[262]. Não sendo uma "*fatalidade*", atento à existência de modelos alternativos[263], a disciplina do negócio jurídico é, em muitos aspetos, aquela dos contratos, em particular no que respeita à sua formação, interpretação e invalidades. O enquadramento da remissão, nas suas coordenadas gerais, não revelando dificuldades de maior, é necessário num escrito desta natureza. Numa tentativa de arrumação, procuremos reconduzir a figura às categorias tradicionais que, neste âmbito, são avançadas pela doutrina[264].

[262] Por todos, António Menezes Cordeiro, "A doutrina do negócio jurídico: origens e evolução", *O Direito*, Ano 145.º, V. IV, 2013, pp. 745-774.

[263] A expressão é de António Menezes Cordeiro. Como explica este Autor, o negócio jurídico não era conhecido pelos romanos, sendo semelhante abstração dispensável, atendendo à tipicidade de contratos. A construção em torno do negócio só faz sentido em Código que comportem uma parte geral, pelo que não se encontra, nomeadamente, no Código Civil francês nem italiano António Menezes Cordeiro, *Tratado de Direito Civil*, V. II, 4.ª ed. (reimp), Almedina, Lisboa, 2014, pp. 27-36.

[264] Utilizamos aqui como referência as classificações utilizadas por Tiago Soares da Fonseca, *A transação civil*, pp. 337 e ss., as quais não esgotando todas as avançadas pela doutrina, são as mais significativas.

I. Natureza contratual

Num primeiro momento, enquanto negócio jurídico, a remissão qualifica-se como um negócio jurídico multilateral ou, simplesmente, um contrato, surgindo o "acordo" do devedor como um elemento essencial (cf. art. 863.º, n.º 1). Como vimos, a opção consagrada no artigo 863.º foi drenada nos trabalhos preparatórios, invertendo-se a proposta inicial de Vaz Serra de atribuir à figura uma natureza mista. Ficou-se, assim, com a estrutura contratual, a qual está também consagrada no ordenamento jurídico francês (art. 1350.º do *Code Civil*), alemão (§ 397. do BGB) e, em língua portuguesa, brasileiro (art. 385.º do Código Civil).

Por esse motivo, o momento no qual se desencadeia a sua eficácia é o do encontro de vontades do credor e do devedor. Só então se encontra o contrato concluído.

II. Sinalágma

A remissão é dotada de eficácia extintiva: visa provocar o desaparecimento de uma situação jurídica, a dívida[265]. Insistimos na ideia de que quando importe níveis distintos de eficácia, nomeadamente efeitos constitutivos ou modificativos, não estaremos já perante uma remissão, mas perante um outro negócio jurídico, ainda que um dos efeitos possíveis possa ser, como na remissão, a extinção de uma dívida. Em virtude dessa circunstância, a figura não se enquadra nos termos da tendencial distinção entre contratos sinalagmáticos e não sinalagmáticos. Efetivamente, e na formulação clássica da distinção, entende-se por negócio sinalagmático aquele em as partes ficam reciprocamente credoras e devedoras uma da outra[266] ou, mais simplesmente, que importam a constituição de obrigações recíprocas para ambas as partes. Ora, importando a remissão a mera extinção de uma situação jurídica, não poderemos falar em sinalagma, nem na sua ausência, porque verdadeiramente não se constituem vínculos novos em relação a qualquer das partes.

265 António Menezes Cordeiro, *Tratado de Direito Civil*, V. II, p. 78.
266 António Menezes Cordeiro, *Tratado de Direito Civil*, V. II, pp. 92-93.

III. Gratuitidade

Dentro dos negócios jurídicos multilaterais, como defendemos *supra*, a remissão é – necessariamente – gratuita muito embora, quando se trate de remissão abdicativa, tal qualificativo apenas por abstração lhe possa ser aplicado. Procurando escapar a esta necessidade de abstração, ERNESTO TILOCCA e, entre nós, FRANCISCO PEREIRA COELHO, avançam com o qualificativo de negócio neutro, que definem como aquele que não é oneroso nem gratuito, o que seria o caso do negócio abdicativo[267]. Sem embargo, ainda que por abstração, essa qualificação é útil, pelo regime que acarreta, como veremos[268].

IV. Forma

No que respeita à forma, e sem prejuízo de analisarmos a questão com maior detalhe aquando da ponderação do respetivo regime, avançamos que, no nosso entender, a remissão pode apresentar-se como um negócio solene ou não solene, dependendo da obrigação subjacente. Efetivamente, a remissão para o regime das doações, com a amplitude que lhe conferimos, a tanto impõe.

V. Negócio de disposição

Tendo presente a tradicional distinção entre negócios de administração e negócios de disposição, cuja pedra de toque reside na afetação, ou não, da sustância da situação jurídica subjacente[269], a remissão configura um negócio de disposição. Com efeito, estamos perante o nível máximo de afetação: a extinção da situação jurídica. Esta distinção é relevante, uma vez que o Código Civil, determina a aplicação de diferentes regimes consoante o ato se reconduza a uma ou outra qualificação.

[267] Neste sentido, *v.g.*, ERNESTO TILOCCA, "Remissione del debito", p. 399, PEREIRA COELHO, *A renúncia abdicativa no Direito Civil*, pp. 60-61 e PASQUALE STANZIONE / GIOVANNI SCIANCALEPORE, *Remissione e rinunzia*, p. 131.

[268] *Infra*, Cap. V, § 11.

[269] PEDRO PAIS DE VASCONCELOS / PEDRO LEITÃO PAIS DE VASCONCELOS, *Teoria Geral do Direito Civil*, pp. 454-456.

§ 8. O processo de formação: da proposta ao negócio

A remissão apresenta-se, no ordenamento jurídico português, como um contrato. Os contratos, ao contrário dos negócios jurídicos unilaterais, formam-se e produzem os seus efeitos mediante o encontro de duas declarações de vontade[270]. Todo o negócio jurídico, seja qual for a modalidade que revista, assenta em declarações de vontade, que modelam o seu conteúdo e justificam a sua eficácia. Estas não se confundem, porém, com aquele. A declaração negocial corresponde a uma manifestação de vontade do seu autor tendente à produção de efeitos jurídicos[271]. É, nesse sentido, um "*pressuposto*" do negócio jurídico[272]. Já o negócio jurídico é o resultado da manifestação de vontade do declaratário, no caso dos negócios unilaterais, ou do encontro e compatibilização das várias declarações em presença, nos restantes casos: quando formado, o negócio reúne e confere materialidade aos efeitos jurídico-privados que os seus autores quiseram imprimir. Esta evidência fica sobejamente demonstrada quando temos em conta a quiçá mais importante declaração de

[270] Especificamente no que respeita à remissão, *vide* o Acórdão do Supremo Tribunal de Justiça, datado de 25.06.1996 (Relator: Manuel Pereira). Dados a respeito dos elementos e natureza da declaração de vontade podem ser confrontados em António Menezes Cordeiro, *Tratado de Direito Civil*, V. II, pp. 125-131.

[271] Nas palavras de Maria Raquel Rei, a declaração negocial é "*um comportamento, voluntário, comunicativo e destinado, pelo seu autor, a produzir efeitos jurídico-privados de acordo com o seu sentido jurídico*", cf. Maria Raquel Rei, *Da interpretação da declaração negocial no Direito civil português*, Tese de Doutoramento apresentada à Universidade de Lisboa através da Faculdade de Direito, 2010, pp. 8-9.

[272] António Menezes Cordeiro, *Tratado de Direito Civil*, V. II, p. 123.

vontade: a proposta. Com efeito, ao veicular a proposta, o declarante afirma um conjunto de efeitos jurídicos que pretende que se produzam, quer na sua esfera jurídica, quer na esfera jurídica do declaratário.

As declarações podem ser recipiendas ou não recipiendas, consoante tenham ou não um destinatário concreto. Na generalidade dos casos, as declarações que tenham em vista a formação de contratos, como é o caso da remissão, são recipiendas, pelo que há que determinar em que momento é que momento produzem efeitos. Neste âmbito, o legislador português adotou a teoria da receção, "*temperada embora nalguns dos seus aspetos, designadamente pelo papel dado ao conhecimento*"[273]. De acordo com os cânones desta teoria, expressos no artigo 224.º, a declaração produz os seus efeitos logo que chegue ao poder ou ao conhecimento do seu destinatário, ficcionando-se o conhecimento quando a declaração apenas por culpa do destinatário não foi recebida (cf. art. 224.º, n.º 2).

Paralelamente, há a considerar o artigo 217.º, o qual estabelece o princípio geral de que as declarações negociais podem ser expressas ou tacitas. Daqui se retiram, nas palavras de José Alberto Vieira, "*duas importantes regras: a da equivalência entre a declaração expressa e a declaração tácita e a da liberdade declarativa*"[274]. Nos termos do mesmo preceito, a declaração "*é expressa, quando feita por palavras, escrito ou qualquer outro meio directo de manifestação da vontade, e tácita, quando se deduz de factos que, com toda a probabilidade, a revelam*". A redação não é a melhor e apenas interpretativamente é possível extrair a conclusão acertada. Com efeito, numa primeira leitura, resultaria que declarações expressas são aquelas que têm suporte, escrito ou verbal. Por oposição, seriam tacitas as resultantes de comportamentos[275]. Sabemos não ser assim. O critério está, nas palavras de Pedro Pais de Vasconcelos, "*no quadro da intencionalidade e da finalidade que o impulsiona*"[276]. Aliás a insustentabilidade da primeira

[273] António Menezes Cordeiro, *Tratado de Direito Civil*, V. II, p. 147.

[274] José Alberto Vieira, *Anotação*, p. 13. Pode ler-se "*Pela primeira, postula-se o igual valor declarativo de ambas as espécies de declaração; quando a lei não exigir a declaração expressa, basta a declaração tácita para a produção dos efeitos negociais (...). Pela segunda, consagra-se a possibilidade do declarante optar pelo comportamento declarativo que lhe convier, o expresso ou o tácito*".

[275] Pedro Pais de Vasconcelos / Pedro Leitão Pais de Vasconcelos, *Teoria Geral do Direito Civil*, p. 460

[276] Pedro Pais de Vasconcelos / Pedro Leitão Pais de Vasconcelos, *Teoria Geral do Direito Civil*, pp. 460-461. Proximamente, António Menezes Cordeiro refere "*Repare-se*

interpretação é suportando pela circunstância de, no número 2.º, se aludir a uma "forma" da qual se deduzem os factos. Isto é, naturalmente nada obsta a que a declaração tácita tenha um suporte físico sendo a existência ou não de tal suporte indiferente para efeitos da sua classificação: o que releva é se a declaração contém em si, diretamente, a proposta negocial ou se ela deve ser extraída de outros elementos, sejam eles declarações (em sentido amplo) ou meros comportamentos, desde que, no contexto, permitam extrair uma vontade (*ergo*, uma declaração)[277]. Necessário é que esses comportamentos sejam "*significantes*", "*positivos*" e "*inequívocos*"[278].

pois que, com base nas próprias noções legais, há sempre, nas declarações negociais, uma atuação – logo humana e voluntária – devidamente exteriorizada. Nuns casos, porém, a exteriorização é feita de modo direto, por forma a dar, da vontade, uma imagem exterior imediata; noutros, ela resulta, indiretamente, de outros fatores. Não deve confundir-se declaração tácita com inação ou com ausência de declaração: a "declaração tácita" é, na verdade, uma "declaração indireta", autonomizada, enquanto tal, numa classificação consagrada", cf. António Menezes Cordeiro, *Tratado de Direito Civil*, V. II, p. 133. No mesmo sentido, José Alberto Vieira, *Anotação*, p. 15, referindo "*Dentro desta ordem de ideias, uma declaração concreta será expressa ou tácita dependendo do sentido que dela se retire por via interpretativa. Uma declaração cujo sentido é dirigido directamente à produção de determinados efeitos jurídicos é pelo seu significado, e quanto a estes efeitos, expressa; já quanto aos efeitos a que a declaração só indiretamente se reporta, por o sentido dela não ser dirigido à sua produção, ela só pode ser tácita. Um mesmo comportamento pode revestir simultaneamente a natureza de uma declaração expressa quanto a uns efeitos jurídicos e de declaração tácita quanto a outros*".

277 Pedro Pais de Vasconcelos / Pedro Leitão Pais de Vasconcelos, *Teoria Geral do Direito Civil*, p. 462. A propósito da extensão do conceito, refere Maria Raquel Rei: "*A declaração negocial, como as outras realidades jurídicas, tem a exacta medida que cada ordenamento jurídico lhe conferir. No ordenamento jurídico português a declaração negocial é consagrada pela lei como uma noção ampla, podendo ter, ou não, destinatários (cfr., por exemplo, o disposto no art. 224.º); podendo resultar de palavras ou de comportamentos não verbais (cfr., por exemplo, o disposto no art. 217.º); podendo ser expressa ou tácita (cfr., por exemplo, o disposto no art. 217.º). Não há, portanto, que falar em negócios jurídicos originados em declarações e negócios jurídicos fundados em acções ou comportamentos não declarativos (porque não dirigidos a uma pessoa específica). Tudo isso cabe no conceito legal de declaração negocial.*" Maria Raquel Rei, *Da interpretação da declaração negocial no Direito civil português*, p. 14. No mesmo sentido, adotando um conceito amplo de declaração, vide José Alberto Vieira, *Anotação*, pp. 12-13. Pode ler-se (p. 12), em suma, "*Se um comportamento permite que o seu sentido seja compreendido (cognoscibilidade), e tem um conteúdo de comunicação num determinado contexto, constitui uma declaração para os efeitos do art. 217.º do Código Civil português, mesmo não sendo dirigido a ninguém.*"

278 Requisitos elencados pelo Acórdão do Supremo Tribunal de Justiça, datado de 05.11.1997 (Relator: Nascimento Costa) e revisitado por António Menezes Cordeiro, *Tratado de Direito Civil*, V. II, p. 132

Enquanto negócio jurídico multilateral, a remissão pressupõe um processo formativo, o qual gira em torno de duas declarações: a do credor e a do devedor. A sua eficácia, que culmina com a extinção da obrigação, apenas ocorre no termo desse processo (*i.e.*, com a conclusão do contrato), matéria regulada nos artigos 224.º e seguintes do Código Civil. Na formulação mais simples, o processo de formação inicia-se com a declaração do credor, manifestando a vontade de remitir a dívida: esta é a proposta.

No que respeita aos seus requisitos, a proposta e, no geral, a declaração de vontade, enquanto ato comunicativo, deve evidenciar de forma clara a intenção de contratar e ser completa, incorporando todos os elementos que integrarão o futuro contrato[279]. Enquanto a clareza resulta da necessária intenção comunicativa da declaração, devendo, por esse motivo, o seu sentido ser percetível para o destinatário, a exigência de completude é uma decorrência lógica da circunstância de idealmente a proposta, pela aceitação pura e simples, se converter no contrato.

Embora o momento final, no qual se forma o contrato, seja aquele que juridicamente se apresenta como mais relevante, a proposta, que lhe antecede lógica e cronologicamente, produz desde logo efeitos jurídicos significativos. Neste âmbito, como referido *supra*, o regime previsto no Código Civil elege como momento chave para a eficácia das declarações negociais recipiendas (as únicas que, neste particular, nos interessam) o da chegada da declaração ao poder do destinatário ou ao seu conhecimento. Assim, e a partir do momento em que o devedor recebe a proposta ou dela tem conhecimento, a declaração negocial torna-se perfeita e produz determinados efeitos. Ora, desde logo, a proposta perfeita desencadeia, por banda do destinatário, o direito potestativo de a aceitar, dentro dos prazos e nos termos do artigo 228.º do Código Civil. Consequentemente, porquanto o beneficiário só pode aceitar o que conhece, a proposta torna-se irrevogável e imodificável desde o momento em que chega ao seu destinatário ou dele é conhecida (cf. art. 230.º). E tal proposta mantêm-se, permitindo que sobrevenha a conclusão do contrato mediante a aceitação, mesmo num cenário de morte ou incapacidade do proponente (cf. art. 226.º) – a proposta transmite-se, enquanto tal, aos seus sucessores, assumindo, naturalmente, que ela se mantém válida nos termos do artigo 228.º

[279] Antunes Varela, *Das obrigações em geral*, V. I, p. 216, nota (3).

do Código Civil. Extingue-se, porém, (*i*) por caducidade, com o decurso do prazo de aceitação (cf. art. 228.º), (*ii*) por revogação, nos casos limitados em que tal é admissível (cf. art. 230.º), (*iii*) por aceitação ou renúncia do destinatário e, (*iv*) por outros fundamentos, como a impossibilidade superveniente de disposição do direito (cf. art. 226.º, n.º 2).

Fora dos casos acima referidos, a declaração mantém-se estável desde que chega ao conhecimento, real ou potencial, do destinatário, o qual fica investido no direito potestativo de a aceitar, mas que dizer relativamente à forma da sua emissão? No geral, a proposta deve revestir a forma do contrato cuja formação se almeje[280]. Novamente, na base, está a consideração de que a mera aceitação deve ser suficiente para transformar a proposta em contrato. Naturalmente, tal não implica que não sejam frequentemente expedidas "propostas" intencionalmente ineficazes, tendo em vista estabelecer as bases da negociação tendente à celebração de um contrato. Embora tais "propostas" não produzam os efeitos típicos do artigo 224.º, poderão dar azo a responsabilidade, ao abrigo dos vetores da *culpa in contrahendo* (cf. art. 227.º do Código Civil), quando o proponente acabe por não vir a honrar a palavra, rompendo as negociações, não concluindo o contrato[281].

Embora o Código não o refira, a declaração remissória pode ser expressa ou tácita[282]. Será expressa quando resulte de declaração expressa do credor no sentido de remitir a dívida ou expressão equivalente (v.g., perdoar a dívida,

[280] António Menezes Cordeiro, *Tratado de Direito Civil*, V. II, pp. 318-319.

[281] Sobre a figura *vide*, em especial, o clássico escrito de Rudolf Von Jhering, *Culpa in contrahendo – indemnização em contratos nulos ou não chegados à perfeição* (trad. Paulo Mota Pinto), 2.ª ed., Gestlegal, Coimbra, 2020 no qual se procede igualmente à distinção entre interesse contratual positivo e negativo (p. 37 e ss.), e António Menezes Cordeiro, *Da boa fé no Direito Civil*, pp. 527-585.

[282] Pode ler-se, entre tantos, no Acórdão do Tribunal da Relação de Évora, datado de 11.05.2017 (Relator: João Nunes), "*Para que se forme o contrato é necessária a verificação de duas declarações negociais: uma proferida pelo credor – declarando renunciar ao direito de exigir a prestação – e outra por banda do devedor – declarando aceitar aquela renúncia. Porém, atente-se, o referido preceito legal não exige que o consentimento do devedor – a aceitação da proposta de remissão – seja manifestado por forma expressa, pelo que a aceitação pode ser tácita, e válida como tal nos termos dos artigos 217.º, 219.º e 234.º do Código Civil.*". *Vide*, no mesmo sentido, o Acórdão do Tribunal da Relação do Porto, datado de 12.09.2019 (Relator: Amaral Ferreira). Neste sentido, também Vaz Serra, "Remissão, reconhecimento negativo de dívida e contrato extintivo da relação obrigacional bilateral", *Boletim do Ministério da Justiça*, p. 35.

renunciar ao crédito, ou qualquer outra expressão, ou conjunto de expressões, a que possa ser atribuído semelhante significado[283]). Será tácita quando resulte ou de uma declaração implícita ou de comportamentos do credor que, com toda a probabilidade, demonstrem essa intenção[284].

No modelo mais simples de formação do negócio jurídico, e aquele que é tomado como referência pelo nosso Código Civil, a contratação entre ausentes, a proposta é expedida pelo proponente a um destinatário, o qual pode aceitar, recusar, contrapropor, ou, simplesmente, nada fazer. Em relação a esta última hipótese, note-se que o silêncio equivale à ausência de comunicação e, cumulativamente, de significância dessa ausência[285]. Embora, por via de regra, o silêncio não tenha valor enquanto declaração, o artigo 218.º fixa três potenciais situações em que o silêncio tem valor enquanto meio declarativo: a lei, os usos ou convenção das partes[286]. As hipóteses de relevância positiva do silêncio são, então, pouco generosas.

As demais potenciais atuações do destinatário da proposta pressupõem uma manifestação de vontade do destinatário, uma clara tomada de posição face ao teor da proposta. Como tal, implicam necessariamente uma declaração.

[283] Os sujeitos jurídicos não carecem de se expressar recorrendo a linguagem jurídica. Nesse sentido, veja-se como da expressão "*terra a mais já eu tenho*" é, afinal, possível retirar uma vontade abdicativa do exercício do direito de preferir, cf. Acórdão do Tribunal da Relação de Évora, datado de 18.11.2004 (Relator: Bernardo Domingos). No nosso específico âmbito veja-se que o verbo "remitir" está em desuso. A este propósito *vide* Maria Raquel Rei, *Da interpretação da declaração negocial no Direito civil português*, pp. 23-25.

[284] Na jurisprudência, *vide*, por todos, o Acórdão do Supremo Tribunal de Justiça, datado de 25.11.2009 (Relator Sousa Grandão): "*Como contrato que é, a "remissão" exige o necessário consenso entre as partes e, daí a emissão de, pelo menos, duas declarações negociais: uma delas a cargo do credor – declarando renunciar ao direito de exigir a prestação – e a outra por banda do devedor – declarando aceitar aquela renúncia – podendo, esta, ser tácita. Porém, não sendo a "remissão" um negócio solene, nada impede que a declaração de aceitação seja tácita, bastando a simples existência de acordo.*"

[285] Neste sentido, "*O silêncio jurídico é um nullum. Não possui qualquer valor declarativo*", cf. António Menezes Cordeiro, *Tratado de Direito Civil*, V. II, p. 136. Sobre o silêncio, *vide*, também, José Alberto Vieira, *Anotação*, pp. 17-19.

[286] Não se afigura, contudo, a nosso ver, acertado dizer que em Itália o artigo 1236.º do *Codice* atribui ao silêncio do devedor o valor de aceitação da remissão. O que sucede é que o silêncio, durante um período de tempo razoável, faz precludir a possibilidade de o devedor vir rejeitar os efeitos de uma remissão, que já produziu os seus efeitos, independentemente de aceitação. A recusa é assim um direito potestativo cujo efeito é a destruição retroativa dos efeitos (já produzidos) da remissão.

Mas, ao contrário da proposta, que pode não ter um destinatário concreto (*v.g.*, a proposta pública), a aceitação, recusa ou contraproposta são sempre declarações recipiendas, dirigidas ao proponente.

Começando pelo mais simples: a rejeição é um ato jurídico unilateral, o qual encerra uma renúncia ao direito potestativo de aceitar a proposta[287]. Com esta, caem os efeitos da proposta.

A aceitação, por sua vez, encerra a total concordância do destinatário com o teor da proposta. Efetivamente, para ser eficaz, a aceitação, para além de dever reunir requisitos semelhantes ao da proposta, nomeadamente ser clara, total e revestir a forma do contrato, deve revelar a total concordância com o teor da proposta[288]. Exige-se a totalidade do acordo – não são admitidas aceitações parcelares ou sujeitas a condições –, como resulta dos artigos 232.º e 233.º. Efetivamente, a respeito da aceitação, exige-se o acordo "total", isto é, o contrato só se considera concluído quando as partes hajam chegado a acordo em relação a "*todas as cláusulas sobre as quais qualquer delas tenha julgado necessário o acordo*" (cf. art. 232.º) sendo que eventuais alterações à proposta original sugeridas pelo destinatário da proposta poderão importar uma nova proposta, nos termos do artigo 233.º do Código Civil. Naturalmente, como qualquer declaração, também a aceitação pode ser tácita[289].

O artigo 234.º introduz, porém, uma alteração em termos que vale a pena reter, tanto mais que a sua aplicação pela jurisprudência no âmbito dos litígios relacionados com a remissão é frequente. Sob a epigrafe, "*Dispensa da declaração de aceitação*", dispõe: "*Quando a proposta, a própria natureza ou circunstâncias do negócio, ou os usos tornem dispensável a declaração de aceitação, tem-se o contrato por concluído logo que a conduta da outra parte mostre a intenção de aceitar a proposta*". Estão em causa, então, situações em que circunstâncias especiais, atinentes à proposta (nomeadamente a sua natureza) ou outros fatores, determinam que o contrato se considere concluído sem necessidade de uma declaração de aceitação[290]. A jurisprudência tem revelado, contudo, alguma confusão conceptual na aplicação desta disposição, equiparando-a, no mais das vezes, à admissibilidade de declarações tácitas. Não é o que está em causa.

[287] António Menezes Cordeiro, *Tratado de Direito Civil*, V. II, p. 334.

[288] António Menezes Cordeiro, *Tratado de Direito Civil*, V. II, p. 331.

[289] Acórdão do Tribunal da Relação de Évora, datado de 11.05.2017 (Relator: João Nunes)

[290] Antunes Varela, *Das obrigações em geral*, V. I, p. 223.

O artigo 217.º do Código Civil já prevê em termos gerais que as declarações possam ser expressas ou tácitas. O sentido do artigo 234.º é algo mais do que a mera reformulação dessa admissibilidade geral: dispensa-se a própria declaração (independentemente, portanto, dela ser expressa ou tácita: esta última é ainda declaração)[291]. Naturalmente, a aceitação continua a ser necessária, ela é, de resto, um pressuposto fundamental do negócio jurídico, só a declaração é dispensada. Como refere expressivamente ANTUNES VARELA, *"a lei tem o contrato por concluído sem declaração de aceitação, embora se não prescinda da vontade de aceitação (da intenção de aceitar)"*[292].

O artigo 234.º é especialmente relevante para a remissão. Com efeito, tipicamente o devedor quererá liberar-se da obrigação sem o sacrifício que o cumprimento, em maior ou menor medida, sempre acarretará[293]. Logo, a aceitação da proposta de remissão será claramente enquadrável na *factispecie* tida em vista pelo artigo 234.º, isto é, no conjunto de casos em que será dispensável, para efeitos de se considerar concluído o negócio, a declaração de aceitação. Com efeito, na normalidade das circunstâncias, o devedor que recebe uma proposta de remissão e não a recusa imediatamente (por exemplo, porque esta é, na verdade, um ato vexatório por parte do credor) ou não se prontifica a solver a dívida, concordará com a liberação nesses termos[294]. Não está, porém,

[291] *Vide, v.g.*, Acórdão do Supremo Tribunal de Justiça, datado de 22.02.2017 (Relator: GONÇALVES ROCHA): *"Assim a remissão duma dívida traduz-se numa renúncia manifestada pelo credor à prestação devida pelo devedor, tendo esta declaração a virtualidade de extinguir a obrigação desde que se verifique a aceitação do devedor, ainda que esta possa ser tácita, conforme prevê o artigo 234º do C.C."*. Com a aplicação correta, Acórdão do Tribunal da Relação do Porto, datado de 19.05.2014 (Relator: PAULA MARIA ROBERTO): *"Pese embora a remissão tenha natureza contratual, a natureza e circunstâncias do "negócio" tornam dispensável a declaração de aceitação, tendo-se o contrato por concluído logo que a conduta da outra parte mostre intenção de aceitar a proposta (artigo 234.º, do C.C.), o que pode ocorrer de forma tácita."*. No mesmo sentido, Acórdão do Tribunal da Relação do Porto, datado de 19.05.2014 (Relator: PAULA MARIA ROBERTO) e Acórdão do Tribunal da Relação de Coimbra, datado de 02.03.2006 (Relator: FERNANDES DA SILVA) e Acórdão do Supremo Tribunal de Justiça, datado de 10.12.2009 (Relator: PINTO HESPANHOL).

[292] ANTUNES VARELA, *Das obrigações em geral*, V. I, p. 223. Neste sentido, ainda que numa perspetiva diferente, VAZ SERRA, "Fontes das obrigações. O contrato e o negócio jurídico unilateral como fontes de obrigações", pp.139-144, aludindo ao comportamento socialmente típico.

[293] ERNESTO TILOCCA, *La remissione del debito*, p. 84

[294] Este princípio já é referido por VAZ SERRA como tendo sido aplicado na Alemanha, ao abrigo do § 151 do BGB. Refere, citando HECK: *"As reflexões contra o princípio do contrato, que acima, § 41.º, foram feitas, tornam-se, no caso de remissão gratuita, especialmente válidas. Mas elas,*

em causa equiparar por esta via a remissão a um negócio jurídico unilateral, ainda que sujeito a eventual recusa, como sucede em Itália. Como referimos, a correta interpretação do artigo 234.º vai no sentido de que apenas a declaração de aceitação é dispensada. A aceitação, ao invés, é sempre necessária ainda que deva ser aduzida de outros elementos. A exigência de aceitação denota a diferença em termos cronológicos face ao regime italiano: enquanto em Itália, como vimos, a remissão se considere eficaz logo no momento da declaração do credor, entre nós tal só opera quando a atuação do devedor revelar que este considera a proposta aceite[295]. Este caminho tem sido frequentemente trilhado pela jurisprudência, a qual dispensa com frequência a declaração de aceitação do devedor para considerar que a remissão foi eficaz[296].

como já se notou, deixam-se de certo modo eliminar mediante uma exata aplicação do § 151.º. O credor, que escreve ao devedor que lhe remite a sua dívida sem qualquer contraprestação, presumirá, em regra, a concordância do devedor. Esperará em tal caso um escrito de agradecimento, mas mal (kaum) uma declaração de aceitação. Já a falta de oposição pode, por isso, ser eficaz como aceitação, no sentido do § 151.º", cf. VAZ SERRA, "Remissão, reconhecimento negativo de dívida e contrato extintivo da relação obrigacional bilateral", p. 25, nota (24).

295 No sentido do texto, ANTUNES VARELA, *Das obrigações em geral*, V. II, p. 246 e, em particular, nota (3).

296 Aliás, por vezes a jurisprudência acaba por ir mais longe, ao considerar que a aceitação se pode retirar de determinados comportamentos processuais das partes, já em contexto de litígio, e muitas vezes com uma dilação temporal significativa, nomeadamente a junção do documento que encerra a proposta de remissão aos autos ou a sua não impugnação (Acórdão do Supremo Tribunal de Justiça, datado de 09.07.2015 (Relator: FERNANDES DA SILVA). Embora a discussão seja mais abrangente do que a que resulta desta exposição, parece-nos relativamente claro que a declaração remissória (e, no geral, qualquer declaração) possa ser praticada não apenas no tráfego jurídico, mas também no contexto de um processo judicial. Nessa medida, parece ser de admitir que as próprias peças processuais possam servir de suporte a declarações negociais, nomeadamente encerrando uma declaração remissória. Isso mesmo foi admitido nos Acórdãos do Supremo Tribunal de Justiça, datados de 01.01.2004 e 01.07.2004 (Relator: SALVADOR DA COSTA), os quais referem que o "*sentido decisivo das declarações das partes nos processos também é, em regra, o que seria apreendido por um declaratário normal, ou seja, por alguém medianamente instruído e diligente, capaz de se esclarecer acerca das circunstâncias em que elas as produziram*".

§ 9. Interpretação da declaração negocial – Excurso

A declaração, enquanto comportamento humano destinado à produção de efeitos jurídicos, carece de ser interpretada por forma a apurar o seu sentido. Na base, temos o artigo 236.º do Código Civil: o sentido juridicamente relevante da declaração é aquele que um declaratário normal retire do comportamento do declarante, desde que este sentido não contrarie as expectativas razoáveis do declarante. Esta regra, de pendor objetivista[297], cede, contudo, nos casos em que o real declaratário conheça a vontade real do declarante, prevalecendo esta última (cf. art. 236.º, n.º 2), o que sempre se imporia, *ex bona fide.*

Seguidamente, o artigo 237.º estabelece um critério para resolver casos duvidosos: nos negócios gratuitos, prevalece o sentido que for menos gravoso para o disponente; nos onerosos, aquele que revele um maior equilíbrio entre as prestações. Note-se que este preceito, embora forneça um critério equilibrado, é aplicável somente nos casos em que das regras gerais de interpretação não resulte um sentido[298]. Portanto, o artigo 237.º é em certo sentido um "pós-interpretação", uma vez que pressupõe que o interprete haja

[297] No nosso entender, a teoria consagrada no nosso ordenamento, no que respeita ao sentido da declaração negocial é uma teoria essencialmente objetiva cujo propósito é o de proteger o declaratário que confia naquilo que é legitimo apreender, como refere, *v.g.*, José Alberto Vieira, *Anotação*, p. 14. Contra esta posição, largamente maioritária, *vide*, Pedro Pais de Vasconcelos / Pedro Leitão Pais de Vasconcelos, *Teoria Geral do Direito Civil*, pp. 549-551.

[298] No sentido do texto, Maria Raquel Rei, *Da interpretação da declaração negocial no Direito civil português*, pp. 183-189

esgotado todos os elementos e, ainda assim, não haja logrado extrair o sentido jurídico da declaração. A não se resolver por esta via, a declaração será nula, por indeterminação[299].

E que fazer quando o credor utiliza uma expressão dúbia, sobre a qual um "homem médio" pediria esclarecimentos, por forma a confirmar o sentido da declaração? Em princípio, valem apenas os elementos que o declaratário possuía, e não aqueles que poderia ter tido, caso se tivesse comportado com maior diligência[300]. Isto, naturalmente, sem prejuízo de se poder afirmar que o declarante tem um "*ónus de adequada formulação da sua vontade*", e que, exprimindo-se em termos dúbios, fica sujeito a que a declaração valha com o sentido que um declaratário normal dela apreende-se, exceto o caso limite de o declarante "razoavelmente" não poder contar com esse sentido[301]. Não existem motivos para afastar estas regras no campo em que nos movemos. A declaração será entendida enquanto remissória se e na medida em que da sua interpretação emerja como sentido juridicamente relevante a extinção da dívida sem contrapartida.

I. As "declarações liberatórias"

O problema com o qual os nossos Tribunais têm sido mais frequentemente confrontados a respeito da figura da remissão prende-se com um tipo específico de declarações, as quais designaremos genericamente por "*declarações liberatórias*"[302].

[299] A inaplicabilidade do artigo 237.º pode resultar, nomeadamente, de a "dúvida" respeitar à natureza onerosa ou gratuita do negócio, ou do negócio não ter conteúdo patrimonial. Mesmo sendo aplicável, a norma pode não resolver o impasse interpretativo, quando, *v.g.*, o maior equilíbrio das prestações não confira um sentido claro à declaração, cf., Maria Raquel Rei, *Da interpretação da declaração negocial no Direito civil português*, pp. 215 e ss.

[300] Maria Raquel Rei, *Da interpretação da declaração negocial no Direito civil português*, pp. 122-123.

[301] Maria Raquel Rei, *Da interpretação da declaração negocial no Direito civil português*, p. 128.

[302] O termo parece surgir primeiramente em João Leal Amado, *A protecção do salário*, Separata do volume XXXIX do Suplemento ao Boletim da Faculdade de Direito da Universidade de Coimbra, Coimbra, 1993, p. 222.

Estatisticamente, a situação onde o seu surgimento é mais comum é a da cessação por mútuo acordo do contrato de trabalho, na qual, simultaneamente com a cessação e tipicamente acompanhada do pagamento de determinada quantia relativa a créditos vencidos ou que se vencem com a cessação, o trabalhador subscreve e entrega ao empregador uma declaração em que atesta que recebeu "*tudo o que tinha direito, nada mais tendo a reclamar, seja a que título for*", ou expressão de idêntico sentido. Efetivamente, num sistema em que existem inúmeras limitações ao despedimento, a revogação do contrato de trabalho acaba por se apresentar frequentemente como a única alternativa ao dispor do empregador para terminar a relação laboral, pelo que a revogação redunda frequentemente num "despedimento negociado", em que, para obter o necessário acordo do trabalhador, há lugar ao pagamento de compensações. Sem embargo deste ser o seu contexto mais típico, encontrámos também arrestos onde se referem declarações liberatórias emitidas no âmbito do pagamento de indemnizações por seguradoras, processos de liquidação de sociedades comerciais, ou contratos de agência[303]. As possibilidades são infinitas: em teoria, em qualquer relação obrigacional podem surgir declarações liberatórias.

Em comum, a funcionalidade: o "acerto de contas", evitando que, após o termo da relação venha a ser alegada a subsistência de determinados créditos. O fundamento é, portanto, a estabilização da situação relativa das partes, tendente a, pelo menos na aparência, conferir certeza e segurança de que não subsistem valores em aberto[304].

[303] Assim, segundo o Acórdão do Tribunal da Relação de Guimarães, datado de 17.10.2019 (Relator: Joaquim Boavida): "*vale como remissão abdicativa, importando a renúncia a "todos os créditos que possam emergir da actividade societária"* uma ata da sociedade, na qual o sócio único atesta que "*não existe activo ou passivo a liquidar*", seguidamente iniciando um procedimento administrativo de extinção imediata da sociedade. No mesmo sentido depõe o Acórdão do Tribunal da Relação do Porto, datado de 19.10.2015 (Relator: Oliveira Abreu). Relativamente às declarações "liberatórias" emitidas no contexto do pagamento de indemnizações por entidades seguradoras, *vide* o Acórdão do Tribunal da Relação do Porto, datado de 14.07.2020 (Relator: Aristides Rodrigues de Almeida). Quanto ao contrato de agência, pode ser confrontado o Acórdão do Supremo Tribunal de Justiça, datado de 31.10.2007 (Relator: Vasques Dinis).

[304] Esta situação é agravada quando existam assimetrias informativas relevantes. Pense-se, por exemplo, no contexto da aquisição de uma sociedade comercial detida, direta ou indiretamente, pelo seu administrador único. É apenas normal que o comprador, neste contexto, exija que o administrador declare que não subsistem quaisquer créditos face à sociedade. Com efeito, na impossibilidade de suprir a assimetria informativa entre comprador e vendedor,

Embora o problema seja com frequência analisado pelos nossos Tribunais superiores, este, com o devido respeito, nem sempre surge bem enquadrado. Embora se reconheça que alguns pontos da discussão se situem paredes-meias entre a formação da vontade do credor e a sua manifestação na concretização da declaração (*i.e.*, as declarações genéricas), a verdade é que a jurisprudência tende a resolver o problema exclusivamente por via da interpretação da declaração negocial quando, a nosso ver, a questão a transcende. O que está em causa, no nosso entender, raramente será um problema de saber se o credor, tendo conhecimento integral do seu direito e sendo livre na formação da sua vontade, pode exteriorizar a vontade de o remitir por meio de uma declaração "genérica" como as que surgem nos arrestos analisados, na linha de "*nada mais tenho a receber*". Evidentemente, de acordo com as regras gerais de interpretação, às quais já aludimos, a declaração vale com o significado que juridicamente lhe for atribuído, independentemente da vontade real do declarante, exceto nos casos em que o declaratário a conheça (cf. art. 236.º, n.º 2).

O tema reveste uma enorme relevância prática e não logrou ainda uma tomada de posição unânime por parte da jurisprudência[305].

Vejamos: A questão que se coloca é a de saber qual é o sentido deste tipo de declarações e quais os seus efeitos. Em particular, saber se lhes pode ser associado um efeito extintivo dos créditos que o credor pudesse ter em face do devedor, como se imporia caso tais declarações devessem ser interpretadas com configurando uma remissão. Da nossa parte, pese embora esta seja a posição maioritariamente seguida pela jurisprudência, entendemos que a resposta é negativa[306], só lhe podendo ser atribuído esse efeito quando seja

é apenas natural que o comprador se pretenda proteger contra a possibilidade de existirem direitos do administrador / vendedor que subsistam e por referência aos quais a sociedade possa vir a ser demandada no futuro.

305 Alusões à ausência de unanimidade surgem, aqui e ali, em diversos arrestos, como sucede no Acórdão do Tribunal da Relação do Porto, datado de 30.05.2018 (Relator: Jerónimo Freitas).

306 Referindo que "*Embora não acolhendo o aplauso da doutrina, a jurisprudência tem, de forma largamente maioritária (designadamente, a do Supremo Tribunal de Justiça), validado as teses da remissão abdicativa ou quitação global quanto às declarações liberatórias*", cf. o Acórdão do Tribunal da Relação do Porto, datado de 30.09.2013 (Relator: Paula Leal de Carvalho). Na doutrina, aludindo à "*acentuada abertura*" com que os Tribunais têm vindo a qualificar este tipo de declaração "*como elemento de um contrato de remissão abdicativa entre trabalhador e empregador, que extinguiria os créditos nelas abarcados*", cf. Joana Vasconcelos, *A Revogação do Contrato de Trabalho*, Almedina,

demonstrado que o trabalhador tinha conhecimento de que determinados direitos seus se encontravam insatisfeitos e, ainda assim, voluntariamente declara nada mais ter a receber. Naturalmente, a conclusão que esse conhecimento existia pressupõe "*uma cuidada e casuística tarefa interpretativa*"[307].

Neste sentido, parece-nos que algum do circunstancialismo que rodeia a emissão destas declarações deve ser tido em conta na interpretação. E, constatamos, no mais das vezes, não tem sido, tanto mais que é corrente a aplicação – quase mecânica – da teoria da impressão do destinatário. É que, como salienta Joana Vasconcelos, na esmagadora maioria dos casos, é o destinatário quem elabora a declaração, limitando-se o declaratário a subscrevê-la[308], muitas vezes num cenário pouco favorável à livre formação da vontade[309]. Decorrente dessa circunstância, nota-se que as declarações em causa são muitas vezes apresentadas pelo empregador ao trabalhador como um mero "pró-forma", não ficando o declaratário sequer consciente de que a sua subscrição acarreta

Coimbra, 2011, p. 254. Refere a mesma Autora (p. 295) que "*Os ordenamentos próximos do nosso orientam-se firmemente, com uma única e recente excepção, em sentido adverso à qualificação abdicativa de tais declarações: doutrina e jurisprudência e, por vezes, a própria lei convergem na recusa de eficácia dispositiva a tais declarações e na afirmação, quando muito, de uma sua eficácia probatória e de alcance circunscrito*".

307 João Leal Amado, "Declarações Liberatórias: efeitos probatórios ou efeitos dispositivos?", *Revista Maia Jurídica*, Ano IV, n.º 2, 2006, pp. 155 e ss., em anotação crítica ao Acórdão do Supremo Tribunal de Justiça, datado de 05.04.2006 (Relator: Sousa Peixoto), abaixo referido.

308 Joana Vasconcelos, *A Revogação do Contrato de Trabalho*, p. 315. Isso mesmo é reconhecido na jurisprudência, com importantes consequências, *v.g.*, Acórdão do Tribunal da Relação do Porto, datado de 30.05.2018 (Relator: Jerónimo Freitas), onde pode ler-se: "*Neste quadro, conclui-se estarmos perante uma declaração subscrita pelo autor, mas elaborada pela R. por sua exclusiva iniciativa, na qual aquela fez constar menções que não tinham correspondência com a realidade. (...) Portanto, das duas uma, ou a Ré fez essa menção por eventual lapso ou então fê-lo intencionalmente para de forma subreptícia se furtar ao pagamento daqueles valores ao autor. Seja como for, o que aqui releva é que nestas circunstâncias, a R. não podia deduzir do comportamento do autor, apenas por ter subscrito aquela declaração, que este estava a considerar-se pago daquilo que na verdade não lhe pagou e, logo, ele não recebeu, nem tão pouco que estava a renunciar ao pagamento dessas prestações que lhe eram devidas, o que pressupunha que houvesse menção expressa na declaração ou então que ele tivesse a noção daquela divergência entre o que nela foi feito constar na declaração e o que efectivamente era o seu direito.*"

309 Como pode retirar-se do teor dos Acórdãos do Tribunal da Relação de Évora, datados de 28.02.2019 e 14.03.2019 (Relator: Moisés Silva) e datado de 17.01.2019 (Relator: João Luís Nunes), no mais das vezes os trabalhadores assinam estas declarações na medida em que tal é condição para receber algum valor, indispensável para a respetiva subsistência.

efeitos jurídicos, muito menos a abdicação de eventuais direitos que pudesse ter em face do empregador.

Neste sentido, note-se, numa inferência poucas vezes feita pela jurisprudência[310], que a circunstância de o Código Civil ter privilegiado uma teoria de interpretação essencialmente objetivista teve por base o intuito de proteger o destinatário da declaração, que confia no sentido que dela seria de esperar. Ora, no caso vertente, o destinatário da declaração é justamente o seu autor material. Nessa medida, o sentido "objetivo" da declaração foi dominado pelo seu próprio destinatário pelo que a busca pela vontade real do declaratário deve ser reforçada, uma vez que este esteve, até ao momento da subscrição, arredado da conformação dos seus termos (que muitas vezes nem compreende)[311]. Daí que, nestes casos, seja a nosso ver necessário indagar se ao subscrever a declaração o trabalhador não pretendia apenas dar quitação das importâncias recebidas, sem abdicar do direito de exercer outros direitos que lhe coubessem e se o empregador sabia, ou não podia ignorar, que não estava subjacente qualquer propósito abdicativo. É que, naturalmente, a teoria da impressão do destinatário só vale, como vimos, quando o declaratário não conheça (ou não possa ignorar) a real vontade do declarante e, ainda assim, apenas na medida em que não resulte num sentido com o qual o declarante razoavelmente não poderia contar[312].

Com efeito, a orientação jurisprudencial dominante vai no sentido de que *"A declaração do trabalhador efectuada em momento coincidente temporalmente com a desvinculação e constante de documento por si assinado com o timbre do empregador,*

[310] Com a (honrosa) exceção do Acórdão do Tribunal da Relação do Porto, datado de 18.04.2016 (Relator: MARIA JOSÉ COSTA PINTO).

[311] Acórdão do Tribunal da Relação do Porto, datado de 30.05.2018, (Relator: JERÓNIMO FREITAS).

[312] Acórdão do Supremo Tribunal de Justiça, datado de 13.02.2019 (Relator: JÚLIO GOMES): *"Nestas condições, e não se tendo provado qualquer negociação prévia ou que o trabalhador fosse alertado para os direitos a que estava pretensamente a renunciar, não pode o declaratário, agindo de boa fé, deduzir a existência de uma remissão da assinatura de um documento, dito de quitação e pagamento de direitos, quando pagamento e remissão são causas bem distintas de extinção das obrigações. Acresce que o n.º 1 do artigo 236.º salvaguarda no seu inciso final que a declaração negocial não pode valer com um sentido com o qual o declarante não podia razoavelmente contar. E o declarante não podia razoavelmente contar que ao assinar uma declaração dita de quitação e pagamento de direitos, sem que se tenha provado que tenha tido a possibilidade de recurso em tempo útil a um aconselhamento jurídico independente, estaria na verdade a remitir dívidas do seu empregador."*

de que recebeu determinado valor "referente a rescisão do contrato de trabalho, nada mais tendo a receber" deve ser interpretada, à luz do disposto no n.º 1 do art. 236.º do CC, como uma declaração negocial de remissão de todo e qualquer crédito emergente do contrato de trabalho"[313]. Esta posição, maioritária[314], insiste na aplicação da

[313] Acórdão do Supremo Tribunal de Justiça, datado de 16.01.2008 (Relator Sousa Grandão).

[314] No Supremo, podem ser confrontados os seguintes arrestos: Acórdão do Supremo Tribunal de Justiça, datado de 25.11.2009 (Relator: Sousa Grandão); Acórdão do Supremo Tribunal de Justiça, datado de 10.12.2009 (Relator: Pinto Hespanhol); Acórdão do Supremo Tribunal de Justiça, datado de 25.05.2005 (Relator: Sousa Peixoto); Acórdão do Supremo Tribunal de Justiça, datado de 24.11.2004 (Relator: Sousa Peixoto); Acórdão do Supremo Tribunal de Justiça, datado de 09.07.2015 (Relator: Fernandes da Silva); Acórdão do Supremo Tribunal de Justiça, datado de 03.07.1996 (Relator: Matos Canas); Acórdão do Supremo Tribunal de Justiça, datado de 31.03.2004 (Relator: Sousa Peixoto); Acórdão do Supremo Tribunal de Justiça, datado de 11.10.2005 (Relator: Fernandes Cadilha); Acórdão do Supremo Tribunal de Justiça, datado de 24.02.2015 (Relator: Fernandes da Silva); Acórdão do Supremo Tribunal de Justiça, datado de 16.01.2008 (Relator: Sousa Grandão); Acórdão do Supremo Tribunal de Justiça, datado de 06.12.2006 (Relator: Sousa Peixoto); Acórdão do Supremo Tribunal de Justiça, datado de 31.10.2007 (Relator: Vasques Dinis); Acórdão do Supremo Tribunal de Justiça, datado de 12.05.1999 (Relator: Almeida Deveza); Acórdão do Supremo Tribunal de Justiça, datado de 26.01.2005 (Relator: Fernandes Cadilha) e; Acórdão do Supremo Tribunal de Justiça, datado de 13.07.2006 (Relator: Sousa Peixoto).
Nos Tribunais da Relação: Acórdão do Tribunal da Relação de Guimarães, datado de 17.10.2019 (Relator: Joaquim Boavida); Acórdão do Tribunal da Relação do Porto, datado de 19.10.2015 (Relator: Oliveira Abreu); Acórdão do Tribunal da Relação do Porto, datado de 14.07.2020 (Relator: Aristides Rodrigues de Almeida); Acórdão do Tribunal da Relação do Porto, datado de 05.12.2011 (Relator: Machado da Silva); Acórdão do Tribunal da Relação do Porto, datado de 19.05.2014 (Relator: Paula Maria Roberto); Acórdão do Tribunal da Relação de Coimbra, datado de 19.01.2005 (Relator: Serra Leitão; Acórdão do Tribunal da Relação de Coimbra, datado de 02.03.2006 (Relator: Fernandes da Silva); Acórdão do Tribunal da Relação do Porto, datado de 04.12.2017 (Relator: Domingos Morais); Acórdão do Tribunal da Relação do Porto, datado de 22.05.2000 (Relator: Sousa Peixoto); Acórdão do Tribunal da Relação do Porto, datado de 17.01.2000 (Relator: Sousa Peixoto); Acórdão do Tribunal da Relação de Lisboa, datado de 23.10.2002 (Relator: Maria João Romba); Acórdão do Tribunal da Relação de Lisboa, datado de 20.02.2002 (Relator: Seara Paixão); Acórdão do Tribunal da Relação do Porto, datado de 18.06.2001 (Relator: Sousa Peixoto); Acórdão do Tribunal da Relação do Porto, datado de 25.11.2002 (Relator: Cipriano Silva); Acórdão do Tribunal da Relação do Porto, datado de 08.05.2006 (Relator: Fernandes Isidoro); Acórdão do Tribunal da Relação de Lisboa, datado de 26.01.2005 (Relator: Ferreira Marques); Acórdão do Tribunal da Relação de Lisboa, datado de 05.03.2015 (Relator: Maria Teresa Albuquerque); Acórdão do Tribunal da Relação de Évora, datado de 14.07.2011 (Relator: Bernardo Domingos); Acórdão do Tribunal da Relação de Lisboa, datado de 16.09.2009 (Relator: Natalino Bolas); Acórdão do Tribunal da Relação de Évora, datado de 24.03.2011 (Relator: João Luís Nunes); Acórdão do Tribunal da Relação do Porto, datado de 02.03.2017

teoria da impressão do destinatário, referindo que um destinatário normal interpretaria a declaração com tendo um sentido abdicativo dos créditos que pudessem subsistir. Uma outra variante, mas que redunda no mesmo efeito prático, vem qualificar estas declarações como quitação "global", a qual, por tão ampla, abrange (e extingue) todos os créditos existentes[315].

Esta última tomada de posição é, a nosso ver, absolutamente incompreensível. A quitação é uma figura obviamente distinta da remissão, e distingue-se justamente por ter uma função meramente certificativa, e não extintiva. Com efeito, a (declaração de) quitação é um documento emitido pelo credor no qual este atesta o cumprimento da obrigação. Efetivamente, tendo a obrigação sido cumprida, tem o devedor todo o interesse em ter na sua posse um documento que aluda à sua realização, nomeadamente para efeitos probatórios. De notar que, em caso de litígio e de acordo com o normal funcionamento das regras relativas à distribuição do ónus da prova subjetivo, ao credor-autor cumpre fazer prova dos factos constitutivos do direito alegado (art. 342.º, n.º 1, do Código Civil) e ao devedor-réu a prova "*dos factos impeditivos, modificativos ou extintivos*" (art. 342.º, n.º 2, do Código Civil), onde se inclui, naturalmente, o cumprimento. Em face desta importância, e atendendo a que, na falta de prova do cumprimento a dúvida (*non liquet* fáctico) quanto à sua verificação se resolve contra a parte onerada com o ónus da prova, o que poderia resultar numa condenação a novo cumprimento, o Código Vaz Serra[316] consagra, no artigo 787.º, o direito do devedor a exigir a quitação. A recusa em dar quitação consiste num fundamento de recusa lícita a cumprir (cf. art. 787.º, n.º 2) e o

(Relator: Paula Leal de Carvalho); Acórdão do Tribunal da Relação de Lisboa, datado de 08.02.2017 (Relator: Albertina Pereira); Acórdão do Tribunal da Relação de Coimbra, datado de 27.06.2014 (Relator: Felizardo Paiva); Acórdão do Tribunal da Relação do Porto, datado de 19.05.2014 (Relator: Paula Maria Roberto); Acórdão do Tribunal da Relação de Lisboa, datado de 08.02.2017 (Relator: Albertina Pereira); Acórdão do Tribunal da Relação de Coimbra, datado de 21.02.2018 (Relator: Jorge Manuel Loureiro); Acórdão do Tribunal da Relação do Porto, datado de 19.09.2005 (Relator: Machado da Silva); Acórdão do Tribunal da Relação do Porto, datado de 30.09.2013 (Relator: Paula Leal de Carvalho).

[315] Este sentido, com o qual discordamos, é defendido, aparentemente, por Francesco Rossi, *La remissione del debito*, p. 42.

[316] O direito à quitação não era diretamente consagrado no Código de Seabra; a recusa do credor a dar quitação era referida apenas como um dos fundamentos que legitimavam o devedor a recorrer à consignação em depósito (art. 759.º), cf. António Menezes Cordeiro, *Tratado de Direito Civil*, V. IX, p. 144.

devedor mantém o direito à quitação, mesmo após o cumprimento. Quanto aos seus efeitos, a quitação não constitui presunção de cumprimento, não se confundindo com o título original do crédito a que alude o número 3 do artigo 786.º do Código Civil[317]. Esta constitui, assim, um meio de prova de tipo documental, sujeito à livre apreciação pelo juiz – é essa a sua natureza e a sua eficácia é puramente probatória[318]. Por esse motivo se estabelece que, tendo o devedor nisso interesse legítimo, pode exigir que a quitação seja passada por documento autêntico ou autenticado, os quais, como se sabe, gozam de um valor reforçado enquanto meios de prova[319].

A distinção entre remissão e quitação é, em teoria, evidente. A remissão é um contrato, resulta do encontro de duas vontades tendentes a produzir um efeito jurídico específico: a extinção da obrigação. Já a declaração (ou recibo) de quitação consiste, nos termos do artigo 787.º do Código Civil, num documento em que o credor atesta ter recebido a prestação que lhe era devida. É, portanto, uma mera declaração de ciência na qual o credor se limita a atestar que recebeu uma determinada prestação que lhe era devida[320]. Na remissão, pelo contrário, devedor e credor extinguem o débito, pelo encontro de vontades nesse sentido[321]. Assim, pode dizer-se que a remissão, ao contrário da quitação, "*pressupõe um conteúdo intelectual (o credor tem que saber que o crédito se mostra insatisfeito) e um conteúdo volitivo (o credor pretende renunciar ao crédito)*"[322]. E esse conteúdo volitivo deve resultar da própria declaração, ou do contexto em que é emitida, nos termos gerais de interpretação, mesmo que a declaração seja emitida "*com grande amplitude*"[323].

317 Assim, o Acórdão do Tribunal da Relação de Guimarães, datado de 22.01.2009 (Relator: Isabel Rocha).

318 António Menezes Cordeiro, *Tratado de Direito Civil*, V. IX, p. 151.

319 Assim, sendo o documento de quitação desprovido de forma especial, também não tem um valor probatório especial, cf. Acórdão do Tribunal da Relação de Guimarães, datado de 22.01.2009 (Relator: Isabel Rocha).

320 Neste sentido se pronuncia o Acórdão do Tribunal da Relação do Porto, datado de 31.05.2010 (Relator: Machado da Silva).

321 Os pontos fundamentais da diferença podem ser confrontados no Acórdão do Supremo Tribunal de Justiça, datado de 20.01.2010 (Relator Bravo Serra) e no Acórdão do Tribunal da Relação do Porto, datado de 18.02.2013 (Relator: Machado da Silva).

322 Acórdão do Supremo Tribunal de Justiça, datado de 22.02.2017 (Relator: Gonçalves Rocha).

323 É o que resulta do Acórdão do Tribunal da Relação de Lisboa, datado de 17.12.2014 (Relator: Maria João Romba).

Em face do que vai dito, é manifestamente incompreensível o teor do Acórdão do Supremo Tribunal de Justiça, datado de 05.04.2006 (Relator: SOUSA PEIXOTO)[324] que entende que a quitação "global", "*dada a sua amplitude, abrange todos os créditos resultantes da relação laboral em causa, incluindo os que eventualmente pudessem resultar da sua cessação, nomeadamente, o direito de crédito à reintegração e às retribuições vincendas*". Vejamos: ou a declaração há de ser considerada uma (mera) quitação, ou revestirá as características necessárias para que se possam considerar remissão. Por outro lado, também não se apresenta especialmente problemática a consideração de que, verificados os pressupostos, a "declaração" possa cumprir uma dupla função: uma declaração de ciência (quitação) quanto à quantia efetivamente recebida e uma declaração de vontade (remissão) de extinguir os demais créditos não pagos. O que, a nosso ver, é inadmissível é atribuir a uma declaração, que foi qualificada como quitação, um efeito que ela, por definição, não lhe pode ter associado, um efeito extintivo de uma situação jurídica[325]. Com efeito, a quitação, por mais "*ampla*" que seja, é "*uma simples declaração de ciência certificativa do facto de que a prestação foi cumprida pelo devedor e recebida pelo credor*"[326]. Por oposição, a remissão pressupõe uma vontade de extinguir uma situação jurídica[327]. A quitação não comporta qualquer manifestação de vontade, apenas certifica uma determinada situação de facto: o cumprimento.

i. Súmula da posição adotada

Os fundamentos pelos quais, a nosso ver, não é possível associar às declarações liberatórias a natureza de remissão, situam-se a dois níveis.

[324] O qual, como já referido, é sujeito à anotação crítica de JOÃO LEAL AMADO, "Declarações Liberatórias: efeitos probatórios ou efeitos dispositivos?", pp. 155 e ss. O Acórdão é secundado pelo Acórdão do Tribunal da Relação do Porto, datado de 02.03.2017 (Relator: PAULA LEAL DE CARVALHO).

[325] Neste sentido, o Acórdão do Tribunal da Relação de Lisboa, datado de 27.05.2009 (Relator: ISABEL TAPADINHAS), referindo que "*Uma declaração de quitação com tal amplitude não deixa de ser uma quitação*".

[326] Acórdão do Supremo Tribunal de Justiça, de 20.01.2010 (Relator: BRAVO SERRA).

[327] Acórdão do Supremo Tribunal de Justiça, de 22.02.2017 (Relator: GONÇALVES ROCHA).

Em primeiro lugar, do ponto de vista conceptual, a remissão pressupõe um "*conteúdo intelectual e volitivo*" que está ausente neste tipo de declarações[328]. Na verdade, não decorre destas declarações qualquer manifestação de vontade tendente à produção de efeitos jurídicos, e salvo o devido respeito pelas posições que sustentam diverso entendimento, não nos parece que em expressões como as que caracterização este tipo de declarações (*v.g.*, "*nada mais tenho a haver*") seja possível descortinar essa mesma vontade, existindo antes a expressão de uma mera convicção subjetiva[329].

Com efeito, tanto quanto nos parece, em casos como estes, ao subscrever a referida declaração, e em particular quando a assinatura da declaração não seja precedida de qualquer negociação relativa aos créditos subsistentes, o trabalhador não pretende renunciar a qualquer direito, até porque, no mais das vezes, não tem conhecimento de que, afinal, teria direito a mais do que aquilo que efetivamente recebeu[330]. Assim, no momento em que subscreve a declaração, o trabalhador declara que não tem nada mais a receber porque é nessa convicção, eventualmente errónea, que atua. Não porque sabe ter direito a algo mais, abdicando do seu recebimento, mas porque subjetivamente

[328] É que, como refere, JOÃO LEAL AMADO, a remissão, "*enquanto contrato, pressupõe um certo conteúdo intelectual e volitivo – ou seja, pressupõe que o credor conhece o seu direito, tem consciência da sua existência, sabe que ele ainda se encontra insatisfeito; e pressupõe, também, que o credor quer extinguir esse crédito, tem vontade de o abandonar, de dele se demitir*". JOÃO LEAL AMADO, *A protecção do salário*, p. 223, concluindo, "*Em suma, a remissão postula uma verdadeira e própria declaração de vontade*".

[329] Acórdão do Supremo Tribunal de Justiça, datado de 20.01.2010 (Relator: BRAVO SERRA): "*Não traduz um acordo de remissão abdicativa, mas antes uma mera quitação, a declaração exarada num documento, elaborado pela Ré, em que o Autor declara "haver recebido determinada a importância de € 1.996,54, por recibos e folhas de pagamento que ficam nos respectivos arquivos como liquidação de contas, correspondentes a todas as importâncias a que tinha (mos) direito e das quais dou (damos) plena e geral quitação, nada mais tendo, por consequência a reclamar, seja a que título for", uma vez que dela não decorre qualquer vontade de remitir por parte do trabalhador.*". No mesmo sentido, o Acórdão do Tribunal da Relação do Porto datado de 02.12.2008, refere expressamente que "*Quando o trabalhador declara que "dá integral quitação de todas as importâncias ou direitos por ele exigíveis emergentes do contrato de trabalho" está apenas a querer dizer que, na sua óptica, segundo os dados de que dispõe e o que crê, tudo o que lhe era devido lhe foi pago ou está a ser pago*", concluindo que "*Tal acordo não vale como remissão abdicativa dos créditos, a título de remuneração pelos tempos de descanso compensatório não gozados, se o trabalhador em causa estava convencido de que a ré nada lhe devia a esse título*".

[330] Concluindo que "*a invocação pela empregadora dessa presunção de aceitação do despedimento, bem como da renúncia abdicativa que decorreria da referida declaração de quitação, sempre constituiria abuso de direito*", o Acórdão do Tribunal da Relação do Porto, 30.09.2013 (Relator: PAULA LEAL DE CARVALHO).

está convicto de que o teor da declaração reflete a realidade: os valores pagos correspondem à totalidade dos seus direitos e, com o seu pagamento, está o trabalhador em crer, não subsistem valores em aberto[331]. Estamos, assim, perante uma mera declaração de ciência, em rigor, uma quitação (ainda que *suis generis*[332]) sem qualquer conteúdo dispositivo[333].

É certo que o seu teor literal é mais abrangente que o que tipicamente corresponde à quitação: o credor não declara ter recebido a prestação, ou quaisquer prestações individualmente consideradas, antes declara ter recebido tudo quanto tinha direito, daí que, efetivamente, se possa dizer que enquanto quitação estas declarações apresentem um conteúdo *suis generis*[334]. Reconduzidas as declarações liberatórias à figura geral da quitação, ainda que com uma maior amplitude que o habitual, os seus efeitos reportam aos da quitação, isto é, podem auxiliar o credor a provar o cumprimento das suas obrigações[335]. Mas podem também, numa outra ótica, como refere João Leal Amado, ser consideradas um reconhecimento negativo de dívida[336], o qual, como analisámos *supra*, tem um efeito mais qualificado que a mera quitação,

[331] Referindo que o alegado efeito extintivo abrange todos os créditos, sejam eles conhecidos ou não, o Acórdão do Supremo Tribunal de Justiça, datado de 10.12.2009 (Relator: Pinto Hespanhol). Vai mais longe alguma jurisprudência, considerando que o efeito extintivo abrange direitos que, à data da subscrição, nem existiam, como o direito à reintegração, como sucede no Acórdão do Tribunal da Relação de Coimbra, datado de 21.02.2018 (Relator: Jorge Manuel Loureiro).

[332] *"Certo, se assim for esta será sempre uma quitação um tanto "sui generis", dada a sua amplitude"* João Leal Amado, *A protecção do salário*, p. 225.

[333] João Leal Amado, *A protecção do salário*, pp. 223-224.
João Leal Amado, *A protecção do salário*, pp. 224-225.

[334] João Leal Amado, *A protecção do salário*, p. 225

[335] João Leal Amado, *A protecção do salário*, p. 226

[336] *"Toda a argumentação até agora expedida assenta na ideia de que as declarações em exame consistem numa quitação (embora, como se disse, "sui generis"). Significa isto que tem vindo a ser destacadas aquela a que poderíamos chamar de faceta positiva de tais declarações: a faceta que acentua o cumprimento por parte do empregador, asseverando que este pagou (a qual se evidencia quando o trabalhador declara, p. ex., que "recebeu todas as importâncias que lhe eram devidas"). Estas declarações podem, contudo, ser objecto de um enfoque diverso, como que analisando então o reverso da medalha, a sua faceta negativa: faceta que avulta, por sua vez, quando o trabalhador declara que "nada mais tem a exigir da entidade patronal" – pondo em realce, não tanto o cumprimento da obrigação, mas sobretudo, a completa liberação do devedor-empregador, a inexistência de quaisquer débitos deste para com o trabalhador"*, João Leal Amado, *A protecção do salário*, p. 228, concluindo, a p. 229, que "*tais declarações traduzem-se, nesta óptica, num claro reconhecimento negativo de dívida*".

uma vez que faz operar a inversão do ónus da prova, devido à presunção (ilidível) que acarreta, mas o qual, ainda assim, não importa um efeito substantivo.

Em abono da posição que sufragamos, depõem alguns arrestos mais recentes, sendo, portanto, felizmente constatável uma viragem no sentido da inadmissibilidade de as declarações liberatórias valerem como remissão[337].

[337] Assim, no Supremo Tribunal de Justiça, podem ser confrontados os seguintes: Acórdão do Supremo Tribunal de Justiça, datado de 20.01.2010 (Relator: Bravo Serra); Acórdão do Supremo Tribunal de Justiça, datado de 22.02.2017 (Relator: Gonçalves Rocha); Acórdão do Supremo Tribunal de Justiça, datado de 13.02.2019 (Relator: Júlio Gomes); Acórdão do Supremo Tribunal de Justiça, datado de 20.09.2006 (Relator: Mário Pereira); Acórdão do Supremo Tribunal de Justiça, datado de 07.10.1999 (Relator: José Mesquita; Acórdão do Supremo Tribunal de Justiça, datado de 05.04.2006 (Relator: Sousa Peixoto); Acórdão do Supremo Tribunal de Justiça, datado de 31.10.2007 (Relator: Vasques Dinis).
Nas Relações: Acórdão do Tribunal da Relação do Porto, datado de 05.02.2018 (Relator: Rui Penha); Acórdão do Tribunal da Relação do Porto, datado de 18.02.2013 (Relator: Machado da Silva); Acórdão do Tribunal da Relação de Évora, datado de 11.05.2017 (Relator: João Nunes); Acórdão do Tribunal da Relação do Porto, datado de 30.05.2018 (Relator: Jerónimo Freitas): Acórdão do Tribunal da Relação de Lisboa, datado de 13.07.2016 (Relatora: Celina Nóbrega); Acórdão do Tribunal da Relação de Lisboa, datado de 14.03.2001 (Relator: Pereira Rodrigues); Tribunal da Relação do Porto, datado de 30.09.2013 (Relator: Paula Leal de Carvalho); Acórdão do Tribunal da Relação do Porto, datado de 03.10.2005 (Relator: Domingos Morais); Acórdão do Tribunal da Relação de Lisboa, datado de 20.11.2019 (Relator: Manuela Fialho); Acórdão do Tribunal da Relação do Porto, datado de 12.09.2019 (Relator: Amaral Ferreira); Acórdão do Tribunal da Relação de Évora, datado de 17.04.2007 (Relator: Baptista Coelho); Acórdão do Tribunal da Relação do Porto, datado de 02.12.2008 (Relator: Albertina Pereira); Acórdão do Tribunal da Relação de Évora, datado de 23.10.2007 (Relator: Chambel Mourisco); Acórdão do Tribunal da Relação de Lisboa, datado de 27.05.2009 (Relator: Isabel Tapadinhas); Acórdão do Tribunal da Relação do Porto, datado de 20.05.2013 (Relator: Eduardo Petersen Silva); Acórdão do Tribunal da Relação do Porto, datado de 18.02.2013 (Relator: Machado da Silva); Acórdão do Tribunal da Relação de Lisboa, datado de 14.07.2011 (Relator: Seara Paixão); Acórdão do Tribunal da Relação de Lisboa, datado de 05.06.2013 (Relator: Jerónimo Freitas); Acórdão do Tribunal da Relação de Lisboa, datado de 17.12.2014 (Relator: Maria João Romba); Acórdão do Tribunal da Relação do Porto, datado de 14.03.2011 (Relator: Eduardo Petersen Silva); Acórdão do Tribunal da Relação do Porto, datado de 24.01.2018 (Relator: Manuel Domingos Fernandes); Acórdão do Tribunal da Relação do Porto, datado de 13.06.2018 (Relator: Rui Penha); Acórdão do Tribunal da Relação de Lisboa, datado de 06.12.2017 (Relator: Manuela Fialho); Acórdão do Tribunal da Relação do Porto, datado de 13.04.2015 (Relator: Eduardo Petersen Silva); Acórdão do Tribunal da Relação do Porto, datado de 18.04.2016 (Relator: Maria José Costa Pinto); Acórdão do Tribunal da Relação de Lisboa, datado de 08.07.2009 (Relator: Leopoldo Soares); Acórdão do Tribunal da Relação de Évora, datado de 21.09.2004 (Relator: Chambel Mourisco); Acórdão do Tribunal da Relação de Lisboa, datado de 26.02.2003 (Relator: Simão Quelhas); Acórdão do Tribunal da Relação de Évora, datado de 10.03.2020 (Relator:

Neste sentido, é particularmente expressivo o Acórdão do Tribunal da Relação do Porto, datado de 18.02.2013 (Relator: MACHADO DA SILVA) no qual se considera que a declaração do trabalhador da qual resulta ter recebido "*todos os créditos emergentes do contrato de trabalho e da cessação do mesmo, nada mais tendo a receber ou a reclamar, seja a que título for*" é uma declaração genérica a qual não pode ser havida como remissão mas apenas como quitação genérica, insuficiente para demonstrar o acordo negocial das partes[338].

Em face das múltiplas variáveis que podem estar subjacentes à emissão destas declarações, entendemos que a razão estará do lado dos arrestos que analisam detalhadamente o contexto factual subjacente. Em face dessa factualidade, podemos encontrar então declarações liberatórias que são verdadeiras remissões, nomeadamente por surgirem no culminar de um processo negocial. É o que sucede, no nosso entender, no Acórdão do Tribunal da Relação do Porto, datado de 25.09.2019 (Relator: JERÓNIMO FREITAS), no qual o autor subscreve a declaração após uma troca de correspondência, em que defende ter direito a um valor superior. Constatando que a contraparte não cede nos seus argumentos, acaba por subscrever uma declaração liberatória. Ora, nesse caso, é evidente que pode ser interpretada como remissão, uma vez que caso quisesse manter a sua posição (e os créditos que entendia ter direito) não a teria subscrito, logo o caráter abdicativo. Similarmente, também no Acórdão do Tribunal da Relação de Évora, datado de 05.11.2015 (Relator: JOÃO LUÍS NUNES), em que as partes vinham mantendo conversações, entendo a entidade patronal que nada teria a pagar ao trabalhador a título de compensação pela cessação do contrato por entender que existiria justa causa para despedimento, tendo o autor subscrito uma declaração na qual declarar nada mais ter a reclamar, é legitima a sua interpretação como remissão abdicativa.

Como resulta do artigo 236.º do Código Civil, "*não basta apelar ao declaratário normal – como tal a pessoa medianamente sagaz, instruída e prudente – havendo*

SÉRGIO CORVACHO) e Acórdão do Tribunal da Relação de Lisboa, datado de 07.03.2018 (Relator: CELINA NÓBREGA).

338 No mesmo sentido, o Acórdão do Tribunal da Relação de Guimarães, datado de 25.05.2016 (Relator: ANABELA TENREIRO), "*Se os próprios declarantes desconheciam o significado e alcance dos termos objectivos da declaração que subscreveram, não podendo, por esse motivo, ser-lhes imputada, conclui-se que a declaração de vontade, nessa parte, é nula, ou de nenhum efeito, por via da interpretação, isto é, como resultado da actividade interpretativa*".

também que o colocar na posição do real declaratário, perante o concreto circunstancialismo do caso"[339]. E tal exigência interpretativa importa que, em determinados casos, se tenha que introduzir na equação a maior fragilidade do trabalhador, que muitas vezes é confrontado, pelo empregador, com apenas duas opções, assinar a declaração e receber uma quantia, ainda que inferior à que teria direito, ou não assinar e ter que contestar judicialmente o valor dos créditos o que nem sempre é compaginável com a necessidade iminente do trabalhador em receber, ao menos, o vencimento[340].

Em suma, para que uma declaração liberatória possa legitimamente ser considerada remissão, é necessário demonstrar que o contexto factual em que o remitente atuou permite afirmar a existência de uma vontade de remitir[341]. É que a teoria da impressão do destinatário a que a jurisprudência lança mão não pode, a nosso ver, ser levada ao ponto a que nos parecem chegar alguns Acórdãos de desconsiderar a factualidade subjacente, antes "*reclama que se atendam a todas as circunstâncias relacionadas com os termos do negócio, às finalidades prosseguidas pelo declarante, às negociações prévias e às relações negociais anteriormente estabelecidas*"[342].

Portanto, em certos casos, as declarações liberatórias podem efetivamente ser interpretadas como remissões válidas, mas apenas quando se demonstre que na génese da declaração estava um suficiente conhecimento do direito que assistia ao declarante que permita vislumbrar uma corretamente formada

339 Acórdão do Tribunal da Relação do Porto, datado de 30.09.2013 (Relatora: Paula Leal de Carvalho)

340 Acórdão do Tribunal da Relação de Évora datado de 28.02.2019 e 14.03.2019 (Relator: Moisés Silva) e, do mesmo Tribunal, o Acórdão datado de 17.01.2019 (Relator: João Luís Nunes), já referidos. Nestes, refere-se "*sabendo a empregadora que o autor ficaria sem emprego e necessitava de receber o salário relativo ao trabalho prestado novembro de 2016, para fazer face aos seus encargos mensais e que só por este motivo emitia a declaração, não constitui uma remissão abdicativa, extintiva de todos os créditos, mas apenas um documento de quitação em relação à quantia que efetivamente lhe foi paga.*"

341 Acórdão do Supremo Tribunal de Justiça, datado de 13.02.2019 (Relator: Júlio Gomes): "*Não fica demonstrada a existência de qualquer vontade de remitir por parte do trabalhador, quando não só não se provou a existência de qualquer negociação prévia, como o teor do texto que o trabalhador assinou não sugere, nem alerta, para qualquer remissão abdicativa.*"

342 Acórdão do Supremo Tribunal de Justiça, datado de 04.07.2019 (Relator: Henrique Araújo).

vontade de remitir, o que em princípio só é vislumbrável quando exista um contexto favorável a esse conhecimento[343].

Tal não importa, naturalmente, que as referidas declarações sejam desprovidas de efeitos práticos, bem pelo contrário: como vimos, têm importantes efeitos probatórios[344].

[343] Por esse motivo, isto é, pela circunstância de tal vontade de remitir só ser, em princípio vislumbrável quando precedida de um contexto negocial, tendencialmente não poderá haver remissão quando "*se apura que este emitiu e assinou uma declaração idêntica à que a ré deu a assinar a outros trabalhadores, em que declarava, como condição para receber a compensação e os créditos legal e objetivamente devidos pela cessação do contrato, que se «extinguem por remissão abdicativa todos e quaisquer eventuais créditos de que (...) seja ou possa ser, ainda credor»*" uma vez que, nesses casos, "*o autor não tinha consciência que estava a remitir quaisquer créditos que lhe fossem devidos pela ré, para além daqueles que lhe estavam a ser pagos com tal declaração*", cf. Acórdão do Tribunal da Relação de Évora, datado de 17.01.2019 (Relator: João Luís Nunes).

[344] João Leal Amado, *A protecção do salário*, p. 230.

Capítulo IV
Requisitos do objeto

§ 10. Enunciado do problema e enquadramento

Quando falamos em objeto, referimo-nos diretamente ao "*quid*" sobre o qual irá incidir o negócio jurídico. Neste sentido, e coerentemente com a posição assumida quanto aos efeitos da remissão[345], o objeto da remissão consiste no débito que concretamente se pretende extinguir. Estando perante um negócio com eficácia extintiva, as características que deve revestir esse objeto são essenciais para compreender os limites da figura[346]. Assim entendido, é evidente que o primeiro dos pressupostos será a existência da dívida, mas, num segundo momento, parece-nos não menos certa a necessidade de essa dívida reunir determinadas particularidades que a tornem remissível[347].

Avançaremos na análise dos requisitos do objeto com recurso a três conceitos-quadro que nos parecem ter a virtualidade de enquadrar os óbices potencialmente subjacentes: a existência, a determinabilidade e a disponibilidade. Notamos, contudo, que a análise que se segue não é fundada diretamente na lei, nada se referindo, nos artigos 863.º a 867.º do Código Civil, quanto às características que a "dívida" deve apresentar para que seja suscetível de ser objeto de remissão, mas em regras e princípios gerais de Direito das obrigações[348].

345 *Supra*, Cap. II, § 6.

346 Francesco Rossi, *La remissione del debito*, p. 11

347 No sentido do texto, Nathalie Picod, *La remise de dette en droit privé*, pp. 50-51, distingue entre o objeto da remissão e o objeto da dívida remitida "*objet de la remise de dette et objet de la dette remise*".

348 Referindo há que atender às regras "*de direito comum dos contratos, devendo a dívida ser lícita e determinada (...) ou determinável para ser objeto de remissão*", cf. Nathalie Picod, *La remise de dette en droit privé*, p. 61.

Antes, porém, de focar a análise nas particularidades da dívida a remitir, deve, quanto ao seu âmbito de aplicação, referir-se que a remissão é, *prima facie*, operacional relativamente a obrigações provenientes de qualquer fonte. Sem embargo, relativamente à responsabilidade civil, parece-nos necessário que, previamente à remissão, a obrigação de indemnizar seja judicialmente declarada, uma vez que, como avançado acima, o objeto da remissão são deveres de prestar e não pretensões indemnizatórias não materializadas[349]. O mesmo sucede, de resto, com todas as outras causas de extinção das obrigações para além do cumprimento. De igual forma, não nos parece apresentar dificuldade a constatação de que serão remissíveis prestações de qualquer natureza (*i.e.*, de *dare*, *facere* e *non facere*). Excluem-se desta afirmação os contratos reais *quoad effectum*, em que o efeito translativo ocorre logo com a celebração do negócio (cf. art. 408.º do Código Civil). Não se trata, contudo, de uma verdadeira exceção, uma vez que, nesses casos, não existe prestação, enquanto tal.

As considerações acima tecidas, intencionalmente genéricas, não implicam, obviamente, que, caso a caso, como veremos, a específica natureza de determinadas obrigações, não possa determinar a impossibilidade de extinção por via da remissão. Tal é o caso, por exemplo, dos créditos laborais, cuja remissão estará vedada por contraria a sua natureza indisponível, tal como referiremos *infra*.

Transversalmente, referimo-nos a obrigações civis. Sem embargo, não nos parece que exista qualquer obstáculo a que os envolvidos extingam uma obrigação natural por remissão. A liberação do devedor será, neste caso, certamente menos relevante, mas ainda assim existem efeitos assinaláveis. Nomeadamente, possibilita-se a repetição do indevido[350].

Por fim, enquanto negócio jurídico são naturalmente aplicáveis à remissão os requisitos elencados no artigo 280.º do Código Civil a respeito do objeto do negócio jurídico. Da leitura conjugada do número 1 e 2 desse preceito, podemos identificar como vícios suscetíveis de determinar a nulidade do negócio

[349] Isso mesmo foi constatado no Acórdão do Supremo Tribunal Administrativo, datado de 31.01.2002 (Relator: Rui Botelho). Em sentido contrário, *vide* o Acórdão do Supremo Tribunal de Justiça, datado de 04.07.2019 (Relator: Henrique Araújo), que analisaremos na secção seguinte.

[350] Pietro Perlingieri, "Dei modi di estinzione delle obbligazioni diversi dall'adempimento", pp. 239-240.

jurídico (*i*) a impossibilidade, física ou legal, (*ii*) a contrariedade à lei, (*iii*) a indeterminabilidade, (*iv*) a contrariedade à ordem pública ou (*v*) a ofensa aos bons costumes. Destes, além da determinabilidade, que analisaremos em concreto no II., apenas a contrariedade à lei pode revelar para a remissão. Com efeito, o requisito da possibilidade prende-se com o postulado básico de que só o que é possível pode ser juridicamente devido. Como facilmente se percebe, ao estabelecer este limite procura-se impedir que as pessoas se vejam adstritas a comportamentos que não poderão ou deverão realizar, por física ou legalmente impossíveis. Esta justificação, tradicional, da impossibilidade não se enquadra na remissão: esta não visa constituir obrigações, mas extingui-las. Também a contrariedade à ordem pública e aos bons costumes, em regra, não estará em causa: não se vislumbra como o "perdão" de dívida possa atentar contra essas valorações.

I. A existência

O primeiro requisito a considerar é a existência da dívida[351]. Esta referência aparentemente óbvia é, contudo, útil para, num momento inicial, estabelecer a distinção entre a remissão e o reconhecimento negativo de dívida. Com efeito, a remissão envolve, para o credor, um ato de disposição –, extintiva e não translativa, – do direito de crédito, o que pressupõe naturalmente a respetiva existência, o que já não se verifica com o reconhecimento negativo de dívida que configura uma (mera) declaração de que a obrigação – e, consequentemente, o direito – não existe ou nunca existiu[352].

Nesse sentido, como temos vindo a defender, consistindo num negócio de disposição, a remissão pressupõe um conteúdo volitivo: ao credor deve ser possível assacar a vontade de extinguir a dívida que ele sabe existir.

[351] Menezes Leitão, *Direito das obrigações*, V. II, pp. 213-214 e Nathalie Picod, *La remise de dette en droit privé*, p. 51. Referindo que a único requisito da remissão atinente ao objeto é a existência, dispensando-se a liquidez e a certeza, Carlo Toesca di Castellazzo, "Rimessione del debito", p. 700. Enunciando a existência como pressuposto, na jurisprudência, *v.g.*, o Acórdão do Supremo Tribunal de Justiça, datado de 17.04.2008 (Relator: Paulo Sá). Admitindo a existência e validade da obrigação primitiva como requisito para a novação, *vide*, Hugo Ramos Alves, *Dação em cumprimento*, pp. 191-193.

[352] Pires de Lima / Antunes Varela, *Código Civil Anotado*, V. II, p. 151.

Já no caso do reconhecimento negativo de dívida, há apenas uma declaração, feita perante a contraparte, de que a obrigação não existe ou nunca existiu[353]. Nessa medida, a diferença essencial entre as duas figuras é que na remissão o credor manifesta a vontade de extinguir a obrigação, pretende-se produzir esse efeito "real" extintivo da dívida[354]. Não é um mero efeito declarativo ou certificativo de uma situação de facto, antes se destina a produzir efeitos jurídicos e alterar a realidade existente[355]. O propósito do credor não é limitado a reconhecer um estado de coisas existente (ou que se este considera existir), antes se parte do conhecimento do estado de coisas (a existência da dívida) para a sua modificação, *maxime*, extinção[356].

Por configurar um ato de disposição, como vimos, a remissão deve ser específica, reportando a um objeto concreto, não sendo válida quando celebrada em termos genéricos[357]. Já o reconhecimento negativo de dívida é, ou pode ser, abrangente, de forma a incidir sobre "*todo e qualquer crédito de declarante para com o declaratório*"[358]. A distinção entre estas duas figuras é da máxima importância. Enquanto a remissão pode dizer-se, em certo sentido, ter um efeito "real", pelo menos no sentido em que provoca a extinção da dívida, o reconhecimento de dívida, nos termos do artigo 458.º, importa a inversão do ónus da prova quanto à "*relação fundamental*". Se bem se notar, não se constituí nenhuma obrigação nova, apenas se dispensa o destinatário de provar a fonte[359]. No caso inverso, aquele que particularmente nos interessa,

[353] Neste sentido, *vide*, o Acórdão do Tribunal da Relação de Lisboa, datado de 14.03.2001 (Relator: Pereira Rodrigues).

[354] Pereira Coelho, *A renúncia abdicativa no Direito Civil*, pp. 64-72. Na jurisprudência, o Acórdão do Tribunal da Relação de Lisboa, datado de 06.12.2017 (Relator: Maria Teresa Albuquerque).

[355] Pereira Coelho, *A renúncia abdicativa no Direito Civil*, p. 62

[356] No sentido do texto, Pereira Coelho, *A renúncia abdicativa no Direito Civil*, pp. 62-63.

[357] *Supra*, Cap. III, § 9., I., a propósito das declarações genéricas. Efetivamente, o problema analisado nessa sede poderia também ser tratado – e, eventualmente, com maior propriedade – em sede dos requisitos do objeto, nomeadamente a existência, incluindo o seu conhecimento efetivo, que ora nos ocupa. Escolhemos tratá-lo autonomamente porque a jurisprudência tem vindo a situar o tema em sede de interpretação da declaração negocial.

[358] Acórdão do Tribunal da Relação de Lisboa, datado de 14.03.2001 (Relator: Pereira Rodrigues)

[359] Sobre a figura, *vide*, por todos, António Menezes Cordeiro, *Tratado de Direito Civil*, V. VII, pp. 691-695.

do reconhecimento negativo de dívida, também não se verifica uma eficácia extintiva: simplesmente se onera aquele que reconhece a inexistência de uma dívida com o ónus de provar que, afinal, ela subsiste.

Sem embargo, notamos, com apoio em VAZ SERRA, que, em certos casos, as partes recorrem a um reconhecimento negativo de dívida quando, na verdade, pretendem uma verdadeira remissão[360]. Segundo o Autor, o reconhecimento negativo de dívida pode ter subjacente quatro potenciais finalidades: (*i*) extinguir uma dívida existente (e que se conhece); (*ii*) pôr termo a um estado de incerteza, declarando a inexistência da dívida (quer ela exista ou não) ou (*iii*) certificar a real inexistência da dívida[361]. No primeiro caso, é evidente não estarmos perante um reconhecimento negativo de dívida, mas sim uma proposta de remissão. Com efeito, se o credor, conhecendo a existência da dívida, declara ainda assim que ela não existe, o que ocorre é a manifestação de uma vontade remissiva. Para que produza efeitos, estará subordinada aos correspondentes requisitos, nomeadamente anuência do devedor.

O mesmo sucede, em certa medida, na segunda situação apresentada. Encontrando-se o credor em dúvida quanto à existência da dívida, ao declarar que esta não existe para fazer cessar este estado de incerteza, estamos também perante uma remissão, ainda que subordinada a condição suspensiva[362]. De facto, se bem atentarmos no *iter* de formação da vontade, constata-se que o credor parte da possibilidade de a dívida existir e, nesse caso, manifesta a sua vontade de a extinguir. Poder-se-ia dizer que no caso de se vir a apurar que a dívida não existe, restaria qualificar juridicamente o acordo como um reconhecimento negativo de dívida porque não é possível encontrar uma remissão na ausência de dívida subjacente[363]. Assim é. Justamente por esse motivo defendemos que se trata de uma remissão sujeita à condição (implícita) de existência da dívida. Com efeito, *a priori*, na dúvida sobre a existência da

[360] VAZ SERRA, "Remissão, reconhecimento negativo de dívida e contrato extintivo da relação obrigacional bilateral", pp. 79-80

[361] O Autor encontra ainda como finalidade potencial antecipar um cumprimento que se espera vir a ocorrer, cf. VAZ SERRA, "Remissão, reconhecimento negativo de dívida e contrato extintivo da relação obrigacional bilateral", p. 80

[362] Assumindo que não há contrapartida a esta declaração, caso em que teríamos, antes, uma transação.

[363] No sentido em que a remissão não pode incidir sobre uma dívida que o credor considera inexistente, FRANCESCO ROSSI, *La remissione del debito*, p. 101.

dívida, a declaração não pode qualificar-se como reconhecimento negativo de dívida, uma vez que este pressupõe um carácter meramente declarativo, não se lhe sendo associável uma vontade tendente à produção de efeitos jurídicos. No – puro – reconhecimento de dívida, seja ele positivo ou negativo, as partes conhecem um determinado estado de coisas e declaram-no, cristalizando-o. Não há vontade de introduzir qualquer alteração na ordem jurídica. Por oposição, quando o credor está num estado de incerteza relativamente à própria existência da dívida e, ainda assim, declara que ela não existe, a vontade que se associa a este comportamento só pode ser a de extinguir a dívida, caso ela exista. Assim, portanto, a remissão condicional[364]. Em sentido diverso, Francisco Pereira Coelho entende estarmos perante uma transação[365]. Poderá haver fundamento para essa qualificação, mas apenas nos casos em que exista uma concessão correspetiva à declaração, o que desde logo afastaria a remissão. Esse é o sentido do artigo 1248.º do Código Civil.

Assim, apenas no terceiro dos casos apresentados, quando o credor não tem dúvidas sobre realidade subjacente, estamos perante um reconhecimento negativo de dívida. Com efeito, no nosso entender, para que estejamos perante um verdadeiro reconhecimento negativo de dívida é necessário que se verifique uma identidade entre a realidade que o credor subjetivamente representa e a que declara porque, justamente, o reconhecimento de dívida não tem eficácia constitutiva, é uma mera declaração de ciência, a certificação de um determinado estado de coisas. Nessa medida, não pode o credor recorrer-lhe quando na verdade pretenda introduzir uma modificação na ordem jurídica, ainda que condicionada.

Um caso interessante relacionado com a necessidade de existência ou convicção de existência da dívida a remitir surge relatado no Acórdão do Supremo Tribunal de Justiça, datado de 25.05.2005 (Relator: Sousa Peixoto). A situação que subjaz ao arresto é a seguinte: o autor alegou que começou a trabalhar para a ré, como jornalista, em 1990, em condições análogas às de um contrato de trabalho, embora a ré o considerasse um mero prestador de serviços. Volvida quase uma década, a ré decidiu cessar a relação que

[364] Em sentido contrário, parecendo entender a "*existência indiscutível*" como pressuposto, *vide* o Acórdão do Tribunal da Relação de Coimbra, datado de 03.03.2015 (Relator: Fonte Ramos).

[365] Pereira Coelho, *A renúncia abdicativa no Direito Civil*, p. 62

mantinha com o autor, propondo-lhe o pagamento de uma compensação de 1.000.000$00, a qual o autor, alegadamente pressionado pela ré, acabaria por aceitar. Como condição para efetuar o pagamento acordado, a ré exigiu que o autor subscrevesse uma declaração com o seguinte teor: "*Eu, A, declaro para os devidos efeitos, que recebi a importância de 1.566.600$00 (inclui, para além da compensação, dois meses de retribuição), resultante da cessação da relação de prestação de serviços que mantinha com esta Empresa. Mais declaro que concedo à Sociedade B, Lda. integral quitação nada mais tendo a exigir, reclamar ou receber por efeito das relações que agora cessam*". Confrontado com o litígio, o Tribunal de primeira instância proferiu sentença na qual julgou procedente o pedido do autor e reconheceu a existência de um contrato de trabalho, condenando consequentemente a ré ao pagamento de determinadas quantias, a apurar em liquidação de sentença, relativas a trabalho suplementar, trabalho noturno e subsídio de alimentação. Tendo ambas as partes apresentado recurso da decisão, o Tribunal da Relação de Lisboa viria a considerar parcialmente procedente o recurso da ré, no que respeita aos créditos referentes à prestação de trabalho suplementar, mas reafirmou, a nosso ver com razão, que a declaração subscrita pelo autor não poderia valer como remissão abdicativa por este não ter "*a consciência não só da existência do crédito, como da sua natureza jurídica*". Do Acórdão do Tribunal da Relação de Lisboa, a ré recorreu para o Supremo Tribunal de Justiça, alegando, para aquilo que nos interessa, que a declaração assinada pelo autor, no qual afirma nada ter a receber, deve ser considerada uma remissão abdicativa dos créditos que o autor pudesse ter direito os quais, tendo sido extintos por essa via, não poderiam ser peticionados na ação.

Confrontado com a questão, o Supremo Tribunal de Justiça considerou que a declaração em causa, deve ser entendida como uma renúncia "*a todos os créditos que pudessem emergir da relação de trabalho*" acrescentando que "*ao produzir uma declaração daquele teor, o trabalhador não se limita a fazer uma mera declaração de ciência. Está a dispor, está a renunciar aos créditos a que eventualmente ainda tivesse direito*". O Acórdão fundamenta a decisão referindo que o sentido da declaração é apurado pela teoria da impressão do destinatário e, por esse motivo, a circunstância de o autor ter subscrito a declaração na convicção de nada mais ter direito a receber não pode, enquanto estado subjetivo, ser tida em consideração na interpretação da declaração, valendo esta, como manda a referida teoria, com o sentido que um destinatário normal dela pudesse concluir. E prossegue, referindo que "*nem se diga que o facto de, na declaração, se fazer referência à cessação da relação de "prestação de serviços" afasta a conclusão a que chegamos. Tal não acontece, uma vez que a qualificação jurídica atribuída pelo autor ao contrato é um elemento meramente subjectivo que não pode ser considerado para determinar o sentido da declaração, face à referida teoria de impressão do destinatário*", afirmação que surge resumidamente no sumário de forma, a nosso ver, ainda mais desajustada: "*não releva, pelas mesmas razões, o facto de o trabalhador estar convencido, aquando da assinatura do documento, que o contrato que mantinha com a ré era de prestação de serviços e não de trabalho, como na acção foi decidido*".

Vejamos: Não nos oferece dúvidas que o legislador português adotou, com algumas exceções já analisadas, a teoria da impressão do destinatário no que respeita à interpretação da declaração negocial e que, de acordo com essa teoria, o sentido juridicamente relevante da declaração pode não corresponder à vontade real do declarante, nos termos do artigo 236.º do Código Civil. Em sede própria, tivemos oportunidade de densificar esta afirmação, transpondo as suas consequências, sem dificuldades, para o campo da remissão[366]. Nessa medida, naturalmente que, neste ponto, não merecem reparo as conclusões do Supremo Tribunal de Justiça. Mas o Acórdão vai mais longe – a nosso ver, demasiado longe, – ao considerar que é irrelevante o facto de o autor ter assinado a declaração na convicção de que o contrato que vigorava entre si e a ré era um contrato de prestação de serviços e não um contrato de trabalho. De facto, na nossa opinião, não tendo o autor consciência de que o vínculo que tinha com a ré lhe conferiria quaisquer direitos – o que se considerou provado – não vemos como poderá a declaração ser entendida como configurando uma remissão. Com efeito, no nosso entender e conforme referimos *supra*, a remissão pressupõe um conteúdo intelectual e volitivo, o qual, por definição, só pode estar presente quando o remitente tem conhecimento da existência do direito ao qual está a renunciar[367]. É artificial encontrar na declaração uma

[366] *Supra*, Cap. III, § 9.

[367] Foi precisamente esse o sentido do Acórdão recorrido, do Tribunal da Relação de Lisboa, datado de 20.10.2004 (Relator: SARMENTO BOTELHO): "*Não vale para efeitos de remição abdicativa de créditos provenientes de contrato de trabalho a declaração em que o A., estando então convencido de que o vínculo que o ligava à R. era um contrato de prestação de serviços, afirma dar à R. integral quitação, nada mais tendo a exigir dela por efeito da relação que então cessava, se se vem a provar, ulteriormente, que o contrato estabelecido entre as partes era um contrato de trabalho, pois para que a remissão abdicativa*

vontade de abdicar de algo que o declaratário não sabe sequer que existe. E, para chegar a esta conclusão, nem é necessário recorrer à teoria da impressão do destinatário (ou qualquer outra): basta a evidente constatação de que apenas se pode abdicar daquilo que se sabe ter.

A pedra de toque para a resolução desta questão não reside pois, a nosso ver, na interpretação da declaração negocial, mas sim num momento lógica e cronologicamente antecedente: no conhecimento, pelo credor, do objeto da remissão (*i.e.*, a dívida) e na incapacidade de formação da vontade a respeito do que se desconhece. Mas ainda que, seguindo a argumentação do Supremo Tribunal de Justiça, a resposta residisse na interpretação da declaração negocial e na teoria da impressão do destinatário, sempre se deveria considerar que o sentido que o Supremo Tribunal de Justiça assaca à declaração nunca poderia ser tido como o juridicamente relevante porquanto o credor (*i.e.*, o declaratário) não poderia "*razoavelmente contar com ele*" (cf. art. 236.º, n.º 1, *in fine*), na medida que desconhece (com conhecimento do declaratário) a existência do crédito e, mais, a própria natureza da relação jurídica que lhe está subjacente.

Contra a posição avançada pelo Supremo Tribunal de Justiça pode ainda dizer-se que não poderia ser considerado remissível um crédito que, na verdade, nem tão pouco existe na sua plenitude antes de ser reconhecido que o vínculo que o autor mantinha com a ré era, na verdade, um contrato de trabalho, qualificação que só lhe viria a ser reconhecida com a decisão do Tribunal de primeira instância. Neste âmbito, não procede o argumento de que estamos perante uma situação de incerteza relativamente à qualificação jurídica do contrato e, consequentemente, à existência do crédito, sendo as pessoas livres de fazer cessar os seus estados de incerteza da forma que lhes aprouver: é que, evidentemente, só se pode ter certeza, ou incerteza, acerca de realidades que no mínimo se equacionem, o que não ficou demonstrado, pelo que os créditos inexistentes à data da declaração, nomeadamente aqueles que dependam de declaração judicial, não podem considerar-se abrangidos numa qualquer declaração de remissão[368].

fosse válida o credor tinha que ter consciência, aquando da declaração, não só da existência do crédito, como da sua natureza jurídica."

[368] Neste sentido, o Acórdão do Supremo Tribunal de Justiça, datado de 14.03.2007 (Relator: Pinto Hespanhol) e o Acórdão do Tribunal da Relação do Porto, datado de 14.03.2011 (Relator: Eduardo Petersen Silva).

Assim, consideramos que um dos pressupostos para que a figura em presença seja qualificável como remissão é a existência da dívida ou pelo menos a verdadeira dúvida a respeito da existência, circunstância em que à remissão está subjacente uma condição. Esta afirmação levanta questões específicas quando estejamos perante numa fase preliminar em que ainda não estejam em causa verdadeiros deveres de prestar, mas meras expectativas. Assim por exemplo na responsabilidade civil, onde nos parece que, na hipótese de ambos os envolvidos não representarem subjetivamente a existência e montante da obrigação de indemnizar, nos parece necessário que, previamente à remissão, a obrigação de indemnizar seja judicialmente declarada, uma vez que, como avançado acima, o objeto da remissão são deveres de prestar e não pretensões indemnizatórias não materializadas[369]. Novamente, em sentido contrário, o Supremo Tribunal de Justiça, em Acórdão datado de 04.07.2019 (Relator: HENRIQUE ARAÚJO) entendeu extinta por remissão "*a responsabilidade do recorrido pelo cumprimento dos deveres de cuidado e de lealdade como administrador da recorrente*", ainda que tal responsabilidade não se tivesse ainda materializado em qualquer dever de indemnizar nem, segundo parece resultar do referido arresto, os factos subjacentes a essa eventual obrigação de indemnizar fossem conhecidos.

A nosso ver, o Acórdão incorre numa confusão conceptual. Naturalmente, podem as partes acordar em não demandar alguma delas por referência a determinada situação (potencialmente) geradora de responsabilidade civil. Mas, nesta última situação, o efeito que se obtém não é extintivo, mas exatamente o oposto: constitui-se uma obrigação de não adotar determinada

[369] No mesmo sentido, refere TIAGO SOARES DA FONSECA, que na "*renúncia transacional*" o objeto da renúncia não é o direito controvertido (justamente porque este não é certo quanto à sua existência) mas sim "*as posições assumidas pelas partes no litígio – a posição de pretensão e a posição de oposição à mesma*" (p. 312). Justamente porque, nesse caso, em que o "direito" (entendido como a situação jurídica preexistente) não é certo, as partes não lhe podem renunciar. Isso mesmo parece ser a conclusão do Autor: "*Ou seja, não está em causa a renúncia ao direito afirmado por qualquer das partes, porque este, fruto do litígio, é controverso, não se encontrando juridicamente reconhecido, existindo, quando muito, uma expetativa quanto à sua efetiva existência e quanto ao seu eventual reconhecimento*", cf. TIAGO SOARES DA FONSECA, *A transação civil*, p. 312. Idêntica conclusão pode ser confrontada no Acórdão do Supremo Tribunal Administrativo, datado de 31.01.2002 (Relator: RUI BOTELHO). Em sentido contrário, referindo ser irrelevante se a validade da dívida é contestada ou se é objeto de um litígio, NATHALIE PICOD, *La remise de dette en droit privé*, pp. 61.

conduta. Ademais, não nos parece que uma declaração como a que estava em causa no litígio, ainda que formulada em termos abrangentes, à semelhança das declarações genéricas que analisámos *supra*, possa, na ausência de especificação, extinguir sem mais todas e quaisquer pretensões indemnizatórias, muito menos quando os factos que as fundamentam não são sequer conhecidos. No limite poderia, na existência de contrapartida, interpretar-se o negócio jurídico como configurando uma transação, mas mesmo neste caso entendemos, com Tiago Soares da Fonseca, que se revela necessária a existência de um conflito jurídico sob pena de se tratar de uma "*renúncia a um direito de ação eventual ou abstrato*"[370] e, portanto, inválida. Ora, no caso em apreço, tanto quanto parece resultar da matéria de facto, não estávamos ainda perante um verdadeiro conflito na medida em que se desconheciam os factos que fundamentariam a responsabilidade civil e, consequentemente, a eventual obrigação de indemnizar.

Por fim, um último grupo de casos onde o requisito da existência poderá ser relevante prende-se com a remissão de dívidas que existiam, mas que foram, entretanto, extintas de outra forma, desconhecendo uma ou ambas as partes que tal sucedeu. Tanto quanto nos parece, este desconhecimento será relevante do ponto de vista jurídico não em sede de erro, embora haja uma desconformidade fundamental entre a realidade objetiva (a dívida já não existe) e aquela que é subjetivamente representada pelas partes (a dívida persiste), que colocaria a situação no âmbito de aplicação do artigo 251.º, mas sim de impossibilidade legal (cf. 280.º). Com efeito, tendo a dívida sido extinta anteriormente, deixou de ser possível remiti-la, por falta de objeto.

II. A irrenunciabilidade antecipada a direitos e a indeterminabilidade

Na secção anterior, constatámos que a existência da dívida é um pressuposto da remissão. Num segundo plano de análise, além de existir, a dívida deve ainda preencher determinados pressupostos. Com recurso ao conceito-quadro de "dívidas indetermináveis", pretendemos abarcar um conjunto de situações típicas que, a nosso ver, impedem que a remissão seja eficaz, justamente por

[370] Tiago Soares da Fonseca, *A transação civil*, pp. 272-273.

o débito não reunir as características necessárias para o efeito. Tais situações são as dívidas futuras e indetermináveis[371]. Em relação à divida futura, é certo que ela não existe pelo que poderia ter sido analisada quando do requisito da existência, mas os óbices subjacentes são distintos, estando mais próximos daqueles que respeitam às dívidas indetermináveis. Quanto a estas últimas, a dívida indeterminável situa-se algo a meio caminho entre a dívida inexistente e a dívida "perfeita", isto é, a sua existência é pressuposta, mas os seus contornos ainda não se encontram suficientemente definidos.

Quanto à primeira situação, o ponto de partida é o artigo 399.º do Código Civil, o qual prevê que, salvo disposição em contrário, a obrigação pode ter como objeto uma prestação futura. Em face desta regra geral, e considerando que não surge no regime da remissão qualquer proibição de remissão de dívidas futuras, a conclusão mais direta vai no sentido da admissibilidade de remissão de créditos futuros. Assim entendia VAZ SERRA[372] e entendem a maioria dos Autores[373], ainda que condicionem – implicitamente – a remissão à futura existência e determinabilidade da dívida.

A nosso ver, a aposição implícita de uma condição não é caminho. Efetivamente, tal desvirtuaria a mecânica contratual do negócio que viria a originar a remissão, na medida em que o devedor, ao celebrar este negócio base, já saberia de antemão que viria a beneficiar da remissão.

[371] Uma posição consideravelmente mais permissiva do que aquela que apresentamos no texto pode ser confrontada em NATHALIE PICOD, *La remise de dette en droit privé*, pp. 61-66

[372] VAZ SERRA, "Remissão, reconhecimento negativo de dívida e contrato extintivo da relação obrigacional bilateral", p. 56: "*Quanto aos créditos futuros ou que só no futuro se adquirirão, não parece haver obstáculo a que se faça a sua remissão: o efeito desta é que o crédito não nasce em proveito do remitente ou se extingue na altura em que devia nascer na sua pessoa ou entrar no seu património*".

[373] *V.g.*, PASQUALE STANZIONE / GIOVANNI SCIANCALEPORE, *Remissione e rinunzia*, p. 216 e FRANCESCO ROSSI, *La remissione del debito*, p. 102. Segundo nos dá conta NATHALIE PICOD, esta é igualmente a posição da jurisprudência suíça. A doutrina francesa "*não se interessa por essa questão*". Também a doutrina alemã se divide. À partida nada parece obstar a uma remissão de dívidas futuras ou eventuais, no silencio da lei. Esta levaria a uma modificação do contrato ou a um *mutuus dissensus*. Na doutrina italiana, a admissão dessa possibilidade parece resultar da circunstância de se tratar, nesse ordenamento, de um ato unilateral recipiendo, e não convencional. NATHALIE PICOD, *La remise de dette en droit privé*, pp. 64. Também no sentido da admissibilidade de remissões de créditos futuros ou condicionais, DIETER MEDICUS, *Tratado de las relaciones obligacionales*, V. I, p. 135.

Pese embora o legislador nada tenha consagrado a este respeito, parece-nos que apenas dívidas atuais são remissíveis, isto é, cujo correspondente crédito já se encontre devidamente formado e materializado na esfera jurídica do credor, o disponente[374]. Neste particular, parece-nos que é possível encontrar no Código Civil diversas disposições em torno das quais se pode contruir, com António Menezes Cordeiro, um princípio de irrenunciabilidade antecipada aos direitos[375]. Sem pretensões de exaustividade, entendemos, como particularmente expressivas, no Código Civil, a proibição da renúncia antecipada à prescrição (cf. art. 302.º), a proibição de doação de bens futuros (cf. art. 942.º), a proibição de renúncia antecipada aos direitos do credor (cf. art. 809.º), a impossibilidade de renunciar antecipadamente à possibilidade de revogação da doação com base em ingratidão do donatário (cf. art. 977.º), na proibição de renúncia antecipada ao direito de reduzir liberalidades (cf. art. 2170.º).

Embora cada uma destas disposições tenha "*a sua História, traduzindo o eterno tatear por melhores e mais justas soluções*"[376], é constatável um valor comum: pretende-se proteger as pessoas de decisões pouco ponderadas ou levianas, ao dispor do que – ainda – não possuem. É um intuito paternalista do legislador discutível, mas dita a igualdade que ele se aplique a situações valorativamente idênticas pelo que nos parece que, também no âmbito da remissão, se impõe a sua consideração. A admissão deste princípio implica então que se considere que, por via de regra, as posições jurídicas não são renunciáveis até ao momento em que se materializem na esfera jurídica do renunciante. Por esse motivo, parece-nos que não será de admitir a remissão quando o seu objeto seja uma dívida futura ou eventual[377]. E tal consideração impõe-se quer a remissão seja

[374] Não era esse, contudo, o sentido o sentido do número 1 do artigo 4.º da proposta de Vaz Serra. Podia ler-se: "*Podem ser remitidos todos os créditos, mesmo futuros; mas, tratando-se de crédito de coisa, que é propriedade do credor, a transferência dela para o devedor tem de obedecer às regras dos actos de transferência de coisas.*", cf. Vaz Serra, "Remissão, reconhecimento negativo de dívida e contrato extintivo da relação obrigacional bilateral", p. 93.

[375] Sobre o tema, António Menezes Cordeiro, *Tratado de Direito Civil*, V. VI, pp. 69-70 e, especificamente sobre a doação de bens futuros, *vide*, António Menezes Cordeiro, *Tratado de Direito Civil*, V. XI, pp. 389-391.

[376] António Menezes Cordeiro, *Tratado de Direito Civil*, V. VI, p. 69.

[377] Em sentido contrário, "*Quanto aos créditos futuros ou que só no futuro se adquirirão, não parece obstáculo a que se faça a sua remissão: o efeito desta é que o crédito não nasce em proveito do remitente ou se extingue na altura em que devia nascer na sua pessoa ou entrar no seu património*", cf. Vaz Serra,

abdicativa ou realizada com espírito de liberalidade, muito embora reconheçamos que, neste último caso, a tarefa esteja facilitada, na medida em que a norma do artigo 942.º do Código Civil, que proíbe expressamente a doação de bens futuros, lhe é diretamente aplicável, por via do número 2 do artigo 863.º. Portanto, num primeiro nível, consideramos que não são suscetíveis de remissão aquelas dívidas cujo correspondente direito de crédito ainda não se encontre materializado na esfera do credor[378].

Na segunda hipótese, é certo que a determinação ou, ao menos, a determinabilidade, são frequentemente avançadas como requisito dos negócios jurídicos[379], não havendo fundamento para afastar a sua necessidade no âmbito da remissão. A determinabilidade é um vetor importante para a remissão porque se relaciona com o princípio da renúncia antecipada a direitos que analisámos anteriormente. Com efeito, se temos por certo que o credor não pode remitir uma dívida cujo correspondente direito de crédito ainda não ingressou na sua esfera jurídica, não menos problemática é a hipótese em que o credor remita uma dívida cujos contornos desconhece, porque indeterminados. Como refere António Menezes Cordeiro, estamos essencialmente perante um problema de "*consciência na formação da vontade negocial*"[380]. Com efeito, o credor que remite uma dívida cujo conteúdo não está determinado nem é determinável no momento da conclusão age sem consciência da extensão das implicações da sua atuação, sem que esse conhecimento esteja ao seu alcance, por mais diligente que seja. Dai o sentido do artigo 280.º ao cominar com a nulidade ou negócio indetermináveis no momento da conclusão[381].

Embora tendo algum ponto de contacto com o tema das declarações liberatórias analisado *supra*, o problema da determinabilidade não se coloca, em princípio, nesse tipo de declarações, uma vez que em tal circunstancialismo, o credor pode até não ter conhecimento efetivo do objeto da remissão, mas esse

"Remissão, reconhecimento negativo de dívida e contrato extintivo da relação obrigacional bilateral", p. 56.

378 No sentido do texto, Pereira Coelho, *A renúncia abdicativa no Direito Civil*, pp. 151-152.

379 "*Compreende-se a razão de tal exigência. De acordo com ela, não será válida a obrigação sempre que o objecto da prestação se não encontre desde logo completamente individualizado e nem possa vir a sê-lo, por falta, ou eventual inoperância, de um critério para esse efeito estabelecido pelas partes, no respectivo negócio jurídico, ou pela lei, em normas supletivas*", cf. Almeida Costa, *Direito das obrigações*, p. 709.

380 António Menezes Cordeiro, *Tratado de Direito Civil*, V. II, p. 564.

381 António Menezes Cordeiro, *Tratado de Direito Civil*, V. II, p. 564.

conhecimento é adquirível. Ou seja, apesar de indeterminado (como resulta desde logo do teor literal das declarações em causa), o objeto é determinável. Nessa medida, estamos fora do âmbito de aplicação do artigo 280.º embora a deficiente formação da vontade nestes casos seja, a nosso ver, relevante em sede de interpretação, nos termos avançados[382].

III. A disponibilidade: os créditos irrenunciáveis

A par dos requisitos gerais do negócio jurídico (cf. art. 280.º), o Código Civil alude, aqui e ali, à indisponibilidade (v.g., arts. 298.º, n.º 1, 331.º, n.º 2, e 345.º, n.º 1)[383]. Fá-lo, contudo, sem avançar com uma definição, limitando-se *"a ter o seu significado como pressuposto, isto é, como um dado adquirido"*[384]. O ponto de partida é o de que, por via de regra, as posições jurídicas particulares são livremente renunciáveis e transmissíveis pelos seus titulares. Contudo, em certos casos, o legislador estabelece a indisponibilidade de certos direitos, tipicamente por considerar que estão em causa valores de ordem pública que devem ser especialmente salvaguardados. Portanto, a irrenunciabilidade, sendo excecional, há de resultar de norma especial[385]. É o que sucede, designadamente, com os créditos laborais quando o contrato de trabalho ainda se encontre em vigor[386].

[382] *Supra*, Cap. III, § 9., I., i.

[383] Tiago Soares da Fonseca, *A transação civil*, p. 541, referindo que *"a noção de direito indisponível surge integrada num fenómeno mais abrangente, além do perímetro do direito subjetivo, a que podemos chamar indisponibilidade jurídica"*.

[384] Tiago Soares da Fonseca, *A transação civil*, p. 541.

[385] No sentido do texto, *vide*, Pereira Coelho, *A renúncia abdicativa no Direito Civil*, p. 131, referindo *"não são naturalmente susceptíveis de renúncia aqueles direitos que não forem susceptíveis de disposição – a (ir)renunciabilidade constitui de resto uma das faces em que é costume analisar-se a (in)disponibilidade (...) esta indisponibilidade – e portanto a irrenunciabilidade – pode resultar que dar intervenção do interesse de terceiros (é o que sucede por exemplo com os chamados poderes-deveres, quer da intervenção do interesse público (aqui se incluindo o interesse particular do próprio titular elevado a interesse público)"*. Sobre o tema, em Itália, Ernesto Tilocca, *La remissione del debito*, pp. 46-48.

[386] Inúmeras referências na jurisprudência, a título de exemplo, *vide*, Acórdão do Supremo Tribunal de Justiça, datado de 01.06.2011 (Relator: Sampaio Gomes); Acórdão do Tribunal da Relação de Évora, datado de 14.04.2016 (Relator: José Feteira); Acórdão do Tribunal da Relação do Porto, datado de 05.02.2018 (Relator: Rui Penha); Tribunal da Relação do Porto, datado 04.07.2011 (Relator: António José Ramos). Naturalmente, tal não impede que as partes possam dissociar os efeitos da cessação e da remissão, assinando o acordo num momento em que o contrato ainda

Um outro caso típico de indisponibilidade afeta os créditos de alimentos, onde *"a sua natureza intuitos personae tem como ratio o interesse público da sociedade em conservar os seus elementos, estabelecendo, nas situações paradigmáticas e por incapacidade do Estado, a obrigação, fundada em princípios de solidariedade, de certas pessoas assegurarem a subsistência de outras"*[387]. Outros exemplos menos intuitivos se

se encontra em vigor. Como se refere no Acórdão do Tribunal da Relação de Lisboa, datado de 19.10.2005 (Relator: FERREIRA MARQUES), *"A circunstância de a data da assinatura do acordo não coincidir com a data da cessação do contrato de trabalho, não constitui obstáculo à plena eficácia da presunção nem da remissão abdicativa, porquanto é a própria lei que prevê a possibilidade das partes dissociarem a data da celebração do acordo e o início de produção dos respectivos efeitos. Nem tão pouco de pode falar de direitos irrenunciáveis, já que todo o circunstancialismo a declaração constante do acordo, tinha como pressuposto a data da celebração do contrato, a partir da qual não há direitos irrenunciáveis"*. No mesmo sentido, o Tribunal da Relação de Lisboa, datado de 28.09.2005 (Relator: PAULA SÁ FERNANDES). Dita irrenunciabilidade verifica-se, também, quando o contrato de trabalho se encontre suspenso, uma vez que, nesse caso, mantêm-se os direitos, deveres e garantias que não pressuponham a efetiva prestação do trabalho. Neste sentido, *v.g.*, Acórdão do Supremo Tribunal de Justiça, datado de 03.11.2016 (Relator: ANA LUÍSA GERALDES) e Acórdão do Tribunal da Relação de Lisboa, datado de 16.12.2015 (Relator: EDUARDO AZEVEDO) e Acórdão do Tribunal da Relação de Lisboa, datado de 19.04.2017 (Relator: LEOPOLDO SOARES). Naturalmente, após a cessação, a remissão tem plena aplicabilidade, uma vez que *"uma vez cessada a relação laboral nada justifica que o trabalhador não possa dispor livremente dos seus créditos laborais, quer salariais quer outros emergentes da relação de trabalho ou da respectiva cessação"*, cf. Acórdão do Supremo Tribunal de Justiça, datado de 25.11.2009 (Relator: SOUSA GRANDÃO). No mesmo sentido, os Acórdãos do Tribunal da Relação do Porto, datados de 04.07.2011 e 05.12.2011 (Relator: ANTÓNIO JOSÉ RAMOS). Expressivamente, pode ler-se *"A admissão da disponibilidade creditícia pós-laboral conforma-se com os parâmetros constitucionais, não só porque a sua inadmissibilidade levaria ao absurdo de se concluir que os acordos de cessação do contrato de trabalho entre a entidade empregadora e o trabalhador seriam sempre irrelevantes, apesar de estarem expressamente previstos na lei como uma das modalidades da cessação da relação laboral (art. 393.º CT de 2003) mas também porque, nessa altura, o trabalhador não está já sujeito aos constrangimentos da subordinação que o inibiam contratualmente durante o período vinculístico"*, cf. Acórdão do Supremo Tribunal de Justiça, datado de 25.11.2009 (Relator: SOUSA GRANDÃO). No mesmo sentido, os Acórdãos do Tribunal da Relação do Porto, datados de 04.07.2011 e 05.12.2011 (Relator: ANTÓNIO JOSÉ RAMOS).

[387] TIAGO SOARES DA FONSECA, *A transação civil*, p. 551. No mesmo sentido, DIETER MEDICUS, *Tratado de las relaciones obligacionales*, V. I, p. 135 e HEDEMANN, *Derecho de Obligaciones*, p. 201. Ainda que não tenhamos encontrado nenhuma referência jurisprudencial à (im)possibilidade de remitir créditos de alimentos, a natureza irrenunciável do crédito é frequentemente afirmada pela jurisprudência. No acórdão do Supremo Tribunal de Justiça, datado de 22.05.2013 (Relator: GABRIEL CATARINO) refere-se que *"a obrigação de alimentos é, igualmente, de interesse e ordem pública, de carácter indisponível, irrenunciável, intransmissível e impenhorável, constituindo preocupação do Estado que quem deles esteja carecido possa recorrer, desde logo, aos seus familiares"*. No Acórdão do Tribunal da Relação de Guimarães, datado de 10.07.14 (Relator: FILIPE CAROÇO) afasta-se a compensação: *"o crédito de alimentos não é penhorável, e o obrigado não pode livrar-se por meio de compensação, ainda que se trate de prestações já vencidas"*.

encontram previstos, inclusivamente em legislação especial, nomeadamente os créditos decorrentes das indemnizações que visem reparar acidentes de trabalho e doenças profissionais, nos termos do artigo 78.º da Lei n.º 98/2009[388] e os direitos, nomeadamente de reivindicar a paternidade da obra, previstos no artigo 56.º do Código dos Direitos de Autor e Direitos Conexos, conforme expressamente previsto no respetivo número 2[389].

Como pano de fundo, temos o vetor fundamental do Direito civil: a autonomia privada. Assim, por via de regra, os direitos subjetivos são livremente transmissíveis e renunciáveis, só vendo tal característica tendencial coartada quando, em concreto, se conclua que outros valores devam prevalecer, com relevo para o interesse público (ou interesse particular elevado a interessa público) em que aquele direito se mantenha na esfera do titular, mesmo contra a sua vontade (*v.g.*, a obrigação de alimentos) ou quando a lei por algum motivo queira evitar eventuais disposições de direitos em relação aos quais a vontade de os alienar ou renunciar com elevada probabilidade não haja sido formada num contexto de liberdade (*v.g.*, a renúncia a créditos laborais na subsistência do contrato de trabalho). Nestes casos, assistimos, portanto, a uma limitação à possibilidade de o titular de uma permissão normativa atuar sobre ela, seja extinguindo-a ou transmitindo-a. Assim, com Tiago Soares da Fonseca podemos definir o direito indisponível como o "*direito em que a vontade do titular é ineficaz para a sua constituição, modificação ou extinção*"[390].

Ora, nos casos em que as partes pretendam assim renunciar a um direito a respeito do qual a lei determina a respetiva irrenunciabilidade, nomeadamente através da remissão da dívida correspondente, parece-nos que, nos termos genéricos do artigo 280.º do Código Civil, esta será nula, não produzindo o efeito extintivo que lhe estaria associado[391].

388 Acórdão do Supremo Tribunal de Justiça, datado de 17.12.2015 (Relator: Pinto Hespanhol), podendo ler-se "*O direito à reparação dos danos emergentes dos acidentes de trabalho é de natureza irrenunciável, porquanto tem subjacentes interesses de ordem pública e eminente finalidade social, cabendo ao tribunal definir o direito material em relação aos direitos cuja existência e exercício são necessários.*"

389 Acórdão do Tribunal da Relação de Lisboa, datado de 14.07.2011(Relator: Seara Paixão).

390 Tiago Soares da Fonseca, *A transação civil*, pp. 553-554.

391 Acórdão do Supremo Tribunal de Justiça, datado de 01.06.2011 (Relator: Sampaio Gomes); Acórdão do Tribunal da Relação do Porto, datado de 05.12.2011 (Relator: António José Ramos) e Acórdão do Tribunal da Relação de Évora, datado de 15.11.2012 (Relator: João Nunes).

Capítulo V
O regime da remissão

§ 11. A (aparente) dualidade de regimes: A remissão liberalidade e a remissão abdicativa

No que respeita ao conteúdo[392], o número 2 do artigo 863.º do Código Civil refere, de entrada, que: "*Quando tiver o carácter de liberalidade, a remissão por negócio entre vivos é havida como doação, na conformidade dos artigos 940.º e seguintes*". Desta disposição parece resultar que o legislador entendeu que há mais do que uma modalidade de remissão, individualizando aquela que é realizada com espírito de liberalidade, associando-a à doação, com a consequente aplicação do respetivo regime[393].

Com base no *animus* do credor, a par da remissão com caráter de liberalidade, a doutrina e a jurisprudência têm identificado a remissão abdicativa[394], à qual não serão –, pelo menos diretamente, – aplicáveis as regras da doação. Tal impõe que se considere que a remissão é um negócio causal, no sentido

[392] Sobre a distinção entre objeto e conteúdo dos negócios jurídicos, *vide*, António Menezes Cordeiro, *Tratado de Direito Civil*, V. II, pp. 537-538. Nesse âmbito, refere-se "*O conteúdo do negócio corresponde à regulação por ele desencadeada: ao conjunto das regras que, por ele ter sido celebrado, tenham aplicação, no espaço delimitado pelas partes*" e, por sua vez, "*Do conteúdo deve distinguir-se o objeto; este tem a ver não com a regulação em si, mas com o quid sobre que irá recair a relação negocial propriamente dita*". Este último foi objeto de análise no capítulo anterior.

[393] De resto, o espírito de liberalidade é um elemento do contrato de doação: assim, textualmente, a noção do artigo 940.º.

[394] Sobre a denominada renúncia abdicativa, *vide* Francisco Manuel de Brito Pereira Coelho, *A renúncia abdicativa no direito civil (algumas notas tendentes à definição do seu regime)*, Boletim da Faculdade de Direito da Universidade de Coimbra, Coimbra, 1995, *passim*.

em que o seu regime e, potencialmente, a sua eficácia, está dependente da causa que lhe preside[395].

Mas será que a existência destas duas modalidades corresponde, na prática, à aplicação de diferentes regimes jurídicos? Ou, por oposição, será o regime da doação, diretamente aplicável no caso da remissão realizada com espírito de liberalidade nos termos do número 2 do artigo 863.º do Código Civil, aplicável igualmente à "remissão-abdicativa", ainda que por via analógica[396]? E como distinguir entre uma e outra modalidade de remissão?

Quanto à "remissão-doação", recorde-se que ao "espirito de liberalidade" "*equivalente ao animus donandi, traduz a vontade do autor da entrega de beneficiar o donatário*"[397], ou seja, o credor abdica da prestação para diretamente conferir um benefício ao devedor, removendo esse elemento passivo da sua esfera jurídica. Verificar-se-á tipicamente quando existam especiais relações entre credor e devedor. Em virtude desta dimensão, potencial, a figura da remissão é também vulgarmente conhecida simplesmente por perdão da dívida. Mas as remissões realizadas com espírito de liberalidade, embora predominantes, não esgotam o universo de possíveis causas, pois o credor pode ser movido por interesses puramente egoístas, como sucederia, *v.g.*, caso tivesse conhecimento do estado de pré-insolvência do devedor, pretendendo simplesmente evitar os custos associados a uma ação judicial da qual não obteria qualquer vantagem[398]. Nesses casos, em que a remissão é proposta pelo credor *"não para favorecer o devedor, mas somente porque deseja privar-se do crédito"*[399], a remissão será abdicativa.

[395] Neste sentido, PEREIRA COELHO, *A renúncia abdicativa no Direito Civil*, p. 74

[396] Responde pela negativa VAZ SERRA, "Remissão, reconhecimento negativo de dívida e contrato extintivo da relação obrigacional bilateral", pp. 42-43. No mesmo sentido, PIRES DE LIMA / ANTUNES VARELA, *Código Civil Anotado*, V. II, p. 151, referindo expressamente não serem de aplicar à remissão abdicativa as regras de aceitação em vida (art. 945.º), colação (2104.º), cálculo da legitima (2162.º), revogação unilateral (art. 969.º) e limites à doação entre casados (1761.º). Mais recente, referindo a não aplicação do regime da doação às renúncias em sede de transação as quais, tipicamente, terão por objeto as posições as posições assumidas pelas partes no conflito jurídico, TIAGO SOARES DA FONSECA, *A transação civil*, p. 310.

[397] ANTÓNIO MENEZES CORDEIRO, *Tratado de Direito Civil*, V. XI, p. 424.

[398] PEREIRA COELHO, *A renúncia abdicativa no Direito Civil* p. 23.

[399] VAZ SERRA, "Remissão, reconhecimento negativo de dívida e contrato extintivo da relação obrigacional bilateral", pp. 42-43.

Assim, quanto à questão colocada, parece-nos que a situação "típica" será quando, presidindo à remissão, está um intuito de favorecimento do devedor. Efetivamente, consistindo o crédito num direito subjetivo, este confere ao credor uma vantagem, o que implica que, tendencialmente, este não tem um interesse objetivo em dele abdicar. Para o fazer, na normalidade das circunstâncias, quererá, direta ou indiretamente, beneficiar o devedor ao remover da sua esfera jurídica um elemento passivo. Nessa medida, entendemos que este *animus* é dominante. Quando exista, ou possa de alguma forma, ainda que indireta, ser descortinado, estaremos perante uma remissão realizada com espírito de liberalidade. Por oposição, serão abdicativas as remissões em que tal intuito não esteja, nem sequer potencialmente, presente. Nessa medida, a "espécie" remissão abdicativa terá, a nosso ver, caráter residual[400].

Sem prejuízo de analisarmos com maior detalhe a questão do regime das doações e as consequências da sua aplicabilidade a uma, ou ambas, as modalidades de remissão, uma conclusão, a nosso ver, é certa: o "regime" dos contratos gratuitos é globalmente aplicável à remissão, seja qual for a modalidade que esta revista. Com efeito, em diversas disposições, o Código distingue o regime aplicável em função da onerosidade ou gratuitidade do negócio, sendo que, normalmente, em função dessa distinção, o disponente no âmbito de um negócio gratuito surge mais protegido: em particular, como já assinalado, o negócio gratuito deve, em caso de dúvida, ser interpretado no sentido menos gravoso para o disponente (cf. art. 237.º). Portanto, onde a lei imponha regimes diversos no caso de o contrato ser oneroso ou gratuito, à remissão deve aplicar-se o correspondente a esta última categoria. Neste sentido, pode dizer-se, com FRANCISCO PEREIRA COELHO que são de "*aplicar determinadas regras privativas dos negócios gratuitos – precisamente aquelas cujo único fundamento foi o de prevenir ou reprimir um empobrecimento patrimonial sem contrapartida*"[401]. Pela mesma ordem de razões, a remissão situar-se, por definição, no âmbito

[400] PEREIRA COELHO, *A renúncia abdicativa no Direito Civil*, p. 59. Em sentido contrário, isto é, associando a função "típica" à pura demissão, havendo, contudo, casos em que será de lhe adicionar um "efeito ulterior e indireto" representado pela liberalidade, *vide* PASQUALE STANZIONE / GIOVANNI SCIANCALEPORE, *Remissione e rinunzia*, Giuffrè Editore, Milão, 2003, p. 130.

[401] PASQUALE STANZIONE / GIOVANNI SCIANCALEPORE, *Remissione e rinunzia*, p. 61 e nota (37).

de aplicação do âmbito de aplicação do regime da impugnação pauliana[402], dispensando-se, por se tratar de um ato gratuito, a má fé (cf. art. 612.º, n.º 1).

I. Aplicação do regime das doações e, latamente, das atribuições patrimoniais gratuitas

O número 2 do artigo 863.º do Código Civil dispõe que a remissão realizada com espírito de liberalidade é havida como doação, o que nos remete para o correspondente regime (arts. 940.º e seguintes). Impõe-se, contudo, uma precisão. Ainda que a remissão realizada com espírito de liberalidade seja "*havida como doação*" para efeitos de aplicação do respetivo regime, esta não configura uma doação[403]. É que o espírito de liberalidade, ou a sua ausência, respeita apenas à motivação do credor, o que, a nosso ver, é insuficiente para configurar a remissão como doação em sentido próprio[404], sem prejuízo de lhe serem aplicáveis as respetivas regras[405]. É que, de facto, a remissão com intuito liberatório não assume natureza constitutiva. Ela não é nem uma alienação do crédito a favor do devedor (seguida da extinção por confusão) nem uma doação *stricto sensu*, uma vez que o direito de crédito, tal como existe na esfera do credor simplesmente se extingue, o que não sucederia nos institutos referidos, em que o efeito translativo abrange o direito existente, tal como ele é. Havendo indiscutivelmente intenção de beneficiar o devedor, o beneficio deste

[402] Acórdão do Tribunal da Relação de Guimarães, datado de 07.05.2020) (Relator: Maria João Matos).

[403] Em sentido contrário, António Menezes Cordeiro, *Tratado de Direito Civil*, V. XI, p. 387, embora o Autor, quando elenca as modalidades de doação (p. 393) se refira a doações transmissivas, constitutivas e assuntivas, sendo que em nenhuma destas modalidades caí a (mera) extinção. Também apelando à "integração da remissão feita por espírito de liberalidade no conceito genérico de doação", Antunes Varela, *Das obrigações em geral*, V. II, p. 250, nota (1).

[404] No sentido do texto, Pietro Perlingieri, "Dei modi di estinzione delle obbligazioni diversi dall'adempimento", pp. 170-171. Referindo igualmente que o eventual caráter de liberalidade não é suficiente para qualificar a remissão como doação, Carlo Toesca di Castellazzo, "Rimessione del debito", p. 698. Para uma perspetiva que identifica na remissão, "*em substância*", uma doação, com as inerentes consequências, de forma muito expressa, Valerio Campogrande, "Condono del debito", pp. 663-674.

[405] Pietro Perlingieri, "Dei modi di estinzione delle obbligazioni diversi dall'adempimento", pp. 168-170 e Francesco Rossi, *La remissione del debito*, p. 32.

não corresponde nem a um novo "direito" nem à transferência de um direito existente, mas apenas à eliminação do dever de prestar. Poderia argumentar-se em sentido contrário que, objetivamente, o efeito é idêntico. É verdade: o empobrecimento do remitente é idêntico ao do doador, e o enriquecimento do remissário é idêntico ao do donatário. Mas os institutos jurídicos não se equivalem por mera aritmética. A doação implica a transmissão de uma coisa ou de um direito ou a assunção de uma obrigação em benefício de outrem. Não a mera extinção de um dever de prestar ao qual o donatário estivesse adstrito.

Sem embargo, no que respeita ao regime, a aplicação das regras das doações a este tipo de remissão é uma consequência lógica da proximidade entre os efeitos de ambas as figuras, ou seja, o enriquecimento patrimonial do beneficiário, sem contrapartida para o disponente. De facto, caso o credor aceitasse receber a prestação devida, doando-a imediatamente ao devedor, tal atribuição situar-se-ia claramente no âmbito de aplicação das regras das doações, motivo pelo qual, na remissão, semelhantes regras deverão ter aplicabilidade, uma vez que lhe corresponde um enriquecimento equivalente para o devedor e um empobrecimento também equivalente para o credor[406]. Por este motivo, o legislador entendeu que seria de salvaguardar, por identidade de razão, o remitente e o doador, nomeadamente protegendo *(i)* o disponente; *(ii)* os seus herdeiros e *(iii)* os credores do disponente. Que regras estarão, então, compreendidas nesta (ampla) remissão?

Em primeiro lugar, estarão compreendidas as regras relativas à capacidade e legitimidade do disponente. É, assim, aplicável, em bloco, toda a secção II do capítulo das doações (arts. 948.º a 953.º do Código Civil). Neste sentido, e se, por um lado, em relação à capacidade ativa não se colocam questões de maior porquanto esta está subordinada à capacidade geral de exercício (cf. art. 948.º), em relação à legitimidade vale à regra especial do artigo 949.º, ou seja, não é permitida representação voluntária que atente contra o carácter pessoal do negócio, nomeadamente no que respeita à escolha do beneficiário e à determinação do respetivo objeto. Assim, não deverão ser admitidos

[406] Vaz Serra, "Remissão, reconhecimento negativo de dívida e contrato extintivo da relação obrigacional bilateral", pp. 41-42. Como refere Vaz Serra, *"a atribuição patrimonial, com que, pela doação, se enriquece o donatário, parece não haver motivo para não poder consistir na remissão de um crédito, do mesmo modo que pode consistir noutras vantagens patrimoniais"*

instrumentos de representação voluntária (*v.g.*, procurações) para efeitos de remitir uma dívida a favor de um qualquer devedor, porquanto nesta circunstância, se encontrará violada a pessoalidade da doação, aplicável à remissão por, também neste caso, se presumir que a renúncia ao cumprimento com o intuito de beneficiar o devedor é uma escolha do credor que tem necessariamente em consideração a pessoa que dela beneficia. A remissão com espírito de liberalidade é, assim, um negócio *intuitu personae.*

No que respeita à capacidade passiva, a lei confere uma grande liberdade de atuação aos sujeitos, podendo beneficiar do efeito liberatório da remissão todos os que não se encontrem inibidos por lei. Naturalmente, esta disposição tem pouco valor no âmbito da remissão, uma vez que eventuais problemas de capacidade teriam, em princípio, inquinado o ato ou negócio que antecede, isto é, a causa da dívida que se pretende remitir. Por outro lado, uma vez que consideramos a remissão um negócio necessariamente gratuito, é sempre admissível a remissão de dívidas a favor de incapazes, não sendo, por definição, de aplicar a limitação constante do número 1 do artigo 951.º.

Muito relevantes serão os casos de indisponibilidade relativa previstos nos artigos 2192.º a 2198.º, aplicáveis à doação (cf. art. 953.º) e, consequentemente, à remissão. Consistem em casos típicos em que o legislador olha com desconfiança para a liberalidade, havendo o risco de ter sido determinada pelo ascendente que determinadas pessoas, pela sua proximidade àquele que realiza a atribuição patrimonial, ou pela posição que desempenhem, poderão ter em relação a este[407]. Há ainda a considerar o regime dos artigos 1761.º a 1766.º, no caso de casamento. Estas proibições são aplicáveis, por identidade de razão, à remissão.

Adicionalmente, por se tratar de uma liberalidade, a "remissão-doação" está sujeita a um regime mais favorável para o remitente gozando este, desde logo, da prerrogativa da revogabilidade unilateral, nos termos do artigo 969.º do Código Civil. Adicionalmente, será aplicável o artigo 945.º que impõe a aceitação em vida do remitente e a possibilidade de revogação por ingratidão (cf. art. 970.º)[408]. Por se tratar de uma atribuição patrimonial realizada

[407] Sobre estes, António Menezes Cordeiro, *Tratado de Direito Civil*, V. XI, pp. 417-418.

[408] Vaz Serra, "Remissão, reconhecimento negativo de dívida e contrato extintivo da relação obrigacional bilateral", p. 43; Menezes Leitão, *Direito das obrigações*, V. II, p. 215.

sem contrapartida, serão igualmente aplicáveis à remissão as regras que se prendem com a proteção dos herdeiros do credor, como as regras relativas à restituição à massa da herança das liberalidades e, se no caso couber, a correspondente redução por inoficiosidade (cf. arts. 2168.º e 2169.º)[409].

Por outro lado, também no regime da formação há lugar a variações. Desde logo, a proposta de remissão caduca se não for aceite em vida do remitente (cf. art. 945.º).

Por fim, como vimos já a respeito do objeto, será igualmente de considerar extensiva à remissão a regra, constante do artigo 942.º do Código Civil, nos termos da qual não podem ser objeto de doação bens futuros e, consequentemente, de remissão débitos futuros.

II. A remissão abdicativa: Regime

Limitámos as remissões abdicativas – apenas – àquelas em que não é possível descortinar, a qualquer título, um intuito de favorecimento do devedor, situação que, considerado o efeito da remissão, nos parece que serão relativamente residuais. Em relação a estas, verifica-se uma lacuna: faltando a referência legal à aplicabilidade do regime da doação que, bem ou mal, fornece grande parte do regime da remissão, fica por saber que regime é, afinal, aplicável. Cabendo ao intérprete colmatar esta ausência, e embora considerando a remissão abdicativa como um ato neutro[410], deve entender-se que a esta última não são de todo aplicáveis as / algumas regras da doação e, mais abrangentemente, dos negócios gratuitos? A nosso ver, e antecipando a conclusão, a lacuna é efetivamente preenchida através da aplicação analógica do regime das doações. Com efeito, pese embora o legislador ter recortado o âmbito da remissão para o regime das doações às remissões realizadas com espírito de liberalidade, parece-nos que, por via analógica, o mesmo regime acaba por ser aquele que, sem prejuízo de algumas exceções, mais se adequa.

[409] Pires de Lima / Antunes Varela, *Código Civil Anotado*, V. II, p. 151.

[410] Ernesto Tilocca, "Remissione del debito", p. 399, Pereira Coelho, *A renúncia abdicativa no Direito Civil*, pp. 60-61 e Pasquale Stanzione / Giovanni Sciancalepore, *Remissione e rinunzia*, p. 131, já citados

Sem embargo, o legislador parece ter adotado solução diversa, dispondo, no número 2 do artigo 940.º, que "*não há doação na renúncia a direitos*". Naturalmente, a entender-se que a remissão está compreendida nesta norma, na expressão "renúncia", só poderá estar em causa a remissão abdicativa, uma vez que, em relação à remissão realizada com espírito de liberalidade, é o próprio Código que manda aplicar o regime das doações, assim que, considerar que toda a remissão caberia na "renúncia" referida no número 2 do artigo 940.º geraria uma insanável contradição entre este artigo e o número 2 do artigo 863.º[411]. Mas por outro lado, mesmo em relação a esta, não nos parece que o número 2 do artigo 940.º exclua a possibilidade de aplicação analógica de algumas normas relativas à doação à remissão abdicativa[412]. Com efeito, a nosso ver, ao dispor que a renúncia a direitos não constitui doação, o legislador não teve em vista o caso específico da renúncia a um direito de crédito, ou seja, a remissão. Efetivamente, as situações que o legislador terá querido abranger terão sido as verdadeiras renúncias, nomeadamente a renúncia ao usufruto ou a uma servidão[413]. Mas por outro lado, ainda que fosse de entender que a remissão estaria abrangida pelo artigo 940.º, n.º 2, a nosso ver, o não ser havida como doação não implica que não lhe sejam aplicáveis, por via analógica, algumas das suas regras[414].

[411] Pereira Coelho, *A renúncia abdicativa no Direito Civil*, p. 135. Abrangendo ambas as modalidades de remissão, António Menezes Cordeiro, *Tratado de Direito Civil*, V. XI, p. 387.

[412] Pese embora ser possível admitir a analogia como um processo mais vasto, necessário a toda a interpretação jurídica, na senda da doutrina de Kaufmann, uma vez que é da correspondência entre a previsão legal e o caso concreto que permite o silogismo jurídico, a analogia é tipicamente referida no sentido mais restrito enquanto método de integração de lacunas. Efetivamente, na medida em que não é admissível o *non liquet* (jurídico), há que conferir ao intérprete-aplicador ferramentas tendentes a suprir a incompletude regulativa, *i.e.*, as lacunas.

[413] Pires de Lima / Antunes Varela, *Código Civil Anotado*, V. II, pp. 240-241

[414] Neste sentido, Pereira Coelho, *A renúncia abdicativa no Direito Civil*, pp. 134-135: "*deverão aplicar-se ao acto abdicativo aquelas normas que digam respeito às disposições patrimoniais sem contrapartida – ou seja, genericamente ao actos gratuitos, e fundamentalmente às doações. A afinidade entre estes dois negócios de causa diversa (a renúncia abdicativa e a doação) é óbvia: resulta da circunstância de, num caso como no outro, estarmos perante disposições, com o efeito da extinção ao menos subjectiva do direito que é objecto dessa disposição, e sem obtenção por parte do renunciante de qualquer contrapartida de uma tal perda. Como a doação, a renúncia abdicativa traduz-se pois numa disposição extintiva (naquele sentido muito limitado) não onerosa. Pode por isso pensar-se numa aplicação genérica das normas das doações a esta renúncia abdicativa – pelo menos daquelas normas das doações cuja específica ratio seja precisamente a prevenção ou a repressão de uma perda patrimonial sem contrapartida*".

Na nossa opinião, o regime das doações é a que mais se adequa à preservação dos valores subjacentes, uma vez que as respetivas disposições foram introduzidas pelo legislador especificamente tendo em vista a proteção do disponente. Isto é, o ponto de partida do legislador é o de salvaguardar a posição daquele que, gratuitamente, "empobrece". Sucede que, a medida desse empobrecimento é equivalente em qualquer das modalidades de remissão pelo que, a nosso ver, tal determina a aplicação das mesmas regras, justamente aquelas que tem por fim a proteção do disponente. Mas tal aplicação analógica estará neste caso, ao contrário do que vimos acontecer com a remissão realizada com espírito de liberalidade, limitada às regras "*que se refiram apenas à pura disposição ou perda patrimonial sem contrapartida*"[415]. Seria necessariamente assim, pois só quanto a essas há identidade valorativa entre a doação e a remissão abdicativa. Em relação às demais, isto é, as normas que pressupõem uma específica relação entre o doador e o donatário, e uma valoração do comportamento que o donatário deve ter perante quem o favorece (*v.g.*, a possibilidade de revogação por ingratidão, analisada abaixo no texto), não serão aportáveis para a remissão abdicativa justamente pela falência dessa identidade valorativa.

Procurando recortar o "mosaico", parecem ser desde logo aplicáveis à remissão abdicativa as regras das doações que enformam a capacidade e legitimidade do remitente[416]. Efetivamente, tais normas têm como *ratio* conferir um grau de proteção superior a quem realiza uma atribuição sem contrapartida pelo que essa específica valoração imporá a sua aplicação no caso em que, embora não havendo atribuição, há uma perda equivalente, igualmente sem contrapartida.

Por identidade valorativa, entendemos ser de trazer para o regime da remissão abdicativa a norma que proíbe a doação de bens futuros, como aliás, já verificámos ser regra em virtude do requisito da existência[417]. Tal como na doação (e na remissão realizada com espírito de liberalidade), "*importa proteger o titular do direito contra a sua leviandade ou precipitação na disposição (sem contrapartida) de um direito de que ainda não é titular*"[418].

[415] Pereira Coelho, *A renúncia abdicativa no Direito Civil*, p. 135.

[416] Pereira Coelho, *A renúncia abdicativa no Direito Civil*, p. 140

[417] *Supra*, Cap. IV, § 10., I.

[418] Pereira Coelho, *A renúncia abdicativa no Direito Civil*, p. 143

Já relativamente à possibilidade de revogação da remissão por ingratidão, nos mesmos termos aplicáveis às doações[419], VAZ SERRA refere que não será de aplicar no âmbito da remissão abdicativa, uma vez que o devedor não tem que não ser ingrato para com um credor que, com a sua atuação não o quis beneficiar[420]. Assim é: as regras relativas à ingratidão do beneficiário consistem justamente no conjunto de regras que, como princípio, afastámos da aplicação analógica do regime das doações, uma vez que pressupõem a valoração, pela lei, do comportamento que um beneficiário deve manter para quem lhe confere uma vantagem sem contrapartida.

Outro conjunto de disposições que, pressupondo uma especial relação entre o beneficiário e o disponente, não são aplicáveis no âmbito da remissão quando ela seja puramente abdicativa são as que estabelecem indisponibilidades relativas, estabelecidas nos artigos 2192.º a 2198.º, aplicáveis às doações por via do artigo 953.º. Com uma precisão: é acertada a afirmação que as indisponibilidades relativas não impedem a remissão abdicativa. Contudo, no caso de remissão de uma dívida, *v.g.*, do acompanhante realizada pelo maior acompanhado, dificilmente se poderá dizer estar em causa um intuito puramente abdicativo, sem qualquer componente de "favorecimento". E como entendemos que as remissões com natureza abdicativa se apresentam como residuais, em princípio uma remissão na qual os intervenientes tenham relações tão específicas como as que determinam as referidas indisponibilidades relativas, não será a mesma de qualificar como abdicativa. Com efeito, é de presumir que numa tal situação, o remitente teve em consideração a específica relação com o devedor e, nessa medida, a remissão é dotada de espírito de liberalidade e as regras de indisponibilidade relativa passam a ser diretamente aplicáveis. Note-se que, o que está em causa é uma presunção de que a remissão integra a modalidade de remissão "atributiva", descaracterizando-a como remissão abdicativa. Mantém-se acertada a afirmação de que, nestas últimas, tais regras não são aplicáveis.

[419] VAZ SERRA, "Remissão, reconhecimento negativo de dívida e contrato extintivo da relação obrigacional bilateral", p. 43.

[420] VAZ SERRA, "Remissão, reconhecimento negativo de dívida e contrato extintivo da relação obrigacional bilateral", p. 43.

As regras anteriormente analisadas prendem-se com a proteção do próprio remitente, mas, a nosso ver, também os seus sucessores deverão, no âmbito da remissão abdicativa ter proteção idêntica à que teriam em caso de doação ou remissão realizada com espírito de liberalidade. Com efeito, se a *ratio* é evitar que se verifique delapidação do património, em prejuízo dos sucessíveis, a verdade é que, sendo esse o intuito do remitente, a remissão abdicativa é o meio mais idóneo para o conseguir, pelo que se impõe trazer à colação as regras que protegem os sucessíveis. Nessa medida, também se impõe a restituição do crédito remitido à massa da herança para efeitos de cálculo da legítima e, sendo caso disso, a sua redução por inoficiosidade[421].

Já relativamente aos credores do remitente, a conclusão é obvia, dispensando sequer o recurso à analogia. A remissão abdicativa, tratando-se da disposição, sem contrapartida, de um direito existente na esfera do credor, situa-se, com clareza, dentro do âmbito de aplicação da impugnação pauliana (cf. art. 610.º do Código Civil) porquanto importa a diminuição do património do credor remitente. Assim, sendo este devedor no âmbito de uma outra relação obrigacional, poderá o seu credor recorrer a este expediente, impugnando a remissão e, deste modo, devolver o crédito à esfera jurídica do seu devedor, reforçando, por esta via, a sua garantia patrimonial.

III. Em particular, a forma

Um aspeto relativo à extensão do regime das doações – seja por aplicação do número 2 do artigo 863.º ou por via analógica – à remissão que poderá suscitar dúvidas prende-se com a aplicabilidade das disposições atinentes à forma. Com efeito, sem prejuízo do número 2 do artigo 863.º remeter, em bloco, para as regras da doação a doutrina e a jurisprudência têm vindo a entender, aproveitando a lição de VAZ SERRA[422], que mesmo em relação à remissão realizada

[421] PEREIRA COELHO, *A renúncia abdicativa no Direito Civil*, p. 152

[422] VAZ SERRA, "Remissão, reconhecimento negativo de dívida e contrato extintivo da relação obrigacional bilateral", pp. 37-44. Em particular, pode ler-se, a p. 44, que "*As normas relativas à forma das doações não são aplicáveis, visto que, tratando-se de renunciar a um direito, deve aplicar-se antes o princípio de que pode manifestar-se de qualquer maneira a vontade de renunciar*".

com espírito de liberalidade, que os aspetos relativos à forma, hoje previstos no artigo 947.º do Código Civil, estariam fora do âmbito da remissão[423].

VAZ SERRA justificava esta opção referindo que, uma vez que a remissão conduz à liberação do devedor, deve esta facilitar-se, ficando, portanto, as declarações das partes submetidas ao princípio geral da liberdade de forma, hoje consagrado no artigo 219.º do Código Civil[424]. Coerentemente, VAZ SERRA viria a propor, no Anteprojeto, o seguinte preceito: *"À remissão, quando tiver o carácter de liberalidade, são aplicáveis as regras das doações que forem com ela compatíveis, designadamente as relativas à capacidade, colação revogação ou redução por superveniência de filhos, ingratidão ou inoficiosidade, e sem prejuízo do disposto no artigo anterior. Não são aplicáveis as disposições relativas à forma das doações"*[425].

Sem prejuízo da solução que se venha a adotar, principiaríamos por referir que não concordamos com a fundamentação de VAZ SERRA quando defende a não aplicabilidade das regras relativas à forma à remissão. Recuperando o ensinamento do Autor, a aplicabilidade destas regras é afastada com a seguinte fundamentação: *"As formalidades das doações são exigidas para assegurar a ponderação do doador. A fim de evitar que ele levianamente dôe, exige o art.º 1.458.º do nosso Código, tratando-se de coisas móveis, ou escrito ou a tradição da coisa doada: com qualquer destes meios, é chamada a atenção do doador para a importância da doação, no primeiro, porque tem de escrever, no segundo, porque tem de abrir mão da coisa doada. Ora, no caso da remissão gratuita, desde que, feita ela, o credor perde logo o crédito, esta consequência é suficiente para o advertir da gravidade do seu acto. Doando-se uma coisa móvel, a hipótese é diferente, visto que, se ela não for logo entregue, nem a doação se fizer por escrito, tudo fica materialmente como antes"*[426].

[423] No sentido da liberdade de forma da remissão em face do BGB, DIETER MEDICUS, *Tratado de las relaciones obligacionales*, V. I p. 135 e HEDEMANN, *Derecho de Obligaciones*, pp. 200-201

[424] Na ausência de disposição legal, a doutrina e jurisprudência alemãs tem vindo a considera que a remissão goza de liberdade de forma no BGB, cf. HEDEMANN, *Derecho de Obligaciones*, pp. 200-201, bem como DIETER MEDICUS, *Tratado de las relaciones obligacionales*, V. I p. 135. Em Itália, também a posição maioritária vai no sentido da liberdade de forma, incluindo quando se aproxime da doação, sendo-lhe aplicável o respectivo regime jurídico "substantivo" não são aplicáveis as disposições relativas à forma, cf. CARLO TOESCA DI CASTELLAZZO, "Rimessione del debito", pp. 699-700 e VALERIO CAMPOGRANDE, "Condono del debito", p. 664.

[425] ADRIANO VAZ SERRA, "Remissão, reconhecimento negativo de dívida e contrato extintivo da relação obrigacional bilateral", p. 92

[426] VAZ SERRA, "Remissão, reconhecimento negativo de dívida e contrato extintivo da relação obrigacional bilateral", p. 45. Salvo o devido respeito, o argumento de que apenas a remissão

Se, por um lado, as razões que presidem à exigência de forma na doação ficam bem claras, não logramos entender em que medida essa mesma *ratio* não é aplicável à remissão. Com efeito, tanto quanto nos parece, as razões que presidem às exigências de forma da doação saem quando muito reforçadas quando trazidas para o campo da remissão. Com efeito, ao contrário do argumento apresentado por VAZ SERRA, tanto quando nos parece, os cuidados do legislador, que ditaram a exigência de forma escrita (ou tradição da coisa) para a produção de efeitos da doação de coisas móveis, são transponíveis para a remissão e devem ser, nessa sede, consideradas por forma a assegurar a ponderação do credor/disponente. Não que o intuito paternalista da lei seja de especial louvor, mas apenas porque situações idênticas devem ser tratadas de forma idêntica, em especial na circunstância de a não aplicabilidade do regime da forma das doações só poder resultar de uma interpretação restritiva do número 2 do artigo 863.º, uma vez que a remissão para o regime da doação é seguramente global[427].

Aqui chegados, cumpre perguntar, a entender-se que remissão não goza de liberdade de forma, então, a que forma se deve sujeitar? O regime da doação não é diretamente aplicável, porquanto o artigo 947.º tem em vista coisas e não direitos. Na nossa opinião, a remissão da dívida deve seguir a mesma forma que o negócio no qual se insere a divida a remitir[428]. Assim, a dívida

(e não a doação) produz efeitos imediatos, independentemente da forma, é evidentemente circular. Com efeito, se estamos a ponderar se a remissão deve, ou não, ser sujeita a forma escrita para produzir os seus efeitos, não podemos justificar a não sujeição a exigências de forma, com um argumento que se baseia justamente na produção de efeitos independentemente da forma. Com este discurso, estamos a assumir uma premissa que só é verdadeira no caso de a conclusão a que ela conduz também o ser. Ou seja, a premissa X (a ponderação do credor na remissão está assegurada porque, ao contrário da doação, esta produz efeitos independentemente de forma escrita) só é válida se a conclusão Y (a remissão dispensa forma escrita) também for. Ora, o que estamos a tentar apurar é justamente a verdade da conclusão, pelo que nos está vedado o recurso a premissas que estejam em relação à conclusão numa situação de prejudicialidade. Estaríamos, com este raciocínio, a inserir na premissa um facto que pressupõe um efeito que ainda não está assegurado, porque depende da conclusão.

427 Aliás, numa nota de Direito estrangeiro, o Código Civil espanhol, no artigo 1187.º, refere expressamente que a remissão expressa está sujeita à forma das doações, cf. FRANCISCO DE P. BLASCO GASCÓ, *La condonación de la deuda*, Editorial Reus, Madrid, 2012, pp. 9-10.

428 Em sentido contrário, VAZ SERRA, "Remissão, reconhecimento negativo de dívida e contrato extintivo da relação obrigacional bilateral", p. 47, referindo que *"Mesmo que a obrigação em causa tivesse sido constituída por acto formal, com observância das formalidades exigidas por lei ou*

proveniente de um mútuo constituído por escrito particular deve ser remitida pela mesma forma, valendo o mesmo raciocínio quando o negócio for meramente consensual. Neste particular cumpre apenas distinguir consoante a forma adotada no negócio base seja a legal ou a escolhida pelas partes. Neste particular, parece-nos, a equiparação de forma para efeitos de remissão a que temos vindo a aludir só deverá ir até ao limite da forma legalmente exigida[429]. De resto, esta conclusão se impõe, também, por via do artigo 221.º que manda aplicar a forma legal a contratos subsequentes, modificativos ou extintivos do primeiro[430]. A conclusão a que agora chegamos não invalida as observações anteriores, nas quais admitimos remissões tácitas ou a operacionalidade de presunções, nomeadamente ao nível da aceitação. Estas últimas servem, efetivamente, o importante propósito de "aliviar" o peso da natureza contratual da figura. Ficam, contudo, limitadas às dívidas cuja constituição não depende de forma especial.

Esta nossa opinião não tem, contudo, sido a sufragada pela jurisprudência, que afirma que a remissão não é um negócio solene, beneficiando assim de liberdade de forma[431].

Por outro lado, são naturalmente admissíveis declarações de remissão tácitas. Contudo, atendendo aos seus efeitos, de disposição sem contrapartida, a interpretação dessa mesma declaração exige cuidados adicionais, é necessário

por convenção das partes, a remissão deve poder fazer-se sem subordinação a formalidades. A liberação do devedor não é o mesmo que a sua constituição em obrigação, e as razões, por que se exige certa forma para esta, não são necessáriamente aplicáveis àquela". Esta já era, contudo, a posição de Cunha Gonçalves, cf. Vaz Serra, "Remissão, reconhecimento negativo de dívida e contrato extintivo da relação obrigacional bilateral", pp. 10-11. No mesmo sentido, referindo defende que o concreto direito de crédito sobre o qual a remissão opera não determina a necessidade de observar uma forma específica Ernesto Tilocca, *La remissione del debito*, p. 31.

429 A solução surge referida em Vaz Serra, "Remissão, reconhecimento negativo de dívida e contrato extintivo da relação obrigacional bilateral", p. 45, mas foi pelo Autor considerada excessiva, considerando a sua orientação no sentido da liberdade de forma. Não nos parece excessiva, considerando o nosso ponto de partida.

430 Neste sentido, Pereira Coelho, *A renúncia abdicativa no Direito Civil*, pp. 136-139

431 Com efeito, pode ler-se, *v.g.*, no Acórdão do Supremo Tribunal de Justiça, datado de 31.03.2004 (Relator: Sousa Peixoto) que *"não sendo a remissão um negócio solene, não têm as respectivas declarações negociais que ser reduzidas a escrito (art. 219° do CC), não tendo a declaração de anuência da Recorrente que constar do documento onde a declaração foi exarada, nem tinha que revestir forma expressa, bastando que o acordo efectivamente exista"*. No mesmo sentido, o Acórdão do Tribunal da Relação de Coimbra, datado de 03.03.2015 (Relator: Fonte Ramos)

o carácter "inequívoco" da intenção de remitir a obrigação[432]. Relativamente a um comportamento "típico" ao qual por vezes se retira uma declaração tácita de remissão, é a entrega do título original da dívida[433]. O funcionamento do número 1 do artigo 788.º do Código Civil não gera particulares dúvidas: extinta a dívida, tem o devedor direito a exigir o título da obrigação. Prossegue, dizendo que se o cumprimento for parcial, ou do título resultarem outros direitos para o credor ou, por qualquer motivo, este mantiver interesse na sua conservação, pode o devedor exigir que nele (no título) se faça menção ao cumprimento efetuado ("*declaração de amortização*"[434]). De notar que, ao contrário da quitação que tem um campo de aplicação menos vasto, a entrega voluntária do título original da dívida faz presumir a liberação, nos termos do número 3 do artigo 786.º do Código Civil: "*A entrega voluntária, feita pelo credor ao devedor, do título original do crédito faz presumir a liberação do devedor e dos seus condevedores, solidários ou conjuntos, bem como do fiador e do devedor principal, se o título é entregue a algum destes*". Como referimos, o Código Civil francês tinha uma disposição semelhante na secção destinada à remissão, tendo, aquando da reforma de 2016, o legislador "aproveitado" para reorganizar a matéria no lugar sistematicamente mais adequado, na secção relativa ao cumprimento[435]. Efetivamente, a presunção aqui estabelecida aproveita a todas as causas de extinção das obrigações, seja remissão, cumprimento, ou qualquer

[432] Assim, tal como se refere no Acórdão do Tribunal da Relação de Évora, datado de 17.04.2007 (Relator: Baptista Coelho), "*A remissão de dívida é uma das causas de extinção das obrigações desde que assuma natureza contratual, nessa medida exigindo-se a aceitação do devedor, ainda que tácita; mas é indispensável esse carácter remissivo, ou seja, a declaração inequívoca da vontade da parte credora em renunciar a esta ou aquela prestação.*". Assim, o Acórdão do Tribunal da Relação do Porto, datado de 30.05.2018 (Relator: Jerónimo Freitas): "*Saber se determinada declaração deve ser entendida como integrada num contrato de remissão abdicativa, pressupõe a interpretação dessa declaração negocial, nessa indagação observando-se a disciplina contida no artigo 236.º do Código Civil. Na interpretação desta declaração cabe encontrar o sentido que corresponda àquele que um declaratário normal, colocado na posição do real declaratário, deduziria do seu teor, mas sendo também necessário atender ao contexto factual em que a mesma foi emitida.*"

[433] Nesse sentido, também Pires de Lima / Antunes Varela, *Código Civil Anotado*, V. II, p. 151 refere "*Também a vontade de remitir do credor pode resultar de uma manifestação tácita de vontade, revelada, por exemplo, através da entrega do recibo da dívida ou da restituição do título dela. Não basta, porém, qualquer destes factos, pois qualquer deles é de significação equívoca*".

[434] Pires de Lima / Antunes Varela, *Código Civil Anotado*, V. II, p. 40.

[435] *Supra*, Cap. II, § 4., II, i.

outra[436]. Tal presunção opera a inversão do ónus da prova (arts. 344.º, n.º 1, e 350.º, ambos do Código Civil) ou seja, num cenário de litígio, incumbirá ao credor provar que, sem prejuízo da devolução do título, não houve cumprimento[437], não implicando, automaticamente, a extinção da dívida.

[436] PIRES DE LIMA / ANTUNES VARELA, *Código Civil Anotado*, V. II, p. 40. No mesmo sentido, referindo que a presunção de exoneração abrange o cumprimento e a remissão, VAZ SERRA, "Remissão, reconhecimento negativo de dívida e contrato extintivo da relação obrigacional bilateral", p. 46. Em sentido contrário, vendo na restituição do título da dívida uma remissão tácita, BRANDÃO PROENÇA. *Lições de cumprimento e não cumprimento das obrigações*, 2.ª ed., UCE, Porto, 2017, p. 57 e CUNHA DE SÁ, "Modos de extinção das obrigações", p. 235

[437] De notar que o Código Civil espanhol associa a restituição do título não à remissão da dívida, mas à renúncia ao direito de ação (art. 1188.º).

§ 12. Efeitos nas obrigações plurais

O regime legal estabelecido nos artigos 864.º e 865.º do Código Civil, visa esclarecer os efeitos da figura no domínio das obrigações plurais ou subjetivamente complexas.

O ponto de partida é o de que embora, nos termos do artigo 397.º, a obrigação consista no vínculo jurídico pelo qual uma pessoa fica adstrita para com outra (obrigação singular) a um determinado comportamento, esse vínculo pode abranger várias pessoas, na qualidade de credores (pluralidade ativa) ou devedores (pluralidade passiva) ou ainda numa vinculação de vários devedores perante vários credores (pluralidade mista ou dupla). Existe, no fundo, uma prestação *"fixada globalmente, mas em que a cada um dos sujeitos compete apenas uma parte do débito ou do crédito comum"*[438].

As obrigações plurais podem ser conjuntas (referidas igualmente como parciárias[439]) ou solidárias. A regra entre nós (cf. art. 513.º) é a de que a solidariedade só existe quando expressamente prevista pelas partes ou por imposição da lei. A regra é, portanto, que o regime supletivo é o da conjunção[440]. Nestas, cada um dos devedores só está obrigado a prestar ao credor ou

[438] ANTUNES VARELA, *Das obrigações em geral*, V. I, p. 748

[439] De facto, como refere LUÍS MENEZES LEITÃO, a expressão *"a denominação "obrigações conjuntas" pode ser enganadora para leigos, uma vez que se alguém escrever num contrato que "os devedores respondem conjuntamente", provavelmente quererá dizer o inverso de que cada um responde pela sua parte na dívida"* MENEZES LEITÃO, *Direito das obrigações*, pp. 169-170.

[440] Exemplos de solidariedade passiva por imposição legal podem ser encontrados, no âmbito do Código Civil, nos artigos 467.º (pluralidade de gestores), 497.º e 507.º (pluralidade de

credores a sua parte na prestação, não lhe podendo ser exigido mais do que isso. As obrigações de cada um dos codevedores são, de resto, independentes entre si, não sendo por via de regra uns afetados pelas vicissitudes de outro. Reflexamente, também cada um dos credores apenas pode exigir do devedor ou dos devedores a parte que lhe cabe. Há, no essencial, uma prestação "fracionada", "*cabendo a cada um deles receber ou pagar apenas o seu quinhão*"[441]. De resto, para a aferição da medida do compromisso de cada um, a lei fixa o critério da igualdade, salvo convenção contrária. As obrigações conjuntas, por definição, reportam a obrigações divisíveis.

Já no âmbito das obrigações solidárias, qualquer devedor está vinculado ao cumprimento integral da obrigação, que a todos exonera. Paralelamente, qualquer credor pode exigir a prestação por inteiro, liberando-se o devedor em face de todos os demais credores. Assim, expressivamente, vigorando um regime de solidariedade em ambos os polos da obrigação, qualquer dos credores pode exigir de qualquer dos devedores, a obrigação por inteiro e o devedor que cumpra libera-se a si e aos seus codevedores, sem prejuízo do direito de regresso que assiste a um e a outro, em confronto com os seus pares. Tal não significa que os vínculos sejam exatamente idênticos. Como resulta do número 2 do artigo 512.º, "*A obrigação não deixa de ser solidária pelo facto de os devedores estarem obrigados em termos diversos ou com diversas garantias, ou de ser diferente o conteúdo das prestações de cada um deles; igual diversidade se pode verificar quanto à obrigação do devedor relativamente a cada um dos credores solidários*".

Quanto aos seus efeitos, a matéria tem assento nos artigos 518.º a 533.º do Código Civil. Relativamente à solidariedade passiva, o ponto de partida é o de que as circunstâncias atinentes a cada um dos devedores solidários, apenas em relação a este produzem efeitos, não afetando os demais codevedores. Nomeadamente, o facto de um dos codevedores ter um meio de defesa pessoal contra o credor não obsta a que este último reclame dos demais a integralidade da prestação, ainda que certos meios de defesa respeitantes a apenas um dos codevedores possam pelos demais ser invocados, como a compensação (523.º). Além disso, caso a prestação se torne impossível em virtude da atuação de

responsáveis pelo dano), 649.º (pluralidade de fiadores), 1139.º (pluralidade de comodatários) e 1169.º (pluralidade de mandantes), todos do Código Civil.

441 Almeida Costa, *Direito das obrigações*, p. 662.

um dos codevedores, os demais mantêm-se responsáveis pela totalidade do valor da prestação. Nas relações entre os codevedores e o credor, o principal efeito da solidariedade consiste no facto de o devedor ser responsável pela integralidade da prestação. Assim, o credor tem a possibilidade de, nos termos do artigo 519.º do Código Civil, exigir de cada um dos codevedores a integralidade da prestação ou a alguns deles, como lhe aprouver. Sem embargo, o credor pode todos demandar (517.º).

Porquanto tem impacto nos efeitos da remissão neste tipo de obrigações cumpre, também referir a distinção entre remissão *in rem* e remissão *in personam*[442]. Nos termos desta distinção[443], a remissão *in rem* diz respeito à dívida, no seu todo. Ao invés, na remissão *in personam*, o que o credor pretende é exonerar o devedor, libertando-o da dívida que este, pessoalmente, se encontrava vinculado[444]. Se esta qualificação conduz aos mesmos resultados práticos quando a obrigação diga respeito apenas a um único devedor e a um único credor, o mesmo não se verifica em obrigações subjetivamente complexas. Com efeito, como veremos, havendo pluralidade de sujeitos num dos polos do vínculo obrigacional, a remissão celebrada dirá respeito apenas aos intervenientes no contrato (de remissão). Ou seja, por via de regra, presume-se tratar-se de uma remissão *in personam*. Tendo presente esta distinção, do quadro legalmente delineado resulta um regime elegante, que se articula coerentemente com a natureza contratual da figura.

Estando em causa obrigações em que vigore o regime da solidariedade passiva, a remissão celebrada pelo credor com um dos devedores solidários apenas libera os demais na parte que caberia ao devedor exonerado[445] [446] (cf. art. 864.º, n.º 1), ou seja, os demais devedores acabam por ver a sua dívida

442 Perdão "real" ou "pessoal", na terminologia de Guilherme Moreira, e aproveitada por Vaz Serra, cf. Adriano Vaz Serra, "Remissão, reconhecimento negativo de dívida e contrato extintivo da relação obrigacional bilateral", p. 9.

443 Guilherme Alves Moreira, *Instituições do Direito Civil Português*, Volume II – Das obrigações, 2.ª ed., Coimbra Editora, Coimbra, 1925, pp. 290-291.

444 Carlo Toesca di Castellazzo, "Rimessione del debito", pp. 700-701

445 Segundo Adriano Vaz Serra, esta conclusão impõe-se, também, quando considerado o princípio de que os negócios gratuitos devem ser interpretados da forma que assegure *"a menor transmissão de direitos e interesses"*, cf. Vaz Serra, "Remissão, reconhecimento negativo de dívida e contrato extintivo da relação obrigacional bilateral", p. 9.

446 Para Francisco Pereira Coelho, a solução é demonstrativa do "efeito real" da renúncia. Pode ler-se *"Ora está aqui justamente presente a ideia de eficácia absoluta do negócio renunciativo: por*

(total) diminuída na proporção do perdão. Seria necessariamente assim. Com efeito, com a remissão de um dos devedores solidários, os demais perdem, em relação a este, o seu direito de regresso[447]. Caso a regra fosse a subsistência da dívida, por inteiro, perante os devedores solidários não exonerados, isso resultaria num prejuízo para estes e representaria a possibilidade de ingerência, por parte do credor, nas relações internas entre devedores solidários, em que aquele poderia favorecer um devedor em detrimento dos demais. Para que respeite a toda a obrigação, a remissão deverá ser proposta a todos os devedores solidários e por todos aceite. A remissão de dívida relativamente a um dos condevedores não se confunde com a renúncia à solidariedade, uma vez que neste último caso, "*o credor somente se vincula a não exigir do beneficiário uma prestação superior à sua parte no débito comum*"[448].

Não obstante a regra geral ser a de remitir a parte de cada devedor, o credor que remite a dívida perante um devedor solidário tem a possibilidade de reservar o seu crédito, por inteiro, contra os demais[449], contando que o deixe expressamente consignado. Contudo, neste último caso, os demais devedores reservam também, por inteiro, o seu direito de regresso contra o devedor remitido (cf. art. 864.º n.º 2), ou seja, em termos absolutos, a posição do devedor que foi parte na remissão mantém-se idêntica. Contudo, em termos relativos, deixa de lhe ser exigível o cumprimento (integral) da obrigação, como sucederia caso se mantivesse como devedor, num regime de solidariedade passiva. Além disso, a exigência do cumprimento virá a título de direito de regresso e não cumprimento da obrigação primária.

Por sua vez, de acordo com o número 3 do artigo 864.º, vigorando na obrigação o regime da solidariedade ativa, a remissão celebrada por um dos credores solidários apenas exonera o devedor na parte que àquele caberia.

ter essa eficácia absoluta é que a remissão é oponível ao credor por estes terceiros que são os condevedores não remitidos", cf. Pereira Coelho, *A renúncia abdicativa no Direito Civil*, p. 66

447 Pires de Lima / Antunes Varela, *Código Civil Anotado*, V. II, p. 152.

448 Almeida Costa, *Direito das obrigações*, p. 671

449 Acórdão do Tribunal da Relação de Guimarães, datado de 08.03.2018 (Relator: Ana Cristina Duarte): "*No caso de serem vários os obrigados, numa obrigação solidária e a remissão se não referir a toda a dívida, mas apenas a um dos devedores, os seus efeitos só aproveitarão ao beneficiário. Os outros condevedores ficarão desonerados apenas na parte relativa ao devedor exonerado. Se o credor reservar o seu direito, por inteiro, contra os outros devedores, conservam estes o direito de regresso contra o devedor exonerado.*"

Esta solução não só é diferente da que vigorava anteriormente, como é consideravelmente mais simples. Efetivamente, o artigo 751.º do Código Civil de 1867 permitia a remissão da totalidade da dívida ficando, contudo, o credor remitente investido na posição do devedor e, portanto, obrigado à liquidação do remanescente da dívida perante um dos seus anteriores cocredores. Como notam Pires de Lima e Antunes Varela, a nova solução da lei civil oferece maiores salvaguardas aos credores considerando que, pela remissão, não entra *"no património do remitente nenhum valor patrimonial que assegure, de alguma maneira, a satisfação do direito dos outros"*[450]. Assim é. Com efeito, perdoando a totalidade da dívida, mas não obtendo qualquer contrapartida que vise o reforço da sua garantia patrimonial, o credor remitente poderia agir em detrimento da posição dos demais credores solidários.

O artigo 865.º dispõe sobre os efeitos da remissão quando esteja em causa o regime geral das obrigações plurais – a parciariedade. Assim, nos termos do número 1, a remissão concedida pelo credor a um dos devedores de uma obrigação indivisível, não exonera os demais, mas constitui-o na obrigação de lhes restituir a parte que seria da responsabilidade do devedor exonerado (cf. art. 536.º aplicável *ex vi* art. 865.º n.º 1)[451]. Verificando-se a parciariedade no polo ativo, a remissão por parte de um credor não exonera o devedor perante os demais, contudo, aquando do cumprimento, devem os credores devolver ao devedor a parte que caberia ao credor remitente.

Para completar o círculo: se a obrigação for divisível e vigorar o regime da parciariedade, a remissão exonera completamente o devedor visado, uma vez que neste regime cada vínculo tem vida autónoma: não há lugar a qualquer direito de regresso.

Em suma, e no essencial, podemos dizer que o regime previsto nos artigos 864.º a 867.º do Código Civil corresponde à materialização de dois vetores fundamentais. Por um lado, a consideração, horizontal a todo o direito das obrigações, de que as garantias se extinguem, automaticamente, com a extinção da obrigação principal à qual estão funcionalmente ligadas, sendo-lhes acessórias. Por outro, os efeitos da remissão nas obrigações subjetivamente

450 Pires de Lima / Antunes Varela, *Código Civil Anotado*, V. II, p. 153.

451 No sentido de a solução ser "*desnecessariamente repetida*", quer na remissão (art. 865.º, n.º 1), quer na confusão (art. 870.º, n.º 1), Menezes Leitão, *Direito das obrigações*, p. 177.

complexas articulam-se devidamente com a afirmada natureza contratual da figura, na medida em que, neste tipo de obrigações, para que os efeitos da remissão se estendam aos vários codevedores/cocredores, é necessário que todos estes intervenham no negócio[452]. De resto, esta última conclusão resulta também da ausência da remissão do artigo 523.º, impondo-se, assim, na remissão, uma distinção face ao regime geral contido nesse artigo[453].

[452] Por tudo quanto foi dito, por todos, António Menezes Cordeiro, *Tratado de Direito Civil*, V. IX, pp. 1136-1137 e Menezes Leitão, *Direito das obrigações*, V. II, pp. 216-217.

[453] Diferença de tratamento que é salientada no Acórdão do Tribunal da Relação de Lisboa, datado de 06.12.2017 (Relator: Maria Teresa Albuquerque), "*A remissão é uma forma de satisfação do interesse do credor que mereceu do legislador, no tocante ao aspecto em apreço – da solidariedade passiva –, um tratamento especial relativamente ao geral contido no mencionado art 523º, como resulta dos nº 1 e 2 do art 864ºCC*"

§ 13. Efeitos nas garantias

Nos termos do número 1 do artigo 866.º do Código Civil, a remissão aproveita a terceiros. Assim, extinta a dívida, ficam igualmente extintas as garantias a ela associadas, inclusive as prestadas por terceiros[454]. Como manifestação do princípio geral, segundo o qual as garantias não subsistem sem a obrigação principal, este preceito coaduna-se com o regime estabelecido para situações análogas, designadamente os artigos 651.º, 664.º, 677.º, 730.º al. a), 752.º e 761.º[455]. Tudo isto sem que o garante, caso não seja o próprio devedor, tenha de intervir no contrato. Por forma a que haja uma correta articulação com o regime da complexidade subjetiva definido, e já anteriormente referido, a extinção das garantias só ocorre por relação àquelas que digam respeito à obrigação do devedor remitido, e não aos demais, caso a (*i*) a garantia não cubra a totalidade da obrigação ou (*ii*) a remissão não abranja todos. Inversamente, a renúncia a uma garantia não faz presumir a intenção do credor de extinguir a dívida. Além do mais, atendendo ao carácter contratual da figura, sempre a remissão, com efeitos na obrigação subjacente, careceria de intervenção do devedor.

[454] Entendendo não ser de aplicar esta eficácia liberatória "total" às remissões realizadas nos termos do n.º 2 do art.º 864 (em que o credor reserva o seu direito, por inteiro, contra os demais devedores solidários), *vide*, FRANCISCO PEREIRA COELHO, *A renúncia abdicativa no Direito Civil*, p. 67, nota (156). Por outro lado, o Acórdão do Tribunal da Relação de Coimbra, datado de 19.02.2004 (Relator: JORGE ARCANJO), refere que "*um co-avalista não é terceiro, para efeitos do art.º 866º n.º 1 do CC, relativamente aos demais co-avalistas.*"

[455] PIRES DE LIMA / ANTUNES VARELA, *Código Civil Anotado*, V. II, p. 154.

Havendo pluralidade de fiadores, e sendo um deles "libertado" da garantia prestada, por remissão, sem que haja intervenção dos demais, estes são exonerados na parte que lhe cabia. Já na eventualidade de todos os cofiadores terem aceitado a remissão, deve presumir-se que quiseram assumir a obrigação entre si, no seu todo, pelo que ficam investidos na posição de garantes da totalidade da dívida, salvo declaração em contrário (cf. art. 866.º, n.º 2, segunda parte).

Sendo a remissão declarada nula, ou anulada, por facto imputável ao credor, as garantias que, em virtude do efeito automático prescrito pelo número 1 do artigo 866.º se hajam extinto não são repristinadas, salvo se o garante conhecia o vício. Tal como sucede noutras formas de extinção das obrigações (cf. art. 839.º para a dação em cumprimento, art. 856.º para a compensação, art. 860.º, n.º 2 para a novação e art. 873.º n.º 2 para a confusão), incluindo o cumprimento (cf. art. 766.º)[456] , os terceiros de boa fé não são prejudicados pela invalidade do negócio que os libera da garantia prestada, quando a causa de invalidade seja imputável ao credor[457]. Já quando o vício era conhecido do beneficiário, sem o amparo da boa-fé, permanece-se vinculado. Este efeito liberatório vem demonstrar então que, embora a remissão seja um negócio causal, alguns dos seus efeitos reflexos gozam de abstração, no sentido em que se verificam independentemente da validade do negócio[458].

456 ANTUNES VARELA, *Das obrigações em geral*, V. II, p. 257 nota (1).

457 Se antes da vigência do atual Código Civil já se consagrava que a remissão do penhor e, bem assim, da fiança, não fazia presumir a remissão da dívida, o novo artigo 867.º estende agora esse princípio a todas as garantias.

458 FRANCISCO PEREIRA COELHO, *A renúncia abdicativa no Direito Civil*, pp. 78-80

CONCLUSÕES

A remissão consiste no acordo pelo qual credor e devedor extinguem a dívida sem qualquer contrapartida. De facto, conceptualmente, poder-se-á dizer que a remissão, enquanto forma de extinção das obrigações, é a antítese do cumprimento, facto extintivo por excelência. Com efeito, enquanto neste a obrigação logra atingir o seu propósito e o credor, ao "receber" o comportamento devido (*rectius*, a prestação), vê o seu interesse satisfeito, no âmbito da remissão não há lugar a essa satisfação, nem sequer indiretamente.

Enquanto renúncia consensuada ao direito de crédito, a remissão pode ser motivada por espírito de liberalidade ou ter um propósito meramente abdicativo, como resulta do número 2 do artigo 863.º. Por forma a distinguir entre uma e outra modalidade, há que atender ao estado psicológico do credor: a liberalidade implicará o intuito de beneficiar o devedor, elemento que estará ausente quando o propósito seja meramente abdicativo em que em princípio o credor nem considera a posição do devedor, pretende apenas remover o crédito da sua esfera jurídica.

Em qualquer uma das suas modalidades, a remissão é um negócio necessariamente gratuito pelo que não é compatível com a existência de contrapartidas. Com efeito, entendemos a remissão como um negócio jurídico autónomo que se individualiza justamente por apenas lhe poder ser associado um efeito extintivo. Ora, caso o devedor viesse a ficar adstrito a uma nova obrigação como contrapartida pela extinção da dívida ficará, a nosso ver, claro que o que está em causa não é uma remissão, mas sim um esquema contratual de natureza distinta. Naturalmente, esse esquema contratual pode albergar como um dos seus efeitos jurídicos a extinção de uma obrigação, mas o facto de comportar elementos adicionais afasta-o da remissão visada pelo artigo 863.º do Código Civil. Efetivamente, ao admitir a existência de uma remissão onerosa (*i.e.*, que comporte um sistema de contrapartidas) poderíamos encontrá-la num vasto número de negócios jurídicos, como a novação ou a transação. Evidentemente, o facto de um dos efeitos visados por um qualquer negócio jurídico ser a extinção de uma obrigação e esse ser o efeito típico (e único, aliás) da remissão, não é quanto baste para justificar uma confusão e um tratamento indiferenciado entre aquilo que é um efeito do esquema contratual visado pelas partes, do próprio negócio jurídico, o qual funciona justamente como polo aglutinador de tais efeitos jurídicos. O que vai dito permite a conclusão de que quando estruturalmente seja possível identificar uma contrapartida à extinção da dívida, o que está em causa não é uma mera remissão, mas sim um negócio jurídico mais complexo, nomeadamente um acordo modificativo da obrigação.

Embora, a nosso ver, de forma algo contraintuitiva, a remissão assume no ordenamento jurídico português a natureza de um contrato, opção que foi também seguida pelo legislador alemão no § 397. do BGB. Um modelo diverso foi adotado pelo legislador italiano que, ponderando os valores em presença, dotou a remissão de uma estrutura unilateral condicionada, atribuindo à declaração de vontade do credor eficácia extintiva, mas não desconsiderando a posição do devedor, ao qual atribuí o direito potestativo de recusar a remissão e assim retroativamente destruir os seus efeitos. Na nossa opinião, o modelo elegante desenhado pelo legislador italiano é o que melhor se coaduna com a remissão, evidenciando a sua natureza renunciativa e salvaguardando de forma coerente todos os interesses em presença. Com efeito, na normalidade das circunstâncias, o interesse do credor em que o efeito da remissão se produza logo aquando da emissão da sua declaração está perfeitamente alinhado com o interesse do devedor em que a dívida se extinga tão breve quanto possível. Ademais, ao configurar-se a remissão como um ato unilateral, a posição do devedor fica mais salvaguardada quanto ao arrependimento do credor, a sua morte ou incapacidade.

Sem embargo destas considerações, não foi este o entendimento do legislador e, entre nós, a remissão carece necessariamente de aceitação por parte do devedor. Esta exigência sobrecarrega –, a nosso ver, desnecessariamente,

– o peso da figura. A questão não é despicienda: na normalidade das circunstâncias, o devedor contemplado pela (proposta de) remissão agradece, mas não emite uma declaração de aceitação suscetível de integrar um contrato. Enquanto se mantenha uma – mera – proposta, o devedor fica desprotegido. Porém, em virtude da específica natureza da remissão, parece oferecer-se ao intérprete um caminho para aliviar o formalismo imposto pela contratualidade da figura, recorrendo ao artigo 234.º do Código Civil, o qual permite dispensar a declaração de aceitação para formação do contrato. Efetivamente, o devedor que recebe uma proposta de remissão e não a recusa nem se prontifica a cumprir, será porque concorda com a liberação nesses termos. Este princípio deve, contudo, ser contido nos seus exatos termos: não se trata de, ao arrepio da lei, transformar a remissão num negócio jurídico unilateral condicionado à não recusa, como parece que a figura deve ser entendida ao abrigo do *Codice Civile*. Os valores subjacentes ao artigo 234.º permitem dispensar a declaração de vontade (*i.e.*, a exteriorização), não a própria vontade.

Ao ponderar os efeitos da remissão, deve ter-se presente que a obrigação não se esgota no crédito e no débito. Embora o binómio tradicional seja obviamente o elemento mais marcante da obrigação, esta é composta por outras situações jurídicas, deveres secundários e deveres acessórios. Devido a esta complexidade intra-obrigacional, a remissão tem como efeito principal a extinção do dever de prestar e o correspetivo direito de crédito sobre o qual incida mas deve entender-se que a obrigação, como um todo, subsiste, apoiada nos seus demais elementos: outros deveres de prestar principais, caso existam, deveres secundários e deveres acessórios.

Para que a remissão seja válida, a dívida sobre a qual esta incide deve reunir determinadas características. Entendemos poder reconduzir tais características a três conceitos-quadro: existência, determinabilidade e disponibilidade.

Assim, em primeiro lugar, a remissão deve ter por objeto uma dívida existente. Coerentemente, e porque estamos perante um negócio de disposição, a remissão pressupõe um conteúdo volitivo: ao credor deve ser possível assacar a vontade de extinguir a dívida. Para que se possa identificar essa vontade, é necessário que a dívida exista e que o credor tenha conhecimento dela. A aceitação da existência da dívida como pressuposto da remissão tem como importante consequência afastar do seu âmbito de aplicação dívidas que o credor desconhece. Parece-nos que esta é a conclusão correta: é artificial assacar ao credor a vontade de extinguir um direito cuja existência ele ignora. Embora pareça algo despiciendo, a extrapolação deste argumento é o que permitirá levar à inversão da corrente jurisprudência que, durante décadas, escudando-se na teoria da impressão do destinatário, tem vindo a atribuir a natureza de remissão às declarações liberatórias emitidas pelos trabalhadores no momento de cessação do contrato de trabalho.

Num segundo momento, para que a dívida possa ser remitida, o correspondente crédito deve ainda estar plenamente formado na esfera jurídica do credor e os seus contornos devem ser, se não determinados, pelo menos determináveis. Ao passo que a primeira das consequências apontadas se impõe, a nosso ver, por via do reconhecimento do princípio, transversal um pouco a todo o Direito civil, da irrenunciabilidade antecipada a direitos (*v.g.*, art. 809.º do Código Civil), a segunda decorre diretamente do número 1 do artigo 280.º, que estabelece os requisitos do objeto negocial, aplicável diretamente à remissão.

Por fim, naturalmente que a remissão só pode ter por objeto dívidas cujo crédito correspondente configure um direito disponível. Por princípio, as situações jurídicas privadas estão à disposição do titular pelo que a indisponibilidade, relativa ou absoluta, terá natureza excecional e dependerá de uma norma que imponha tal indisponibilidade. É o que sucede, por exemplo, com os créditos de alimentos, nos termos do artigo 2008.º do Código Civil.

O Código Civil prevê a aplicação do regime jurídico da doação à remissão realizada com espírito de liberalidade, o que é uma consequência lógica da proximidade entre os efeitos de ambas as figuras, ou seja, o enriquecimento patrimonial do beneficiário, sem contrapartida para o disponente. Por este motivo, o legislador entendeu que também o remitente, os seus herdeiros e os seus credores deveriam ficar ao abrigo de idênticas salvaguardas. Quanto às demais remissões, as que não sendo realizadas com espírito de liberalidade são meramente abdicativas, a lei nada dispõe pelo que se verifica uma lacuna. A nosso ver, pese embora o legislador ter recortado o âmbito da remissão para o regime das doações às remissões realizadas com espírito de liberalidade, parece-nos que, por via analógica, o mesmo regime acaba por ser igualmente o aplicável, por ser o que mais se adequa à preservação dos valores subjacentes. Com efeito, as disposições relativas às doações que o legislador especificamente aportou para o regime da remissão realizada com espírito de liberalidade são regras que se prendem com a proteção do disponente. Isto é, o ponto de partida do legislador é o de salvaguardar a posição daquele que "empobrece" sem contrapartida e a medida desse empobrecimento é equivalente em qualquer das modalidades de remissão pelo que, a nosso ver, tal determina a aplicação das regras próprias da doação que visam a proteção do disponente. Em relação às demais, as quais correspondem essencialmente a normas que pressupõem uma específica relação entre o doador e o donatário, e uma valoração do comportamento que um donatário deve ter perante quem o favorece (*v.g.*, a possibilidade de revogação por ingratidão), entendemos não serem transponíveis para a remissão abdicativa, justamente porque em relação a essas estar em falta a identidade valorativa que valida a analogia.

Quanto ao regime positivo previsto nos artigos 864.º a 867.º do Código Civil, diríamos, em suma, que reflete a materialização de dois vetores fundamentais. Por um lado, a consideração, transversal a todo o Direito das obrigações, de que as garantias se extinguem com a extinção da obrigação principal, à qual estão funcionalmente ligadas e da qual são acessórias. Por outro, a natureza contratual da figura está coerentemente articulada com os efeitos da remissão nas obrigações subjetivamente complexas, estando em princípio os efeitos da remissão limitados aos intervenientes, não afetando a posição dos demais.

ÍNDICE BIBLIOGRÁFICO

AMADO, João Leal, "Declarações Liberatórias: efeitos probatórios ou efeitos dispositivos?", *Revista Maia Jurídica*, Ano IV, n.º 2, 2006

AMADO, João Leal, *A protecção do salário*, Separata do V. XXXIX do Suplemento ao Boletim da Faculdade de Direito da Universidade de Coimbra, Coimbra, 1993

BARRAU, Raymond de, *Acceptation et du pacte de non petendo, en droit romain. remise de la dette, droit français (Éd. 1875)*, Hachette Livre BNF, Paris, 2017

BIANCHINI, Mariagrazia, "Remissione del debito (storia)", *Enciclopedia del Diritto*, V. XXXIX, (coord. Francesco Santoro-passarelli), Giuffrè editore, Milão, 1958

CAMPOGRANDE, Valerio, "Condono del debito", *Il Digesto Italiano*, V. VIII, Unione Tipografico-Editrice Torinese, Turim, 1896

CASTELLAZZO, Carlo Toesca di, "Rimessione del debito", *Nuovo Digesto Italiano* (org. Mariano D'Amelio), 1939-XVIII, Unione Tipografico-Editrice Torinese, Turim, 1939

COELHO, Francisco Pereira, *A renúncia abdicativa no Direito Civil (algumas notas tendentes à definição do seu regime)*, Studia Iuridica 8, Coimbra Editora, Coimbra, 1995

CORDEIRO, António Menezes, "A doutrina do negócio jurídico: origens e evolução", *O Direito*, Ano 145.º, IV, 2014

CORDEIRO, António Menezes, "A reforma francesa do Direito das obrigações: 2016", *Revista de Direito Civil*, Ano 2, n.º 1, 2017

CORDEIRO, António Menezes, *Da boa-fé no Direito Civil*, Almedina, Coimbra, 2013

CORDEIRO, António Menezes, *Direito Comercial*, 4.ª ed., Almedina, Lisboa, 2019

CORDEIRO, António Menezes, *Tratado de Direito Civil*, V. II, 4.ª ed., 1.ª reimp., Almedina, Lisboa, 2014

CORDEIRO, António Menezes, *Tratado de Direito Civil*, V. IX, 3.ª ed., Almedina, Lisboa, 2019

CORDEIRO, António Menezes, *Tratado de Direito Civil*, V. VI, 2.ª ed., Almedina, Lisboa, 2012

CORDEIRO, António Menezes, *Tratado de Direito Civil*, V. VII, 3.ª reimp., Almedina, Lisboa, 2018

CORDEIRO, António Menezes, *Tratado de Direito Civil*, V. VIII, 2.ª reimp., Almedina, Lisboa, 2016

CORDEIRO, António Menezes, *Tratado de Direito Civil*, V. XI, Almedina, Lisboa, 2019

CORDEIRO, António Menezes, *Tratado de Direito Civil*, V. XII, 3.ª reimp., Almedina, Lisboa, 2018

COSTA, Mário Júlio de Almeida, *Direito das obrigações*, 12.ª ed., 3.ª reimp., Almedina, Coimbra, 2014

FRADA, Manuel Carneiro da, *Direito Civil, Responsabilidade Civil: O método do caso*, 1.ª reimp., Almedina, Porto, 2010

GARNER, Bryan A., *Black's Law Dictionary*, 7.ª ed., West Group, St. Paul, Minnesota, 1999

GASCÓ, Francisco de P. Blasco, *La condonación de la deuda*, Editorial Reus, Madrid, 2012

HEDEMANN, Justus Wilhelm, *Derecho de Obligaciones* (trad. Jaime Santos Briz), V. III, Editorial Revista de Derecho Privado, Madrid, 1958

JHERING, Rudolf Von, *Culpa in contrahendo – indemnização em contratos nulos ou não chegados à perfeição* (trad. Paulo Mota Pinto), 2.ª ed., Gestlegal, Coimbra, 2020

JORGE, Fernando Pessoa, *Lições de Direito das Obrigações*, Edição da Associação Académica, Lisboa, 1975-1976

JUSTO, A. Santos, *Direito privado romano – II (direito das obrigações)*, 6ª. ed., Studia Iuridica 76, Coimbra Editora, Coimbra, 2018

LEITÃO, Luís Menezes, *Direito das Obrigações*, V. I, 14.ª ed., Almedina, Coimbra, 2017

LEITÃO, Luís Menezes, *Direito das Obrigações*, V. II, 11.ª ed., Almedina, Coimbra, 2017

LIMA, Fernando Andrade Pires de / VARELA, João de Matos Antunes, *Código Civil Anotado*, V. II, 4.ª ed., 1.ª reimp., Coimbra Editora, Coimbra, 2011

LORIN, Fréderic, *Faculté de droit. Thèse: De la remise de la dette (Éd. 1875)*, Hachette Livre BNF, Paris, 2016

MARTINEZ, Pedro Romano, *Da cessação do contrato*, 3.ª ed. 1.ª reimp., Almedina, Coimbra, 2017

MEDICUS, Dieter, *Tratado de las relaciones obligacionales*, V. I (trad. Ángel Martínez Sarrión), Bosch, Barcelona, 1995

MICCIO, Renato, *I Diritti di credito*, V. I, Unione Tipografico-Editrice Torinese, Turim, 1971

MOREIRA, Guilherme Alves, *Instituições do Direito Civil Português*, Volume II – Das obrigações, 2.ª ed., Coimbra Editora, Coimbra, 1925

PEREIRA, Diogo Castanheira, "Consignação em depósito", *Processos Especiais* V. I (coord. Rui Pinto / Ana Alves Leal), AAFDL, Lisboa, 2020

PERLINGIERI, Pietro, "Dei modi di estinzione delle obbligazioni diversi dall'adempimento", *Commentario al Codice Civile* (org. Antonio Scialoja / Giuseppe Branca), Libro Quarto – Delle Obbligazioni, UTET, Turim, 1975

PICOD, Nathalie, *La remise de dette en droit privé*, Dalloz, Paris, 2013

PINTO, Carlos Alberto da Mota, *Cessão da posição contratual*, 1.ª reimp., Almedina, Coimbra, 1982

PINTO, Eduardo Vera-Cruz, "O conceito romano de *obligatio* e a definição legal de obrigação no Código Civil Português", *Interpretatio Prudentium*, I, 2016

PINTO, Rui, *A ação executiva*, AAFDL, Lisboa, 2018

PRIGENT, Th., *Thèse: Du Pacte de remise en droit romain. Du Concordat en matière de failite (Éd. 1876)*, Hachette Livre BNF, Paris, 2016

PROENÇA, José Carlos Brandão, *Lições de cumprimento e não cumprimento das obrigações*, 2.ª ed., UCE, Porto, 2017

RAMALHO, Tiago Azevedo, "Anotação aos artigos 857.º a 862.º", *Código Civil Anotado*, V. I, (coord. Ana Prata), Almedina, Coimbra, 2017

REI, Maria Raquel, *Da interpretação da declaração negocial no Direito civil português*, Tese de Doutoramento apresentada à Universidade de Lisboa através da Faculdade de Direito, 2010

Roberto de Ruggiero, *Instituzioni di Diritto Civile*, V. II, 4.ª ed., Giuseppe Principiato, Roma, 1926

ROSSI, Francesco, *La remissione del debito*, Giuffrè Francis Lefebvre, Milão, 2018

SÁ, Fernando Augusto Cunha de, "Modos de Extinção das obrigações", *Estudos em Homenagem ao Professor Inocêncio Galvão Telles*, V. I – Direito Privado e Vária, (org. António Menezes Cordeiro) Almedina, Coimbra, 2002

SÁ, Fernando Augusto Cunha de, *Direito ao cumprimento e direito a cumprir*, Separata da Revista de Direito e de Estudos Sociais, Ano XX, n.º 2-3-4, Coimbra, 1973

SERRA, Adriano Vaz, "Direito das obrigações (com excepção dos contratos em, especial)/Anteprojecto", *Separata do Boletim do Ministério da Justiça*, 1960

SERRA, Adriano Vaz, "Fontes das obrigações. O contrato e o negócio jurídico unilateral como fontes de obrigações", *Boletim do Ministério da Justiça*, n.º 77, 1958

SERRA, Adriano Vaz, "Obrigações – Ideias preliminares gerais", *Boletim do Ministério da Justiça*, n.º 77, 1958

SERRA, Adriano Vaz, "Remissão, reconhecimento negativo de dívida e contrato extintivo da relação obrigacional bilateral", *Boletim do Ministério da Justiça*, n.º 43, 1954

SILVA, Manuel Gomes da, *Conceito e estrutura da obrigação*, Lisboa, 1943

SILVA, Manuel Gomes da, *O dever de prestar e o dever de indemnizar*, V. I, Lisboa, 1944

STANZIONE, Pasquale / SCIANCALEPORE, Giovanni, *Remissione e rinunzia*, Giuffrè Editore, Milão, 2003

STANZIONE, Pasquale, "Remissione del debito", *Digesto delle Discipline Privatistiche – Sezione Civile*, V. XVI, 4.ª ed., UTET, Turim, 1987

TELLES, Inocêncio Galvão, *Direito das Obrigações*, 7.ª ed., Coimbra Editora, Coimbra, 2014

TILOCA, Ernesto, *La remissione del debito*, CEDAM, Pádua, 1955

TILOCCA, Ernesto, "Remissione del debito", *Novissimo Digesto Italiano*, (coord. Antonio Azara e Ernesto Eula), 3.ª ed., Unione Tipografico-Editrice Torinese, Turim, 1957

TOUBIN, Pierre-Philippe-Albert, *Thèse: La Remise de la dette (Éd. 1869)*, Hachette Livre BNF, Paris, 2018

VARELA João de Mato Antunes, *Das obrigações em geral*, V. I, 10.ª ed., 14.ª reimp., Almedina, Lisboa, 2012

VARELA, João Antunes, *Das obrigações em geral*, V. II, 7.ª ed., 13.ª reimp., Almedina, Lisboa, 2020

VASCONCELOS, Joana, *A Revogação do Contrato de Trabalho*, Almedina, Coimbra, 2011

VASCONCELOS, Pedro Pais de / VASCONCELOS, Pedro Leitão Pais de, *Teoria Geral do Direito Civil*, 9.ª ed., Almedina, Lisboa, 2019

VASCONCELOS, Pedro Pais de, *Contratos atípicos*, Almedina, Coimbra, 1995

ÍNDICE JURISPRUDENCIAL

Supremo Tribunal Administrativo

31 de janeiro de 2002 (Relator: Rui Botelho).

Supremo Tribunal de Justiça

19 de janeiro de 1994 (Relator: Dias Simão);
24 de janeiro de 1995 (Relator: Torres Paulo);
12 de março de 1996 (Relator: Noronha do Nascimento);
25 de junho de 1996 (Relator: Manuel Pereira);
3 de julho de 1996 (Relator: Matos Canas);
5 de novembro de 1997 (Relator: Nascimento Costa);
12 de maio de 1999 (Relator: Almeida Deveza);
7 de outubro de 1999 (Relator: José Mesquita);
5 de fevereiro de 2004 (Relator: Salvador da Costa);
31 de março de 2004 (Relator: Sousa Grandão);
31 de março de 2004 (Relator: Sousa Peixoto);
29 de abril de 2004 (Relator: Salvador da Costa);
1 de julho de 2004 (Relator: Salvador da Costa);
19 de outubro de 2004 (Relator: Nuno Cameira);
24 de novembro de 2004 (Relator: Sousa Peixoto);
26 de janeiro de 2005 (Relator: Fernandes Cadilha);
25 de maio de 2005 (Relator: Sousa Peixoto);
11 de outubro de 2005 (Relator: Fernandes Cadilha);
5 de abril de 2006 (Relator: Sousa Peixoto);

13 de julho de 2006 (Relator: Sousa Peixoto);
20 de setembro de 2006 (Relator: Mário Pereira);
6 de dezembro de 2006 (Relator: Sousa Peixoto);
14 de março de 2007 (Relator: Pinto Hespanhol);
17 de outubro de 2007 (Relator: Sousa Peixoto);
31 de outubro de 2007 (Relator: Vasques Dinis);
16 de janeiro de 2008 (Relator: Sousa Grandão);
17 de abril de 2008 (Relator: Paulo Sá);
25 de novembro de 2009 (Relator: Sousa Grandão);
10 de dezembro de 2009 (Relator: Pinto Hespanhol);
20 de janeiro de 2010 (Relator: Bravo Serra);
1 de junho de 2011 (Relator: Sampaio Gomes);
22 de maio de 2013 (Relator: Gabriel Catarino);
24 de junho de 2014 (Relator: Fernandes do Vale);
24 de fevereiro de 2015 (Relator: Fernandes da Silva);
9 de julho de 2015 (Relator: Fernandes da Silva);
17 de dezembro de 2015 (Relator: Pinto Hespanhol);
3 de novembro de 2016 (Relator: Ana Luísa Geraldes);
22 de fevereiro de 2017 (Relator: Gonçalves Rocha);
28 de junho de 2018 (Relator: Rosa Ribeiro Coelho);
13 de fevereiro de 2019 (Relator: Júlio Gomes);
4 de julho de 2019 (Relator: Henrique Araújo).

Tribunal da Relação de Coimbra

19 de fevereiro de 2004 (Relator: Jorge Arcanjo);
19 de janeiro de 2005 (Relator: Serra Leitão);
2 de março de 2006 (Relator: Fernandes da Silva);
27 de junho de 2014 (Relator: Felizardo Paiva);
3 de março de 2015 (Relator: Fonte Ramos);
21 de fevereiro de 2018 (Relator: Jorge Manuel Loureiro).

Tribunal da Relação de Évora

21 de setembro de 2004 (Relator: Chambel Mourisco);
18 de novembro de 2004 (Relator: Bernardo Domingos);
17 de abril de 2007 (Relator: Baptista Coelho);
23 de outubro de 2007 (Relator: Chambel Mourisco);
24 de março de 2011 (Relator: João Luís Nunes);

14 de julho de 2011 (Relator: BERNARDO DOMINGOS);
15 de novembro de 2012 (Relator: JOÃO NUNES);
5 de novembro de 2015 (Relator: JOÃO LUÍS NUNES);
14 de abril de 2016 (Relator: JOSÉ FETEIRA);
11 de maio de 2017 (Relator: JOÃO NUNES);
17 de janeiro de 2019 (Relator: JOÃO LUÍS NUNES);
28 de fevereiro de 2019 (Relator: MOISÉS SILVA);
14 de março de 2019 (Relator: MOISÉS SILVA);
10 de março de 2020 (Relator: SÉRGIO CORVACHO).

TRIBUNAL DA RELAÇÃO DE GUIMARÃES

22 de janeiro de 2009 (Relator: ISABEL ROCHA);
10 de julho de 2014 (Relator: FILIPE CAROÇO);
25 de maio de 2016 (Relator: ANABELA TENREIRO);
7 de dezembro de 2017 (Relator: EVA ALMEIDA);
8 de março de 2018 (Relator: ANA CRISTINA DUARTE);
17 de outubro de 2019 (Relator: JOAQUIM BOAVIDA);
07 de maio de 2020 (Relator: MARIA JOÃO MATOS).

TRIBUNAL DA RELAÇÃO DE LISBOA

14 de março de 2001 (Relator: PEREIRA RODRIGUES);
20 de fevereiro de 2002 (Relator: SEARA PAIXÃO);
23 de outubro de 2002 (Relator: MARIA JOÃO ROMBA);
26 de fevereiro de 2003 (Relator: SIMÃO QUELHAS);
20 de outubro de 2004 (Relator: SARMENTO BOTELHO);
26 de janeiro de 2005 (Relator: FERREIRA MARQUES);
28 de setembro de 2005 (Relator PAULA SÁ FERNANDES);
19 de outubro de 2005 (Relator: FERREIRA MARQUES);
6 de dezembro de 2005 (Relator: FÁTIMA GALANTE);
27 de maio de 2009 (Relator: ISABEL TAPADINHAS);
8 de julho de 2009 (Relator: LEOPOLDO SOARES);
16 de setembro de 2009 (Relator: NATALINO BOLAS);
14 de julho de 2011 (Relator: SEARA PAIXÃO);
5 de junho de 2013 (Relator: JERÓNIMO FREITAS);
19 de dezembro de 2013 (Relator: TERESA SOARES);
14 de janeiro de 2014 (Relator: CRISTINA COELHO);
17 de dezembro de 2014 (Relatora: MARIA JOÃO ROMBA);

5 de março de 2015 (Relator: Maria Teresa Albuquerque);
16 de dezembro de 2015 (Relator: Eduardo Azevedo);
13 de julho de 2016 (Relatora: Celina Nóbrega);
8 de fevereiro de 2017 (Relator: Albertina Pereira);
19 de abril de 2017 (Relator: Leopoldo Soares);
6 de dezembro de 2017 (Relator: Manuela Fialho);
6 de dezembro de 2017 (Relator: Maria Teresa Albuquerque);
7 de março de 2018 (Relator: Celina Nóbrega);
20 de novembro de 2019 (Relator: Manuela Fialho).

Tribunal da Relação do Porto

7 de janeiro de 2000 (Relator: Sousa Peixoto);
22 de maio de 2000 (Relator: Sousa Peixoto);
18 de junho de 2001 (Relator: Sousa Peixoto);
25 de novembro de 2002 (Relator: Cipriano Silva);
19 de setembro de 2005 (Relator: Machado da Silva);
3 de outubro de 2005 (Relator: Domingos Morais);
8 de maio de 2006 (Relator: Fernandes Isidoro);
14 de setembro de 2006 (Relator: Fernando Baptista);
2 de dezembro de 2008 (Relator: Albertina Pereira);
31 de maio de 2010 (Relator: Machado da Silva);
14 de março de 2011 (Relator: Eduardo Petersen Silva);
4 de julho de 2011 (Relator: António José Ramos);
5 de dezembro de 2011 (Relator: Machado da Silva);
5 de dezembro de 2011 (Relator: António José Ramos);
18 de fevereiro de 2013 (Relator: Machado da Silva);
20 de maio de 2013 (Relator: Eduardo Petersen Silva);
30 de setembro de 2013 (Relator: Paula Leal de Carvalho);
19 de maio de 2014 (Relatora: Paula Maria Roberto);
13 de abril de 2015 (Relator: Eduardo Petersen Silva);
19 de outubro de 2015 (Relator: Oliveira Abreu);
18 de abril de 2016 (Relator: Maria José Costa Pinto);
2 de março de 2017 (Relator: Paula Leal de Carvalho);
4 de dezembro de 2017 (Relator: Domingos Morais);
24 de janeiro de 2018 (Relator: Manuel Domingos Fernandes);
5 de fevereiro de 2018 (Relator: Rui Penha);
30 de maio de 2018 (Relator: Jerónimo Freitas);
13 de junho de 2018 (Relator: Rui Penha);
11 de abril de 2019 (Relator: Ana Lucinda Cabral);
12 de setembro de 2019 (Relator: Amaral Ferreira);